细说刘秉璋家族

宋路霞 著

上海辞书出版社

图书在版编目(CIP)数据

细说刘秉璋家族 / 宋路霞著. —上海：上海辞书出版社, 2015.8
(细说中国近代家族史书系)
ISBN 978-7-5326-4452-0

Ⅰ.①细… Ⅱ.①宋… Ⅲ.①刘秉璋(1826～1905)-家族-史料 Ⅳ.①K820.9

中国版本图书馆CIP数据核字(2015)第171673号

统　　筹　蒋惠雍
责任编辑　俞柳柳
装帧设计　姜　明

细说刘秉璋家族
宋路霞　著
上海世纪出版股份有限公司
上海辞书出版社出版　出版、发行
中国图书进出口上海公司
2015年8月第1版
ISBN 978-7-5326-4452-0/K·1011

序

翁 飞

（安徽省文史研究馆馆员
安徽历史文化研究中心主任）

晚清淮系洋务集团诸大佬中，刘秉璋（1826—1905）是一位很有特色的人物。作为李鸿章的亲传弟子，他和恩师一样中进士、点翰林，成为淮系早期骨干中唯一和李鸿章获取同等功名的佼佼者，也因此受到曾国藩的特别青睐。他和李鸿章一样，原本可以沿着修齐治平走上传统的仕途，却为一场战乱而投笔从戎，从另外一条轨迹登上历史舞台。他和李鸿章一样，得享高寿（享年79岁，比李鸿章还多一岁），且子女众多，各有建树，组成了又一个名扬海内外的晚清百年大家族。也许正是这个原因，促使著名家族史作家宋路霞女士在写完《细说李鸿章家族》以后，利用数年时间，笔耕不辍，推出这部体例文风相似、叙事笔法更为老到的《细说刘秉璋家族》。也许因为主人公不像李鸿章那样家喻户晓，所以更让人耳目一新，丰富了许多有关淮军、淮系集团以及晚清史事的知识。

作者首先从这一家族的开山始祖刘秉璋讲起，历数了他少年求学，拜师李文安、李鸿章父子的机缘，军旅生涯的历练，以及在指挥镇海保卫战中协调湘淮、指挥若定，督蜀期间关心民生、力抗外侮等在近代史上闪光的亮点。在正史之外还有大量参引笔记和乡父老掌故，使得这位历史名人的跌宕人生，充满了娓娓道来的细腻和亲切。古语"三代承风，方称世家"，作者又通过"远碧楼头：乡居十载拥书万卷""诗书传家"等视角来描述刘秉璋家族三代、四代、五代以来崇文重学的百年家风的传承，并以此来展现其在近代乃至当代经济文化领域的作为和贡献，从而使读者能够更加透彻地了解，在中国近代门户打开以后的"千年大变局"中，以刘秉璋家族为代表的华夏精英是怎样应变和转型的。而他们对中华传统文化、珍贵文物的保护和传承，是这个家族对民族文化尤为突出的贡献。

在文学名著《红楼梦》中,曹雪芹用艺术的笔法,构建了一个四大家族"皆联络有亲"的封建官场裙带网,而这本书中"豪门联姻"一章,真切地记录了刘秉璋与李鸿章、孙家鼐、张树声、吴长庆、徐郙、卞宝第等淮系要员、晚清大吏错综复杂的姻亲网络,以及他们一损俱损、一荣俱荣的官场生态系统,各位看官尽可自去细细品味。

路霞女士是我很尊重的大姐。记得20世纪90年代合肥李鸿章故居正在修复布展之际,她即自费来到合肥,从李府、磨店到李鸿章享堂(墓园),细心查勘访谈,孜孜不倦,学风严谨,随即又成为我们安徽省政协《江淮文史》的常年作者。我在编纂整理新编《李鸿章全集》和从事国家清史淮军文献编撰时,她曾给我很多淮军人物家族史资料上的帮助。值《细说刘秉璋家族》出版之时,欣然命笔,相信这部书也会成为家族史研究的又一部精品力作。

是为序。

2015年5月

目录

1   序   翁飞

1   缘起   小校经阁   四棵广玉兰话沧桑

9   第一章   心腹大将   李鸿章亲点刘秉璋
                  从安徽徒步进京求学的青年 ………………………… 10
                  张芾幕府小试牛刀 …………………………………… 14
                  在李鸿章麾下东奔西突 ……………………………… 17
                  兄弟有难力挺之 ……………………………………… 21
                  李士棻罢官真相 ……………………………………… 24

27   第二章   中法战争   镇海之役大振国威
                  沿海告急，临危受命 ………………………………… 29
                  总揽全局，定下"守口"大计 ……………………… 31
                  "尽忠尽孝"铁心报国 ……………………………… 35
                  三战三捷军威大振 …………………………………… 36
                  旗人加饷与鞭打快牛 ………………………………… 39
                  招抚江洋大盗黄金满 ………………………………… 42
                  面对"红顶商人"胡雪岩 …………………………… 43

47   第三章   督蜀九年   外人休想染指西藏
                  乘虎口脱险的"超武"轮赴川上任 ………………… 48

"重庆教案"各打五十大板 …………………… 50
扼守巴塘,阻止外人进入西藏 ………………… 52
"成都教案"中软磨硬泡 ………………………… 53
冰冻三尺非一日之寒 …………………………… 57
衰颜益露嶙峋骨 ………………………………… 58

63　第四章　远碧楼头　乡居十载拥书万卷

蜀道归来笑口开 ………………………………… 64
淮军第一藏书家 ………………………………… 66
生死之交吴长庆 ………………………………… 68
总督本色是书生 ………………………………… 70
千秋功罪,清名留待史臣书 …………………… 73

77　第五章　豪门联姻　儿女姻亲枝枝蔓蔓

与李鸿章家族的八门姻亲 ……………………… 78
与张树声家族的似水柔情 ……………………… 82
与孙家鼐家族的陈年往事 ……………………… 87
四通八达的姻亲网络 …………………………… 91

95　第六章　诗书传家　从刘体信到唐德刚

一生埋头书斋的老夫子 ………………………… 96
胡适的关门弟子 ………………………………… 99
唐德刚心系小校经阁 …………………………… 104

	出版家刘国瑞	107
111	**第七章 中实银行　刘晦之挑战宋子文**	
	挤兑风潮中诞生的银行总经理	112
	"特别有奖储蓄"风波	115
	宋子文"吃掉"中实银行	117
121	**第八章 甲骨龟片　四库遗书终成绝响**	
	做事要做第一流	122
	与郭沫若的学术交往	123
	甲骨收藏的世界冠军	126
	第八部《四库全书》之梦	129
	万卷藏书的最后归宿	132
137	**第九章 善斋善哉　青铜之光里白发人**	
	"三十年藏弆,粗有可观"	138
	最"铁"的朋友——容庚	141
	现存台湾"故宫博物院"的"善斋"旧物	146
	六件青铜器"扣留"大陆的谜底	149
	捐献上海博物馆的古代兵器	153
	琵琶一曲绕梁千古	157
161	**第十章 风雨如晦　六十年风水如何转**	
	抗战爆发劳燕分飞	162

刘家后人与韬奋先生的交往 …………………………… 168

第十一章　刘体藩家　"三剑客"与"独行侠"　171

庐江诗人刘体藩 …………………………… 172
忆安徽无为老宅 …………………………… 174
刘家"三剑客" …………………………… 177
走上革命道路的"独行侠"刘意林 …………………………… 191

第十二章　香港传奇　刘永龄创办"亿利达"　199

揣十元港币闯香港 …………………………… 200
五年辛苦磨一剑 …………………………… 202
创业梦——"亿利达"横空出世 …………………………… 204
迈向国际高科技平台 …………………………… 206
教育界的良师益友 …………………………… 207
出巨资重印《善斋吉金录》 …………………………… 209
树高千尺不忘根 …………………………… 212

第十三章　藏界一杰　刘銮龄情迷和乐堂　217

小校经阁里"命"最大的孩子 …………………………… 218
与生俱来的收藏梦 …………………………… 221
独辟蹊径的"冷门"方针 …………………………… 225
景泰蓝和黄花梨的大观园 …………………………… 231
"要想做成事，先要做成人" …………………………… 237
教书育人的排头兵 …………………………… 242

245　第十四章　不屈不挠　刘德曾实践丹心谱

　　合肥四姐妹的小表妹 …………………… 246
　　朝气蓬勃的学生时代 …………………… 247
　　激情燃烧的岁月 ………………………… 251
　　大风浪中的磨难与爱情 ………………… 254
　　真金不怕火炼 …………………………… 256
　　风雨面前不低头 ………………………… 258
　　永远的大家风范 ………………………… 260

263　第十五章　阴差阳错　刘绳曾"骑马戴关刀"

　　双重豪门的故家旧事 …………………… 264
　　相府千金李国华 ………………………… 267
　　花园洋房里的惊险故事 ………………… 269
　　祖上遗产知多少 ………………………… 271
　　"一痣在腰,骑马戴关刀" ……………… 275
　　怀揣一枚金戒指登上北去的列车 ……… 276
　　在"隐蔽战线"上立功受奖 …………… 279

283　第十六章　抗美援朝　战壕夜莺刘禄曾

　　女翻译官原是名门之后 ………………… 284
　　九死一生的战火洗礼 …………………… 286
　　战俘营里与美国大兵面对面 …………… 288
　　战地夜莺,圣诞之夜放歌喉 …………… 291

　　　　停战之夜，战地月光别样明 …………………… 294

　　　　二十八年后，当年战俘认"首长" …………… 296

　　　　夜莺美声今依旧 …………………………………… 298

301　第十七章　一展身手　高科技强将刘松岭

　　　　缺少母爱的童年 …………………………………… 302

　　　　父亲的不幸与幸运 ………………………………… 304

　　　　"出身不好"压力下的大学生活 ………………… 305

　　　　接受贫下中农"再教育" ………………………… 307

　　　　走进"春天的故事" ……………………………… 310

　　　　激情似火，退而未休 ……………………………… 315

317　第十八章　琴声悠扬　三八红旗手刘桂龄

　　　　《革命家庭》中的江小莲 ………………………… 318

　　　　为钢琴梦走南闯北 ………………………………… 321

　　　　大风暴中的小家庭 ………………………………… 323

　　　　音乐的灵魂是哲学 ………………………………… 325

329　尾声　树大根深　面向未来的刘家人

335　附录

　　　　刘秉璋家族世系表 ………………………………… 335

　　　　参考书目 …………………………………………… 346

348　后记

缘起

小校经阁
四棵广玉兰话沧桑

小校经阁门口的说明牌

小校经阁：新闻路1321号

上海市新闻路1321号，是一处比较僻静的老式院落，在周边一片白刷刷新大楼的挤压下，显得十分低调和无奈。

挺气派的灰色大铁门，尽管油漆已经斑驳了，威严还在。大门边竖着一块牌子，上面写着"静安名人名居旅游A线——刘晦之情系藏书楼"等文字。

由此可知大门里有一栋藏书楼，建于八十多年前，楼的主人叫刘晦之（1879—1962，名体智），是晚清四川总督刘秉璋的儿子、光绪帝师孙家鼐的女婿、李鸿章长子李经方的内弟，曾任中国实业银行总经理，不仅家富藏书，还是全国收藏甲骨文和青铜器的冠军。20世纪二三十年代，这里非常风光，不知多少文化名人来此走动过，容庚、陈梦家、郭沫若、徐中舒、傅斯年、邹韬奋、胡厚宣、金祖同、梅兰芳、张君秋……金融界人士就更多了。

自然，八十年沧桑巨变，一场惊梦。

眼下已是秋风落叶,繁华不再。

上海静安区的名人名居有好几百栋,全上海的名人名居更是不知凡几,但花园里耸立着一栋古色古香藏书楼的,却仅此一处。而且,整个花园连同主人的住宅,全然一派中西合璧、古为今用的风格,触目所及、俯仰之间,有假山、池沼、花圃、长廊,也有草地、汰菜间、汽车间、跳舞厅,依稀现出西风东渐、亦中亦西、东西杂糅的民国神韵,即便在十里洋场的海派大宅门中,布局如此典雅、温馨而恰到好处的,也属寥寥。

如今步入大门,迎面有四棵高大的广玉兰,像是照壁,把院内的一切挡在了后边。那广玉兰棵棵枝粗叶大,青翠欲滴,如云的树冠,层层叠叠,遮蔽了前院一半的光影。高大的枝杈点缀着朵朵白花,越出墙头,几与四层高楼齐平,蓊郁蔚然,为这一带街区平添了不少诗意。

院分内外两进,外院是大花园,内院是小花园、住宅和藏书楼。

四棵广玉兰的后面就是花园,难得还保留着当年的一片草地,尽管草皮已经很不规整,但在上海闹市中心,在一处已经变成居民大院的院子里,已属非常稀罕了。花园的东部,原有一道太湖石垒成的假山屏障,假山前种着一排桂花树,假山后面是一道黑色的竹篱笆墙,篱笆墙外是另一处花园洋房,即当年中南银行老板黄奕住先生的家。假山下原有一个金鱼池,常年游动着象征吉祥和财富的红金鱼。草地是孩子们的乐园,当年有十几个孩子在此踢球、跳绳、打羽毛球……

八十多年后的今天,假山不见了,竹篱笆不见了,桂花树不见了,竹篱笆墙外黄老先生的老房子也不见了,代之而起的是新开发的商业大楼。而当年在草地上嬉戏的孩子们,如今已是实业家、科学家、收藏家、钢琴家、大学教授……他们倒是常来踩踩这片熟悉的草地,因为这里遗留着他们太多的回忆。

从花园向西看,可见一道南北向的嵌着漏窗的花墙,中间有一个月洞门,过去是琉璃遮檐,青瓦花窗,像是《红楼梦》里怡红院的院墙,眼下虽然也和大门一样陈旧、寂寥,但多少还看得出些许当年的风韵。

月洞门以西就是内院了,当年是主人一家的住宅,还有小花园和藏书楼。进得门来迎面是一片花圃,一年四季,盛开着各色花卉。可惜,大概在三年困难时期,花卉被连根拔除,种上了瓜果蔬菜,如今,横七竖八地搭了很多晾衣竿,很煞风景。花圃尽头

刘晦之的藏宝之地：小校经阁

是此院的西墙，原先靠着一道带玻璃窗的内廊（现已分割成一间间杂居小屋），内廊由南而北，穿过整个内院，南北两头，各有一幢风格截然不同的建筑。

北侧的那幢建筑方方正正，西洋风格，楼高四层，是三开间的钢筋水泥庞然大物。最北部的墙面已贴近新闸路，是刘晦之一家三代人的住宅。朝南正门有立柱和台阶，像是机关办公楼的门面。底层是宽大的中餐厅、西餐厅、会客室，最东边一间是主人的书房。二楼是主人及夫人的卧室和小会客室，朝南一个宽大的阳台，阳台上常年摆着各式养眼的盆景，与花圃里的风景红绿相映。三楼是儿孙们的卧室，还有小书房和活动室，也有老太爷的收藏室。四楼是储藏室和佣人的住处。

严格来说，这栋住宅楼也是主人的藏宝楼，因为楼中的宝贝实在是满坑满谷、俯仰皆是——书房里四周的书架从地板一直顶到天花板，甚至书架之间还有"过街楼"，"过街楼"里也全是古书。二楼会客室周边一圈的红木橱里，有150个红木盒子，里面收藏

小校经阁一角

刘晦之的孙女刘桂龄当年在小校经阁内院

着两万八千多片甲骨龟片，在20世纪50年代占了当时全部出土甲骨龟片的近三分之一；一圈红木橱的下半部分是抽屉，里面陈放的全是古砚和古墨，有数千块。二楼北边的套房和走廊里的古董架上，陈放着青铜器和各类古董。三楼的箱子间安置着古代字画。四楼也有专门的房间陈放古代瓷器。还有一间亭子间，四周也是一圈摆放瓷器的古董架……刘晦之当年就在这样一栋巨大的藏宝楼里，过着既现代又古老，既中式又西洋的海派生活，一家三代，其乐融融。

　　内院南侧是一栋中国风格的八角小楼。楼高二层，面朝主楼方向挂着一块匾，上有四个楷书大字"小校经阁"。小校经阁的楼顶和二层的遮檐铺着深绿色的琉璃瓦，每个楼角上都有一个琉璃的吉祥物昂首朝天，楼角还有风铃，只要微风吹过，就会发出叮咚悦耳的风铃声——这就是民国年间曾经储藏了500箱珍贵古籍的藏书楼了。这栋八角小楼就是按照藏书箱的规模设计的，书箱在二楼绕窗一圈，从矮架一直码到天花板。楼下则是可以会客也可以举行大型宴会的舞厅，曾举办过多次舞会、京剧堂会。当年梅兰芳、张君秋等名角都来此唱过戏，十有八九是为了给老人庆生。前来的宾客皆为亲朋好友，其中不乏收藏界、学术界以及银行界人士。

眼下，那些漂亮的琉璃瓦和吉祥物、风铃均已不复存在，幸而小楼本身及绕楼四周的围栏和石级还无恙。别看它现在已被周围的高楼所挤压，像个丑小鸭，显得非常窘迫，楼内也挤入了好几户人家，然而小校经阁的名字已经载入史册，但见那说明牌上："500箱古籍线装书、28 450块甲骨龟片、各式古墨古砚数千锭、古代兵器87件、唐朝乐器大小忽雷二具，还有三代彝器（青铜器）四五千件……在这座美丽的花园里，整整驻足二十个春秋。"

来此参观的朋友个个瞪大了眼睛——哇！海派大宅门啊！刘家何以如此风光？当年的宝贝今又何在？

如果碰上年纪大的街坊邻居，他们会主动充当解说员——门口那四棵广玉兰原是李鸿章家的，是从李鸿章的大儿子李经方的花园里移植过来的。当年李经方从北站附近的安庆路移居大连时，花园里的树木和假山都不要了，送给了他的内弟刘晦之……这些广玉兰本是不可以随便送人的，是慈禧太后赏赐的。新中国成立后，房子被国家租用，后来又公私合营，那些假山都送到西康公园里造园造景了，只剩下四棵广玉兰倒还这么精神……

楼里的那些宝贝嘛，转眼都飞走了，院子就成了大杂院。

刘家人说，这个院子能完整地保存下来，已属幸运了。君不见，东墙外的黄奕住旧居，西墙外一百多年前就带钟楼的海关老房子，不是说拆就拆、化为乌有了吗？

凡事都有缘由，凡事又没有缘由。

山海般的收藏，背后是山海般的沧桑……

刘家大宅门的故事，还得从刘秉璋与李鸿章说起。

第一章

心腹大将
李鸿章亲点刘秉璋

从安徽徒步进京求学的青年

张芾幕府小试牛刀

在李鸿章麾下东奔西突

兄弟有难力挺之

李士棻罢官真相

1862年李鸿章第一次到上海率六千淮军与太平军作战时，深感身边缺少得力强将，所谓"鼙鼓起而思良将"，排来排去，想到了远在京城的刘秉璋，遂一封奏折报到朝廷，指名道姓要调刘秉璋到军中相助。他在奏折中写道：

……治军、筹饷均须得人襄助为亟。查有翰林院编修刘秉璋，沈毅明决，器识宏深，能耐艰苦，与臣为道义交十有余年，深知结实可靠。该员去冬由安庆经过，督臣曾国藩一见，大加器许，谓为皖北人才。臣今春统军来苏，曾国藩允为奏调臣营，学练军事，昨又函催自行奏请。该员与臣所带淮勇各营官多相浃洽，可否请旨饬赴臣军，酌量委任。

李鸿章说自己与刘秉璋已有十多年的交情了，深知其人是位坚强、有毅力，而且办事精明果断、有远见卓识的可靠人才。他还借用曾国藩的话来打动朝廷：曾国藩去年冬天仅跟刘秉璋见过一面，就大加赞赏，断定其为"皖北人才"。曾国藩已经同意把他调来我军，昨天还来函叫我自行打报告给朝廷……其急不可待、志在必得之情，跃然纸上。

其实，不仅是李鸿章、曾国藩看好刘秉璋，李鸿章的父亲李文安在十多年前，在刘秉璋19岁赴京求学还没考中举人时，就早已看好他了。

从安徽徒步进京求学的青年

刘秉璋（1826—1905）字希之，号仲良，安徽庐江县砖桥乡人，先世于明初由江西婺源迁来安徽庐江，明末为避战乱，又迁居到当时同属庐州府的三河镇（现三河镇上有刘秉璋故居纪念馆）。弟兄三人，长兄早逝，刘秉璋与弟弟刘秉钧二人，一个走读书做官、外出闯荡、建功立业之路；一个操持家业、奉养父母，在家守业固本。

刘秉璋的父亲世家公(1795—1869)是乡间读书人，曾入读太学，虽然未获取功名，但对两个儿子的督导非常有效，从现存刘秉璋兄弟间唱和的诗词可知，他们从小就受到良好的词章训练，不仅义理畅达，而且遣辞典雅，无虚浮狂躁之气。

刘秉璋从小有个要好朋友叫潘鼎新(字琴轩，日后也成为著名的淮军将领)，他们同时师从潘鼎新的父亲潘璞(字晓安)，并一起去考秀才。结果潘鼎新中了秀才，入了县学，而刘秉璋落榜。潘鼎新的确聪颖好学，学识为一般生员所不及，遂起去京城游学的念头，但又怕父亲反对，不敢在家人面前提及此事，想自己偷偷出走又缺少盘缠，只得对好朋友刘秉璋倾诉苦恼。刘秉璋虽"章句"不及潘鼎新，应付科举的技巧尚未成熟，但是"气象峥嵘，志意沉着"(曾国藩语)，为朋友敢于两肋插刀，于是背着家人抵押了自己的大衣，拿钱给了潘鼎新。潘氏临行，刘秉璋忽然改变了主意，决定与之同行。一个人的路费两个人用，不够怎么办？那么就步行，他们决定徒步进京。那是1845年冬天的事情，那年刘秉璋19岁。

谁知两人离家才两天，就被两家的大人追上了。两位父亲看他们求学心切，不忍阻拦，就给了些路费，关照一路小心，依依惜别。分手时潘鼎新的父亲特意对刘秉璋说：

晚清四川总督刘秉璋

刘秉璋的恩师李鸿章

"考秀才不过是小试牛刀,不用过虑。不然的话,这回去了北京,如果还考不中,下次又该往哪里去啊?"他以为是刘秉璋怂恿他儿子离家出走的,殊不知此意原本就出自他自己的儿子。实践证明这个决定是正确的,京城的气象绝非安徽三河镇可比,潘、刘二人遇到了一生中最重要的贵人——李鸿章父子。

因在京城没有三亲六故,按照乡间学子的惯例,他俩进京后第一站就去庐州会馆(相当于现在的同乡会)求助,而李鸿章的父亲李文安此时除了在刑部当官,还是庐州会馆的负责人。李文安听说他们是徒步进京求学的贫寒子弟,走了将近一个月,心下已经有所感动,有些另眼相看,随即出了一道题,当场考察,两人毫不怯场,瞬间挥就。李文安大喜,遂安排他们入住庐州会馆,还特别关照当差的在生活上多关照。

若干年后,李鸿章的侄子李经羲(李鸿章三弟李鹤章的儿子,官至云贵总督,蔡锷的老师)在写《刘文庄公致潘琴轩中丞尺牍遗墨·跋》时,还提及此事:

乡贤达琴轩中丞与其挚友刘文庄公,生同里闬,年才劭学相若,清寒拔俗亦相若。盖自弱冠时,已以志同道合,订管鲍真交矣。犹记经羲髫年,过庭侍侧,先府君诏及旧事,谓:"先大父光禄公奉职行曹,一日自外归,欣欣有喜色。谕诸子曰:顷见家乡潘、刘两秀才,徒步从庐江来,风尘满面,而神采非常,不能掩抑。器度如此,他年干国材也,尔辈当善交之。"经义谨志斯言……

是说他的祖父李文安当初见到刘秉璋和潘鼎新,得知他们是从安徽庐州徒步来京求学时,非常惊讶,回家后高兴地对几个儿子说起此事,说此二人"器度如此",将来必定是国家的栋梁之材,鼓励儿子们与他们交朋友。可知李文安是他们人生的第一位伯乐。

当时在京的安徽籍乡贤长辈们听闻有顶风冒雪徒步进京求学的晚辈前来,均给予莫大的鼓励和支持。侍郎孙铭恩(字兰检,咸丰三年[1853]任兵部侍郎)、吕贤基(号鹤田,咸丰二年[1852]任工部侍郎)二位对刘秉璋尤为赏识。孙侍郎看了他的文章说:"学问达到这种程度,连个秀才也考不上,看来想在庐州当秀才实在是很不容易。"李鸿章在一旁说:"我们家乡考科举,应试的学子每届都有三千人,被埋没的人才岂止一二人!"吕侍郎感慨地说:"刘、潘二后生,日后定会出人头地,成为我们安徽的后起之秀。"后来的情况果真如此,老辈人眼光果然老辣。

当时李鸿章尚未中进士,正忙于自己的功课,李文安就亲任他们的学业指导。两年后李鸿章考中进士,成了翰林院编修,李文安便对刘秉璋和潘鼎新说:"我儿刚考取了功名,你们不妨向他请教吧。"于是刘秉璋、潘鼎新与李鸿章既是同乡、朋友,也成了师生。李鸿章没有考上进士时,抄录了许多经史典籍中的经典句子,常读熟记,以便作八股文时随时可用作典故,大约集了八九十页。因为与刘秉璋师生关系特别好,自己中进士之后,就把这本应考的"必读材料"送给了刘秉璋,这件事外间没人知道。后来李鸿章的兄弟找这个材料,刘秉璋就把李鸿章送书的经过告知他们,然后自己抄录了副本,把原件送还给了李鸿章的儿子李经述。可知应试科举也是有点窍门的,刘秉璋于咸丰元年(1851)中举,时年25岁,与李文安、李鸿章父子的指点不无关系。

所以,李鸿章1862年向朝廷请调刘秉璋,说自己与之有十余年的交情,深知其人"沈毅明决,器识宏深",绝非虚言。

张芾幕府
小试牛刀

刘秉璋中举后，仍旧专心苦读圣贤书。两年后（1853年）太平军已经横扫了半个中国，并定都天京（今南京），皖南一带形势非常紧急。刘秉璋正是血气方刚、建功立业的年纪，看到国家如此动乱，便无意在京城久留，想到军中成就一番事业。此时，大批京官也被朝廷赶回家乡，利用本乡本土的关系，组织团练，筑圩自保，迎战太平军。安徽籍的京官，包括孙兰检、吕贤基及李文安、李鸿章父子在内，都没逃过"打回老家去"，以及翰林变"绿林"的命运。

1855年，刘秉璋也回到了家乡，经同乡孙省斋引荐，来到钦差大臣张芾（1814—1862，陕西泾阳人，道光年间进士）的幕府当幕僚，此时的清军与太平军正处于相持阶段，民不聊生，老百姓无一日之安宁。张芾原是江西巡抚，因事被革职后寄居在绍兴，太平军打到皖南时，被任命为钦差大臣，到皖南带兵打仗。皖南与浙江接壤，浙江那边生怕战火蔓延过来，千方百计力挺安徽人抗战，一方面遣兵输饷，一方面向朝廷保荐张芾，让他把战火挡在皖南，因为皖南是浙江的屏障，尤其安徽休宁，那是太平军从安徽进入浙江的要道。保住了休宁，等于保住了浙江。在此背景下，张芾被重新起用，类似戴罪立功。他初来乍到，幕中无人，急需了解情况的安徽人从旁辅佐。正在这个时候，刘秉璋来到了他的身边，初次见面，就给张芾留下了深刻的印象，被认定为堪膺大任的人才，受命在军中襄办军务，参与军中机要，包括筹办军饷、招募流民、网罗各方干才等。于是，刘秉璋也走上了与李文安、李鸿章父子同样投笔从戎之路。

张芾以钦差大臣身份进入安徽时，休宁已经被太平军占领，徽州府城危在旦夕。张芾不愧为军中老将，召集旧部，调兵遣将，和睦将弁，利用当地团练和土豪，招抚成军，在关隘处修筑工事，巧攻豪取，不久即收复了休宁和黟县，将太平军逐出了地界。

刘秉璋到达徽州时，被这一带险要的地理环境所深深吸引。他发现徽州四面环山，山岭道路崎岖，纵横交错，只要小心防御，外间大队兵马是无从攻入的，起码无法发挥其优势，实在是一个难攻易守的风水宝地。可是，为什么太平军能在两个月间轻易地打开祁门，继而攻占休宁呢？经过一番调研，发现原来是人为因素。

祁门县过去从来不修城墙，据说修城墙对西乡风水不利。当太平军逼近时，乡绅洪小蒙发起修筑城墙，但是顽固派的乡绅程狮却坚决反对，公然与官府及多数乡绅对抗；反对不成，还率领一帮打手捣毁了洪小蒙的家。县令唐治大怒，下令将程狮处死，以正视听。可是没想到程狮的老婆披麻戴孝地跑到安庆，向太平军搬救兵，誓为丈夫报仇。那时安徽省城安庆已经被太平军占领，于是咸丰五年（1855）二月，太平军就在她的带领下，走险道攻克了祁门，县令唐治和巡检官钟普等一批官员全部遇难。

这个事件令刘秉璋毛骨悚然，从中悟出"民意""民怨""众怒"的深意，为之后从政积累了经验。

他在张芾钦差府襄办军务五年，经历了很多前所未见的事情，也接触了很多传奇人物，在官军与太平军的拉锯战中，他得到了前所未有的历练。1856年3月太平军分两路从祁门、婺源出发攻打徽州，张芾立马亲自出城安营，经过两天的激战，终于把太平军挡在了潜口，太平军无功而返。9月，大批太平军又从黟县那边来犯，又是张芾亲自率兵在七里营扎营督战，部将江长贵和周天受率兵大战五天，将太平军击溃。1857年5月，也是一场恶战，景德镇方向的太平军由祁门一带的小路进攻徽州，张芾调集兵马再次将之击退。1860年2月池州方面的太平军由泾县、旌德、太平出发，攻占绩溪，直逼徽州府城。张芾再次亲自出城督战，冒大雨激战两日，太平军又一次败退……每次临战总是险象环生，但却总能一再地转危为安。

所有这些战事，刘秉璋全都参与其中。张芾的带兵驭将之法、劝抚筹饷之策、欲擒故纵之略、迂回进退之术……他全都看得清清楚楚。虽说仅仅是在皖南一带与太平军周旋，但麻雀虽小，肝胆齐全，这五年军旅生涯，可谓小试牛刀，算是实习阶段。时人朱孔璋在《刘尚书别传》中，一开头就说他"好学励志，读《春秋》而悟兵机"。看来他不仅是善读书，悟性好，而且擅于理论联系实际。在张芾幕中五年的历练，为他后来进入淮军独领一支"良"军，辅佐李鸿章在全国范围内对付太平军和捻军，积累了实战经验，实在是获益匪浅。

对于张芾的知遇之恩，刘秉璋一直不曾忘怀。

咸丰十年（1860），他们分别了。这一年张芾很不幸，丁父忧，又遭到御史弹劾，被朝廷召回京城，然后回陕西老家去对付回民起义军。这时，清军的江南大营已被太平军攻破，苏州、常州相继失守。曾国藩时任两江总督，兼办四省军事，于是下令由李元度接管安徽军事。可惜张芾8月20日刚刚离开安徽，仅仅五天之后，他苦心守了五年的徽州城就陷落了，部下周天受、皖南道台福咸、徽州知府颜培文、宣城县令王乃晋等统统战死。

许是上天眷顾，刘秉璋因赴京赶考躲过了这一劫。

这一年对刘秉璋来说不能不算是个好年头。张芾走了，他也无心留营，便入京参加会试，竟获金榜题名，考中了进士，名列二甲第八名，了却了一桩旧时知识分子最大的心愿，但此时他已经34岁了，中进士的年龄比李鸿章整整晚了十年，这与战争环境不无关系。据说他的老朋友潘鼎新听说他中进士的消息后，伤心地流下了眼泪，一方面他正在率领地方团练与太平军作战，无法北上，更主要的是他时运不佳，他早在十年前就参加会试了，而且文章已经入选，只是文辞写得太意气风发，太显山露水，遭到一阅卷官的怀疑，怀疑这不是出自河北人士之笔（他的确是冒充河北籍人士进考场的），于是便遭淘汰，气得他从此再也没去应试。

两年之后（1862年），张芾遭遇了更大的不幸，在一次前去招抚回民起义军的路上，遭遇伏击，竟被起事的回民起义军肢解身亡。朝廷封给谥号"文毅"。而刘秉璋的人生此时也转入了一个新阶段。这年六月，他应李鸿章之召来到上海，帮助李鸿章统带淮军，成为李鸿章麾下的一员骁将。

在李鸿章麾下东奔西突

刘秉璋是咸丰十年（1860）的进士，任翰林院编修，原本可在京城里当个文官，过清闲日子，可是同治元年（1862）李鸿章打太平军率淮军到上海时，一封奏折到了朝廷，指名道姓要把刘秉璋调到上海，帮他统带淮军（李鸿章与刘秉璋是淮军中仅有的两名进士）。刘秉璋身为文官，聪颖过人。他也精通兵法，又有在皖南张帅幕中的五年历练，于是受命组建"良"字营，领兵五千，在与戈登的常胜军协同作战中连连获胜，成为李鸿章的心腹大将。

刘秉璋爱护部下，部下也甘愿为之拼命。他的麾下有不少勇猛威武之士，其中有后来战死沙场的解先和、解向华；有负伤而成残疾的黄桂荣；有后来做到广东提督的吴长庆；有官至广东高州镇总兵的王占魁；有当上直隶提督的叶志超……由此可知，他统帅的是一支非常强悍的队伍。

刘秉璋初到上海时，主要任务是帮李鸿章料理全军营务，如随军督战，把前方的战况写成战报报给李鸿章；编写教材，用西洋方法操练军队，力求把淮军训练成一支掌握西洋兵器的近代化军队。那时上海租界的洋人，已经组成镇压太平军的武装——洋枪队（后称常胜军），其统领是美国人华尔，华尔死后又有英国人戈登接任。洋人打了几次胜仗后就骄横跋扈，不把中国军队放在眼里。淮军主要是由安徽肥西的团练（即民团）组成的，都是乡下土包子到上海，刚来时衣衫不整，装备不全，一身土里土气，被洋人们瞧不起，称之为"叫花子"军，时常嘲笑、侮辱他们。对此，刘秉璋不以为然，他鼓励士兵们："衣装并不重要，关键看我们能不能打胜仗。"李鸿章知道后也对将士们说："军贵能战，并非在于外表的装饰。让他们看完我们战场上的表现，再笑也不迟。"

果真，这支"叫花子"军在上海的表现很出色，在李鸿章的亲自指挥下，在虹桥、泗泾一带连打三次大胜仗，一时士气大振，洋人对他们也刮目相看了。淮军在上海站稳脚跟后，便向苏州地区的太平军发起进攻。李鸿章指挥淮军分两路出击：一路由程学启率"开"字营攻打昆山；另一路由李鸿章的弟弟李鹤章率军与周盛波兄弟的"盛"字营攻打太仓。另留一队人马驻守浦东，以防浙江的太平军进犯。

刘秉璋最初没有立即随军北上，他的任务是继续招兵买马，准备攻打浙西。可是战事不会总是一帆风顺。太平军将领李秀成率军围攻常熟，收复福山，断绝了淮军的水上交通。李鸿章为了打通水路，便命刘秉璋会同五百名常胜军，分乘三艘轮船沿运河溯流而上，援助常熟，攻打福山。

刘秉璋与外国人协同作战尚属首次，加上语言不通，交流困难，非常费劲。当时华尔已战死，戈登尚未继任，临时统兵的叫勃兰。他们从松江（常胜军的总部所在地）出发，在福山与太平军交火，但是因勃兰的威信不高，部下不是很买账，协调中出现问题，最终败于太平军。打了败仗后部下更加不听勃兰的指挥，全部人马懒懒散散回到上海时已经是农历十二月廿八，也就是小年夜的前一天。刘秉璋因出师不利而心烦意乱，过年也没有了心情。直到年后重新组织大部队继续反攻，刘铭传、潘鼎新部与黄翼升（张爱玲的外公）的水师协同作战，常胜军此时也有了新的统帅戈登，局面才有了改观，刘秉璋仍旧以编修身份督战护行。兵至福山，还是久攻不下，打到关键时刻，戈登将炮队拉了上来，对准城墙用一排重炮集中猛轰，城墙裂开一道一丈多的大口子，部队一下子冲了进去，太平军只得望风而逃。福山距离常熟仅四十里地，福山一拿下，常熟几乎成了一座空城，整个苏南的局面就大为不同了。

接下来李鸿章又命令刘秉璋另募一军，组建"良"字营，并指挥吴长庆的庆军及王占魁、况文榜诸将，与浙江西部的太平军独立作战，力图拿下浙西，切断浙西援助苏州之太平军。刘秉璋遂提兵五千，披挂上阵，开往浙西。这回打得比较顺手，先退太平军于嘉善东，再破枫泾、西塘之太平军营垒；来自嘉兴、平湖、乍浦的太平军增援部队也被刘秉璋打垮。几个回合下来，尤其是枫泾、西塘的收复，令朝廷大悦，以军功授他翰林院侍讲。

接下来再攻地处松江、平湖、嘉善要冲的张泾汇。由于这一带河网纵横、地形复杂，刘秉璋约太湖水师前来相助，水陆两路夹攻，兵士需泅水渡过壕沟作战，所以这一仗打得非常惨烈。正相持不下时，嘉善的太平军大队人马又前来援助，刘秉璋沿着河边骑马督战，不幸大腿中弹血流不止，幸好身穿丝绵裤，并未伤及筋骨，第二天裹伤复战，最后好歹攻取了张泾汇。由此一战，刘秉璋认为丝绵是个护身的好东西，关照家人都穿丝绵，刘家几代人奉若圣命。张泾汇拿下之后，嘉善的太平军不战而降。1864年又攻嘉兴，淮军名将程学启攻北门，不幸中炮受伤而死。刘秉璋率部攻东门，勇猛的士兵破城而入，遂克嘉兴。之后乘胜追击，再下湖州，整个浙西就"肃清"了。

刘秉璋似与浙江颇为有缘，在江苏作战没有独立统兵，运气不是很好，而独立统兵来到浙江，倒是所向披靡，尽管负过伤，但在战场上越打越顺手。多年后他出任浙江巡抚，在中法战争镇海战役中抗击法国军舰，更是指挥若定，用兵如神。因在浙西前后战功多起，朝廷授予他"振勇巴图鲁"名号，意为勇猛无比的将士，名气大振。

由于李鸿章的另眼相看，刘秉璋在淮军中地位特殊，尽管他们在具体问题上常意见殊不相侔，但是，即便是曾国藩想来商调，李鸿章也不肯放手，他明白刘秉璋"材可大用"，还要派他用场。可是刘秉璋不这么想，太平天国被镇压后，几次提出要求解除兵权，回归田园，为父母尽孝，可是老李不肯。

同治四年（1865）四月，曾国藩奉命督师剿捻，奏调刘秉璋襄办军务，兼为游击之师，授江苏按察使，这时李鸿章不方便再与老师为难了，刘秉璋遂入曾国藩幕。同治六年（1867）升任山西布政使，因在军中未能前去履任。此时捻军已易步兵为骑兵，一日夜可以奔驰数百里，来去无定，飘忽无踪，官军诸将苦于奔波，但成效不显著。刘秉璋向曾国藩建议"扼河而守之策"，即沿运河修筑高墙深壕，使捻军的马队行动受阻，不易发挥其长于机动的优势。或许与骑兵作战并非老湘营的长处，也或许湘军多年征战南北，暮气已深。曾国藩督师剿捻半年，竟师劳无功，朝廷不高兴了，命其回到两江总督本任，把剿捻的重任交给李鸿章，于是刘秉璋又回到了李鸿章的麾下。

此时他已经四十岁了，以父亲年高多病为由，向李鸿章提出解甲归田，请假回乡养亲。李鸿章不允，说是人家要有你这个位子还求之不得，谁会这么重的兵权在握还要放弃呢？刘秉璋则认为兵权并不太重要，重要的是老父已经不久于世了。李鸿章只得答应俟军务完毕，就让其回家。刘秉璋只好继续为之拼命，但要他坚定"河防之策"的

刘秉璋疆场征战图

决心,不要被朝野攻讦所动摇,因为在此之前,李鸿章的确不以"河防"为然,甚至还在上奏朝廷的折子中泼冷水,现在自己要面对捻军的马队了,他也拿不出更好的办法,不得不重新考虑刘秉璋的"河防之策",最后"卒致奏效见功"。

李鸿章遂为钦差大臣,统率湘淮诸军与捻军作战。李鸿章实在不愧为一个"鬼才",样样都能推陈出新。他将刘秉璋的"河防之策"来了个变通,取其可取之处,灵活运用,变防御为围攻,在东捻军进入山东时,倒守运河而战,把捻军堵住、围歼在山东境内。刘秉璋始终为其臂膀,叶志超和杨岐珍当时均在其麾下。1867年,东捻军首领任柱战死。第二年,东捻军的另一首领赖文光与刘秉璋部在淮城交战,捻军大败,几乎被全歼,赖文光最后只剩下几骑逃往扬州。刘秉璋指挥叶志超和杨岐珍紧追不舍,追至扬州,活捉赖文光,东捻军遂告覆灭。

这时刘秉璋要求李鸿章兑现前言,再次请求解甲归田。李鸿章耍滑头,以势压人,说人家获得战功高兴都来不及,哪里有一拿到战功就想回家的呢?开战以来,很多候补藩台、臬台都没有得到过实际的委任,你已经担当一方大员了,上下期望正殷,怎么能走呢?但这回刘秉璋不肯买账了,反唇相讥:"你以为我稀罕这区区一个藩台的官职吗?你以为我在为这万余人的兵马患得患失吗?"李鸿章知道他去意已定,不可强留,只好放其归山。

刘秉璋回乡后,在安徽无为县购徐姓房屋居住。此屋原有一块"远混天碧"的四字匾额,他因其旧,以"远碧楼"为藏书之所,此为后来远碧楼藏书的由来。第二年老父仙逝,刘秉璋总算亲自送了父亲最后一程。

兄弟有难 力挺之

同治七年(1868)春节时,西捻军的势头还很足,前军已经打到了直隶,正在进逼京城。清廷大恐,忙不迭严令李鸿章赶紧派兵驱剿。可是此时淮军也已疲惫,李鸿章商于诸将,诸将均以种种理由不肯前驱。这时李鸿章正好遇上了一道"坎"——正月十二被拔去双眼花翎,剥夺黄袍马褂,还革去了世袭骑都尉的职务。诏书送到军营那天,天刚蒙蒙亮,李鸿章读罢诏书就躺倒在床上。等他起身,听到门外很多人在叽叽喳喳,议论不停。他一出门,宿将郭松林便走上来说:"大家一起北上,先拿下京城再说吧!"这不是功高盖主,谋反了吗?李鸿章吓出一身冷汗。此话若传到外面,朝廷肯定更加怀疑淮军想要犯上作乱了。又逢侍郎殷谱经上书,状告江苏的公粮账目不清,还说李鸿章兄弟在江南大量购买田地,邻近府州很多良田均为李家豪夺,应令安徽巡抚查抄他家的田产……

这时刘秉璋已获准返乡养亲,但人还没走,看李鸿章一筹莫展的样子,很想帮他一把,于是凑上去说:"眼下北上勤王是关键。众将领各有心思已经显而易见,但是潘鼎新毕竟是读书人,不妨用道义去激励激励他。"他自己转身又去劝说潘鼎新:"我们读书人都是以道义为重的，遇到危机难道不能相互支援吗？"第二天李鸿章召见潘鼎新，问他是否看到诏书了，潘答看到了。李鸿章问："你不为我害怕吗？"潘鼎新回答得很巧妙："有什么可害怕的？君主对臣民就像父亲对儿子，高兴了就给你，生气了就又夺回去，这有什么可奇怪的呢？"时赵子方正在隔壁，李鸿章高兴地大声叫："子方你听见了吗？潘鼎新何其豪迈啊！"于是，潘鼎新立马蹬鞍发兵，前往京师，一路上把西捻军的张宗禹部打得落花流水，解决了李鸿章一个大难题。

后来李鸿章不无后怕地对刘秉璋说，那天出营门即碰上送急件的役使，连忙问信送何处，说是李宫保。李鸿章怕是朝廷下令来拿他问罪的，拆信一看，才知道潘鼎新的部队已经渡过了黄河，所向披靡，离京城不远了，方才放下心来。可知刘秉璋举荐潘鼎新真是帮李帮到点上了。

其实多年来，他们兄弟之间一直都是相互关照的。李鸿章对刘秉璋能加入淮军、以翰林的身份领兵打仗，一直感激不尽。在刘秉璋七十岁生日的时候，他在寿序中说："余念吾二人者，少相师友，长托肺腑，戮力行间，同甘苦者有年……"可见旧情还是根深蒂固的。尽管在具体问题上有过很多不同意见，如对于新疆问题，李鸿章是主张放弃的，刘秉璋则坚决反对，不仅反对，还积极为左宗棠西征筹饷。君子和而不同。这些并不妨碍他对李鸿章的整体评价，他在李鸿章七十大寿时赠送的寿联是："南平吴越，北定燕齐，二十年前，人羡黑头宰相；西辑欧洲，东绥瀛海，三万里外，共推黄发元勋。"

李鸿章爱护刘秉璋，哪怕有些很小的细节，也毫不疏忽。他曾关照刘秉璋，上奏的折子万不能出错字。一般地方长官上奏朝廷的折子出现错字，顶多叫有关部门议处，照例罚一些俸禄银两而已，但每月上奏给皇帝的请安折子，万万不可错一个字，一旦给内廷看出错字，就会怀疑你对天子不敬，或许会闯下大祸。清廷的文字狱极为恐怖，朝廷大员也要时刻警惕。李鸿章说，他刚当直隶总督时，请安折子上一再出错，朝廷很不高兴。恭亲王奕䜣参与机要，知道这件事后就让人转告李鸿章，说以后请安的折子再写错字恐怕会闯大祸，千万不要以为这是小事而疏忽。李鸿章听了很吃惊，连忙告诉刘秉璋，叫他日后也要当心。

李鸿章顾念旧情，兼及亲属，对刘家人更是分外关照。当初与太平军作战拿下苏州后,李鸿章当上江苏巡抚,而刘秉璋还在浙西率兵打仗,刘秉璋遂把一家老小安排到苏州,住在城内新造桥吴衙场,刘秉璋的弟弟刘秉钧也来了。李鸿章知道后立马委派刘秉钧掌管淮军的银钱,这是一个非亲信绝对不可能安排的职位,充分说明了李鸿章对刘家人的倚重。不仅如此,第二天李还在官署里特意为刘秉钧安排了一场宴会,以示欢迎,礼数非常周全,令刘秉钧感动不已,连忙写信告诉二哥。李鸿章这样做,当然是看在与刘秉璋十多年师生的情面上,何况两家又是姻亲(李鸿章长子李经方娶的是刘秉璋之女)。但是当时毕竟还在打仗,刘秉璋仅是"良"字营统帅,而李鸿章已经升为江苏巡抚。看到李鸿章这么降尊纡贵,他能不为之卖命吗?

那些年头真是动荡不安。当太平军及东捻军、西捻军全被剿灭之后,西部边疆又出现危机了。外交解决不了问题,那就用枪杆子说话吧,左宗棠受命西征收复新疆,也是在这段时期。自然,兵马未动,粮草先行,西征需要大宗军费支持。朝廷的办法就是运动名臣良将,设法解决问题。

1872年朝廷招刘秉璋出山,任其为江西布政使。1875年升任江西巡抚。他在任上的一个重要任务,就是为左宗棠的西征军筹饷。他在位几年竭尽所能给予援助,后来西征军事结束,左宗棠奏请朝廷嘉奖各省接济西征

慈禧太后写给刘秉璋的"福寿"字

的官员,刘秉璋获得皇上赏赐头品顶戴。

李士棻罢官真相

李士棻是曾国藩的弟子,在江西候补县令。此人其实并无真才实学,不过很有马屁功夫,把老师哄得团团转。两江总督刘坤一不喜欢他,曾国藩就在刘坤一面前为其说情,甚至还说:"听说你喜欢买书,若要找个人咨询,士棻便是最好的人选。"其实刘坤一向来不重视文人,所以也没有答应曾国藩的要求。

等刘秉璋出任江西布政使时,李士棻前来拜见,谈到曾国藩时,连忙从怀里掏出一个布包,拿出曾国藩给他的信,信中有鼓励他的句子,他以此抬高自己的身价,一副不胜荣幸的样子。刘秉璋知道这是做给他看的,就说:"行了行了,不用多说了,回家等候消息吧。"然后刘秉璋与巡抚商量,打算让李士棻出任临川县令。巡抚觉得为难,刘秉璋说:"他不过是个书呆子,让他捞一把再打发他走就是了。"巡抚只好同意了。

谁知这个李士棻上任不到一年就亏空了二万两银子。在此之前,刘秉璋整顿吏治、清理财政,公布了新条例:知县财务不清者,不许进省城来说情,所以李士棻进城求见,门房不给他通报。李士棻横行霸道惯了,用力推搡,把门房推倒在地,自说自话地进了客堂。仆人说:"主人已回卧室。"李士棻竟无赖地说:"我也跟着进卧室你看如何?"刘秉璋知道后,立马传南昌县令前来候命。南昌县令很快赶到了,被引进客堂。这时刘秉璋才走了出来,严词厉色地训斥李士棻:"你欠了官款又违抗省里的条例,竟然还敢如此强横霸道,怕是想造反不成?你公然在抚州的幕客室里吸鸦片,已经触犯了法律,反而谩骂知府,天底下哪里有你这样的无赖县令?"

刘秉璋下令把他赶出去,罢他的官。李士棻这才明白自己碰到硬骨头了,只好下跪求饶。刘秉璋不肯饶他,命令南昌知县先把他看管起来,然后将他革职、抄家、监管,并追回欠款。后来有人来说情,李士棻被放了出来,他以为案子已有缓解,又摆起了文士架子,四处说刘秉璋如何辱骂他。刘秉璋冷笑一声,怒斥道:"依照国法,长官辱骂属下,有确凿证据者,顶多只受降级留任的处分。我视官位为敝屣,像你这样的区区小人也想跟我斗,也不看看你浑身上下哪有一点干净的地方!"不久,皇上的诏书下来,令按吏部条律进行追查。李士棻捧着诏书愣了很久,痛哭流涕。

一年后,刘秉璋升任江西巡抚。然而这个李士棻的确是有本事,居然还鼓动了李鸿章来为其说情。李鸿章连写了好几封信,刘秉璋才令手下人暂缓处置。后来李士棻溜到上海,李鸿章又来信说,日后上海《申报》上怕会经常出现骂你的文章。刘秉璋回信说:"夜里在野外,听到狗在叫,明知会咬人,但不致弄坏衣衫、伤及皮肤,谁会把它当回事呢?"然而直到李士棻去世,《申报》上都不曾刊登诋毁刘秉璋的文章;他的《天瘦阁诗》大半是在这段时间写的,诗中也并无埋怨的话,从头至尾也没有谈到被罢官的事情。以其如簧巧舌,完全可以颠倒是非,大做文章的,可见他实在是无法自圆其说了。

1878年,刘秉璋得知年迈的老母身体欠佳,毅然又辞官回乡,回到老母身边,真的是视官位为敝屣。

第二章

中法战争
镇海之役大振国威

沿海告急，临危受命

总揽全局，定下"守口"大计

"尽忠尽孝"铁心报国

三战三捷军威大振

旗人加饷与鞭打快牛

招抚江洋大盗黄金满

面对"红顶商人"胡雪岩

上 镇海海防历史博物馆刘秉璋蜡像

下 刘秉璋的曾孙刘永龄（右）、刘蠢龄（左）在镇海战役胜利纪念碑前留影

第二章 中法战争 镇海之役大振国威

浙江镇海甬江入海口,沿江两岸都有漂亮的小山依次伸向东海。北有招宝山、虎蹲山、里游山、外游山;南有金鸡山、蛟山、竺山、外雉山、牯牛山、炮台山,座座山头郁郁葱葱,古木参天,自古就是天然屏障。

如今"一桥飞架南北",招宝山大桥像一道彩虹,把两岸连为一体。桥北一座古色古香的宝塔——"鳌柱塔"顶天立地,山下有明代戚继光抗倭时建造的军事堡垒——威远城。沿江处处,随时可目击斑驳陆离却依然挺立的古炮台、古壁垒、古壕堑,难怪有"海天雄镇""两浙咽喉""兵家必争之地"之誉。大凡到此登临者,无不被这壮阔的古战场之气场所震慑。

这是一片镇海口海防历史遗址区,留存着刘秉璋当年征战的足迹。

招宝山下的镇海口海防历史纪念馆内,塑有刘秉璋的全身蜡像,橱窗里陈列着他亲笔写下的奏折和各种文物,纪念馆大门口和附近的山坡上,高耸着当年炮击法舰的威武大炮……招宝山下还竖立着一座雄伟的纪念碑,碑文由张爱萍将军题写——"中法战争镇海之役胜利纪念碑",碑旁镌有巨幅铸铜浮雕,再现了刘秉璋运筹帷幄、指挥抗法战役的史实。这座纪念碑是刘秉璋的曾孙刘永龄出资捐建的。

每年春夏,都会有数十万甚至上百万青少年来此瞻仰、凭吊,此地已被列为全国重点文物保护单位、青少年爱国主义教育基地。

沿海告急,临危受命

刘秉璋不眷恋于官场,在太平军和捻军被平定之后,曾六次请求解除兵权,回老家赡养父母。朝廷总是以国事纷繁,朝中乏人,"老臣不该出此语"相劝慰,要其继续效命。直到他的老父去世前一年才获准返乡，在床前尽了最后的孝道。其父去世后，按规定须"丁忧"三年，在家守孝，好在适逢"同光中兴""天下承平"，朝廷让他在家乡过了几年清闲日子。

转眼中越边界法国人开始挑衅，南部沿海问题复杂化，中法关系逐年紧张，危及东部浙江沿海。朝廷排来排去，朝中能吏无多，能带兵打仗的更少，于是又想到了刘秉璋。1883年年初，朝廷请他出山，任命其为浙江巡抚，首要任务是督办浙江海防，以备海上征战。

浙江海防历来薄弱，早在1841年第一次鸦片战争时，钦差大臣、两江总督裕谦率兵在镇海抗英，仅半天时间镇海就失陷了。裕谦是皇族之后，并不懂军事，对外情特别是对英军的战略意图、兵力、装备以及可能采取的战术等均不甚了了，而且比较主观，刚愎自用，缺乏正确的用人政策，不能很好地调动部下的积极性。他对浙江提督余步云，既未能团结协力，又缺乏控驭之法，结果余步云临阵逃脱，整个防御顷刻瓦解。

1883年年底，法军六千人在法国印度支那舰队司令孤拔带领下，攻打应越南政府邀请、协守越南山西的清军，在中越边界发动了侵略中国的中法战争，并依仗海上的两支分舰队，一路北上，战争的重心从越南北部移向了中国东南沿海。好在此时朝廷还算清醒，已经把刘秉璋放在浙江巡抚任上。他对整个形势洞若观火，明白法国人的目的是在江南富庶之区谋取利益，要从英国人的盘中分一杯羹，法国军舰迟早要来浙江沿海一带肇事，于是早早作了部署。

1884年2月，孤拔又被法国当局任命为远东舰队司令，受命指挥那两支游弋在中国沿海的分舰队，拥有各类舰艇共三十五艘，陆战部队六千人。孤拔凭借这支武力，来势凶猛，半年多就在马江战役中摧毁了中国的福建水师。李鸿章的女婿、福建会办海疆事务大臣张佩纶和船政大臣何如璋等，不作战备，并禁止港内福建水师舰船移动，等于自缚手足，临战只好仓促应战，结果被法军击沉七艘舰船，官兵伤亡七百多人，清廷精心经营多年的马尾船厂顷刻间变成瓦砾。半个世纪之后，张佩纶的孙女张爱玲在文章里写道，当时正下着大雨，张佩纶是头顶着一个铜盆逃命的……

法军掉头又去攻台湾，在台湾基隆虽然受到重创，但毕竟登陆，形势非常危急。于是清廷急急派出南洋舰队五艘兵轮南下援助，以解台湾之困。孤拔得到消息，亲自率舰队北上截击，想在途中消灭清廷的援兵，并在东南沿海要害地区夺取一两个地方，继续扩大战果，给清廷更大的打击。

双方舰队在浙江石浦三门湾海面一带相遇、交火，激战中两艘中国兵轮受鱼雷重创，无奈只好放水自沉，另外三艘眼看不敌，掉头北返，驶入镇海口以求躲避。这下孤拔气焰更加嚣张，紧追不舍，想一举拿下镇海口。他以为中国军队全都不堪一击，率领舰队封堵了甬江口，镇海战役遂箭在弦上。

但是孤拔万万没想到，他的末日已经悄悄来临，因为中国的将领不全都是窝囊废，他碰到了强硬的对手——刘秉璋。

总揽全局，定下"守口"大计

刘秉璋在平定太平天国时就跟洋人打过交道，他熟悉洋务，了解敌情，深谙世情，懂得洋枪洋炮的性能，善于注意研究对手的长处和弱点，而且知人善任，懂得如何驾驭部下，如何对付上级。1884年马尾之战打响后，他就预见到接下来的战场必将是浙江沿海，于是调兵遣将，紧急作出部署。此时清廷也下旨："浙省饷绌兵单，沿海各口备御空虚，系属实在情形。着李鸿章与刘秉璋商选得力将领，前赴浙省臂助……该抚务将镇海、定海等处防务妥为布置，勿稍疏虞。"朝廷说起来容易，但是此时李鸿章正全力经营北洋防务，无心南顾，并未给刘秉璋这位淮军老部下以应有的照应。刘秉璋面临的情况是，即将要迎战法国军舰，但是手中没有军舰；要巩固海防，要枪、要炮、要军饷，但眼下缺钱、缺粮、缺人。

所谓能吏，就是把原本不可能的事情变成可能。刘秉璋就是这样的能吏。

上　招宝山上的古炮

下　招宝山新出土的古炮

就军费问题，他向朝廷申请军费拨款，建造沿海防御工事，但是眼看北洋、南洋的海防均获得朝廷的巨额专项拨款，而他这里却久候不至，甚至"奏请南洋船政各派兵轮二只协守定海，虽奉恩允，迄无一船至者"。就是说，朝廷已经恩准的船只，实际上一艘也没得到，遑论军饷拨款。眼看朝廷拨款无望，而军情不等人，刘秉璋只好想方设法依靠本省的力量，自筹资金建立浙江机器局，造枪造炮，同时自行购买外洋钢炮，添购兵轮，积累实力，精心布防。最终赶在中法战争镇海之役爆发之前，在镇海口南北两翼建成两座大型炮台，可安放巨型带轮盘、可以360度转动的克虏伯大炮，又在沿海各处新建、重修了十二座炮台，均配备新式进口火炮。他还采纳了宁绍道台薛福成的建议，增设了镇海至宁波的电报线路，利用先进的通讯设备进行联络、遥控指挥，以求最快速度地掌握情报。所以从财政上说，镇海之役无疑是浙江全省老百姓勒紧裤腰带，自掏腰包打的一场有举国意义的保家卫国战。

就人才问题，刘秉璋深知此事责任重大，既然朝廷应允"商选得力将领"，于是先后四次上奏朝廷，要求调他的老部下、擅长兵法的吴长庆前来共事，可惜朝廷不允，光绪皇帝亲自批复："现在直隶海防，朝鲜镇抚，均关紧要，吴长庆岂能远赴浙江？所有该省防务，刘秉璋仍当另筹妥员统带兵勇，毋稍疏懈。"一个皮球又踢回来了。刘秉璋只好在现有的将官中考察，选拔将才，合理调度。但是由于历史的原因，浙江地区湘军、淮军部队有两大派系，相互掺杂，指挥不一，名义上由浙江提督欧阳利见节制，而实际上将官之间长期各自为政，很不团结，为布防与战术问题也争执不下，矛盾重重。刘秉璋尽量居中协调，重点起用了宁绍道台薛福成，委任他为综理海防营务处长官，用他来架空那些没有真才实干的人。对于具体的布防和战术问题，当时有三种意见相持不下：

第一种意见，是主张多多招兵，分兵把守，力求稳妥。

第二种意见以浙江提督欧阳利见为代表，认为敌人的长项是水战，我军应当避开水战，诱敌深入，打陆地战。"避水战，先防其炮之利，诱其陆来，而故意示以兵之单，敌若登岸，聚而歼之。"在具体措施上，主张把招宝山和小港港口的大炮拆迁到远离海岸的隐蔽处，诱敌深入后再发挥火力。

第三种意见以薛福成和炮台守备吴杰为代表,主张"守口"(镇海口)御敌,把敌人堵在镇海口之外,打防御战,坚决反对撤炮。薛福成明确提出:"敌船不入口,胜添十营精勇,大抵中国既无得力水师,则防务唯以炮台与堵口及陆营三者相辅并行。战守之把握,陆营当得四成,炮台当得四成,堵口当得二成。"

刘秉璋支持薛福成和吴杰的意见,认为"军事贵扼其要,若枝枝节节,实有防不胜防之势"。他认为除了要扼守镇海口,采取一切必要的"堵口"措施外,还必须有一支灵活机动的有效的策应之师,即敢死队,敌人一旦在某处登岸,敢死队就应在那里迎头痛击。刘秉璋纵览全局,指挥若定,同时还认为,战事未开而先拆炮台,无论从何角度讲都将影响官兵士气,于是坚决支持主守派吴杰,以薛福成的营防处架空了主撤的欧阳利见,定下"守口"大计,遂重点在镇海口地添设炮台,密布水雷……

浙江提督欧阳利见对刘秉璋的部署和"事权不能归一"非常不满,他主张分兵把守和迁移炮台,还听信部将郑鸿章之言,屡次要求撤去不听其指挥的炮台守备吴杰。吴杰不同意拆迁招宝山后膛大炮,流涕力争。欧阳利见却志在必行,还要将吴杰"正法",几乎酿成激变,后被刘秉璋严令制止。

其实刘秉璋很不喜欢欧阳利见,据其三子刘声木写的《苌楚斋随笔》中记载,欧阳利见是湖南人,是曾国藩妻子娘家的远房亲戚,湘军剿捻的时候他曾献过一条计:用绳索羁绊敌人的马足,一时被传为笑话。刘秉璋知其无真本事,图有空谈,而且妒忌心极重,于是不给他增加兵力,也不加以重用,欧阳利见就向被重用的招宝山炮台守备吴杰行报复。等战后刘秉璋调任四川总督,他就写信给闽浙总督,诬告吴杰居心险诈,请求将其革职。事实上中法之战中,正是吴杰亲自操炮首挫法舰的。战后,宁绍道台薛福成被任命为出使英、法、比、意四国大臣,他曾上奏为吴杰辩护,朝廷向刘秉璋征求意见,吴杰才被平反昭雪,留在四川守边。等到中日战争爆发,浙江巡抚来了几个电报调他回浙,他都没有接受,后来朝廷来电催促,他才重回镇海边防,在那里守卫一直到死。

尽管如此,刘秉璋面子上还必须应付着,官场人际关系复杂,需要操心的地方太多,内部将官的协调是一门大学问,弄不好就会敌人未见而先造成自我伤害。

"尽忠尽孝" 铁心报国

"守口"大计确定之后,刘秉璋两次巡视沿海乍浦、定海、镇海、小港、青峙岭等地,亲自实地勘察地形和防务,就兵力部署、修筑防御工事诸项亲自决策,确定了以镇海地区为重点,有两翼和纵深配置,由炮台、陆营、水中障碍组成的完整的防御体系。其中,水中障碍体系由五道障碍构成;陆上阵地由威远、靖远、镇远、定远、安远等几十座大小炮台组成,配备各种大炮七十余尊,其中最大一尊是德国博洪厂造的后膛螺丝(即来福

中法战争镇海之役胜利纪念碑

线)钢炮,口径21厘米,弹重240磅,"弹路及八里,可以洞穿铁甲"。还有长达两千多米的防炮长堤及堡垒、堑壕。在镇海战役爆发之前,这些部署均已到位,为战役的胜利提供了基本保障。

　　1885年初,在战争一触即发之际,别人都纷纷把家眷迁往内地或其他安全的地方,而刘秉璋却把全家迁来杭州,并向全家宣布:"中法之战,马上就要开战,我必以全力赴之。如果战事失利,我将对国尽忠,至时夫人要尽节,三个儿子(指老大、老二、老三)要尽孝,小四小五尚小,就送给李鸿章了!"全家人紧张得无人敢吭声,只有老三刘体信有些想不通。做儿子的为什么要"尽孝"(指自杀)?留下来还可为父报仇!但父命不可违,也只得默认。其中的"小四"就是刘晦之,名体智,即后来的小校经阁的主人,当时只有六岁。

　　刘秉璋"尽忠尽孝"一语传出,部队上下为之一振,无不铁心报国。

三战三捷 军威大振

　　果然不出所料,1885年年初,四艘法国军舰追击南洋援闽兵轮北上,气势汹汹地突入浙江沿海,封堵了甬江口,把南洋的三艘兵轮逼入镇海港,一时人心惶惶,箭在弦上,镇海之役一触即发。战役于3月1日打响,孤拔率舰向镇海的国防要塞招宝山炮台开炮,刘秉璋密切注视敌舰的行踪,用电报指挥前线诸部奋起迎战,战役打了三个回合,持续了一百零三天。与马尾之战截然相反,浙江守军在刘秉璋的正确指挥下团结奋战,不仅连续重挫、击退法舰,打出了中国人的气势和军威,而且连法军总司令孤拔也在激战中一命呜呼。

　　第一回合是3月1日至6日,两军正面对垒,四艘法舰驶到镇海口,以猛烈的炮火猛

法国远东舰队司令孤拔

攻清军招宝山炮台,并以鱼雷艇和舢板先后五次偷袭镇海前沿阵地。中方守军还以更加猛烈的炮火,及时封锁江面,阻止法舰"入口",克虏伯大炮发挥了巨大的威力,把法舰"尼埃利"号巡洋舰的首尾均轰裂,法舰首战即遭失败。1日,法舰"纽回利"号被击中船头,断了头桅。前来避难的清军"南琛"号舰从旁助战,使法舰"纽回利"号连中五炮,伤亡颇重,只好逃逸。3日,法舰再次猛轰招宝山炮台,炮台守备吴杰亲自操炮御敌,一炮击中其旗舰烟筒,再炮击中其船桅,致使舰上横木落下,压伤其统帅。清军的"南琛"号和"南瑞"号协同作战,从旁击中另外敌舰三炮,又穿其后艄,法舰受到重创,再次逃逸。4日夜间,法军又以两只小船前来偷袭港口炮台,被守军将官发现,薛福成令敢死队潜伏以待,等敌船迫近后枪炮齐发,击沉一船,另一船急速逃之夭夭。

第二个回合是3月7日至21日,孤拔改变了战术,有意避开招宝山炮台,退到金塘洋面,以游山为屏障,用大炮猛攻小港炮台。守军连夜组织敢死队,潜运八尊后膛车轮大炮组织夜袭敌舰,重挫法舰,使之无法靠近。刘秉璋不断用电报发布命令,指挥作战:"如敌登岸,候炮子能及,以群子轰之。击退重赏,溃退正法。"3月20日夜间,薛福成与守将钱玉兴组织夜袭,四更后对法舰展开突然袭击,法一舰连中五炮,死伤多人,法舰司令孤拔即在这次激战中负伤,后因伤势过重,死在澎湖列岛上。

第三个回合是在3月21日以后,法舰已经尝到沿海炮台的厉害,不敢贸然靠近,改在镇海口外进行封锁,同时以大炮遥轰小港炮台,其所需煤、粮均从日本运来接济。薛福成利用英国商人在华的利益及其与法国人的矛盾,展开对敌人的攻心战,同时组织敢死队夜袭法舰,使法舰昼夜警备,"不能休息者二十余日",终于迫使法舰远离游山,基本停止了对小港的攻击,直至4月15日宣布停战。

停战后,法舰仍然停留在镇海口外,对来往商船进行"检查",对军械、兵船仍旧实行封锁,直到《中法新约》在天津签订后两天,即6月11日,才完全解除封锁,整个战役宣告结束。这次战役浙江守军英勇奋战一百多天,击穿了法军大黑舰两艘,重挫法军军舰数艘,迭次击退探船、舢板多艘,多次击退法军水陆进攻,法兵死伤无计,法军舰队司令孤拔负伤而亡。

中法战争镇海之役,是中国近代史上完全依靠地方财政对外国侵略者的唯一一次胜仗,也是中国近代史上唯一一次海岸战役的全面胜利,大长了中国人的志气。整个战役"相持四月,他处胜负互见,惟浙省全胜"。薛福成毫不客气地说,此战之胜"非特中法开战后所仅见,实与洋人交涉后初次增光之事也"!

薛福成是此役最有功的战将之一,他在一封家书中详述了当时的战备及战役全过程:

此次防务得力,在法船初来之际,炮台兵轮连击,坏其两船,以后遂不敢驶近炮台。远泊十余里外,仍思乘夜放鱼雷入口,又用舢板扑岸,皆为我军所察觉,屡次击退击沉。

又以开花大炮对我炮台轰击,每一弹大至五百余斤,其弹或坠麦田,或坠海岸及内河,皆不开花,此中大有天意。间有一二打着炮台者,嵌入泥土亦不开花。盖自客岁,弟到任后,中丞(即刘秉璋)委弟综理海防营务处,获与欧阳军门及杨、钱两统领,讲求布置。而宗太守源瀚、杜司马冠英皆以通才,好谈时务。凡有陈说,弟无不酌择行之。军门统领均老于军事,阅历甚深,其所以绸缪防务者,不遗余力,沿海两岸,修筑长墙,绵亘殆二三十里;冲要之口,埋伏地雷。每于山冈显露之处,设立疑营(即迷惑敌人的假营垒),壁垒森罗,旗帜高竖。凡炮台皆换石为土,取以柔制刚之妙。换明为暗,务使虚实相间,敌不知吾炮吾兵之所在。从前洋人构衅,中国筹防未尽得诀,坚瑕虚实,一望了然。彼以千里镜注视吾兵民所居,军实所萃,货物所屯,以开花炮攻之,一弹所炸,鲜不糜烂。故当之者无完垒,撄之者无坚城。

今经营半年,而狡寇适至,彼但遥见一片长墙,既无以辨吾孰坚孰瑕,孰虚孰实,或对高处疑营,开炮则虚无一人,徒耗药弹。敌在海面风潮颠簸所放之炮,往往不能取准,如闯入口门,既以水道不谙,恐困于险礁浅滩,又为炮台兵轮业椿水雷所阻。且法人涉数万里远来,煤米药弹,必不充足,彼一弹之价,值数十金,若放炮漫无把握,不啻以艰贵之物,浪掷诸无垠海岸。正欲其坠吾术中,亦恐法人觉而自止。弟早与军门统领言之,今果不出所料。彼既不肯漫然开炮,即放炮亦毫无所中。盖炸弹一过铁石立即开花,今皆遇水土竟无一人损伤。我军亦置之不理,但欲伺其近岸而击之,彼终不敢驶近。自此不敢开战矣。

至于迁去天主教士以清间谍,客岁费两月心力,然后办到。今宁、镇、定海廓然无内顾之忧,所以能放手办事,此层亦最得力。又如海口百余丈之宽,钉桩沉船,周密无间,系弟督同杜冠英始终经理。今敌舰果不能驶入,而南洋三轮入口后,有所凭依,不致被轰于鱼雷者,桩船力也。他若造宁镇电线以捷军报,豫以厚糈雇养善领港之洋人,以绝法船之向导,密耸英领事扬言,保护定海,以杜法人之窥伺。

由今思之,皆系必不可缓之要者。其他小事随时相机措注,更难缕述。弟自元宵以后,百务环集,寝馈为废。飞檄发电,笔不停挥,手腕欲脱,今始稍觉清暇……中丞(刘秉璋)平日依弟筹防,始终言听计从,毫无掣肘,今或鉴及弟之不汲汲于表现,故不以其待诸将者待之。夫课其实用而缓其虚名,不可谓中丞非真知我也……

这封信把战场全景描写得细微毕现,百余年后读之,仍令人如闻炮火之呼啸声。

镇海之役的胜利使刘秉璋声誉鹊起,更使李鸿章对他刮目相看。他的官运也来了,很快升为四川总督。

薛福成也因出色的见识和战绩受到重用,于1888年升任湖南按察使,次年任出使驻英、法、比、意四国大臣。他主张效法西方国家,发展民族工商业。他的儿子薛寿萱、孙子薛杰后来长期在美国经商,成为民国时期著名的美籍华商,现在四个曾孙辈也成长起来了,在纽约高科技领域各有建树。薛家故宅是无锡城区的薛家花园,现已成为全国重点文物保护单位。

旗人加饷与鞭打快牛

有意思的是,中法之战后,打胜仗的浙江军民没有获得加饷,反倒是没有战功

《文庄公甲申浙江东海防图》之十二：夜袭法船

的北方旗人得了便宜，朝廷要"部议旗兵加饷"。刘秉璋当然不服气，给朝廷打报告："今外洋环伺，迭起衅端，我所以隐忍议款者，以海军未立也。彼所以肆意要挟者，亦以我之海军未立也。可否饬下户部，将各省协解饷款通盘筹计，先竭一二十年之力，岁提银三四百万，专意海军。待海军就绪，再议旗兵加饷，庶循序渐进，事有归宿。"是说现在外患环伺，建立中国海军是当务之急，至于旗兵加饷，以后再考虑也不迟，应当集中一二十年的财力，集中办好海军，此乃国家长治久安之计。

　　谁知报告上去，惹得醇亲王一阵大怒。原来当时海军事务与旗人加饷之事均归醇亲王一人掌管。醇亲王是道光皇帝的第七个儿子，咸丰皇帝时被封为醇亲王。1875年同治皇帝死后，醇亲王的小儿子被立为皇帝，即光绪帝，醇亲王为避嫌辞去一切重要职务。1884年恭亲王奕䜣被罢去军机大臣后，醇亲王才出来主政。1885年清朝设立海军衙门,醇亲王总理海军衙门事务。他当政之初,刘秉璋正在浙江巡抚任上。或许他刚出来掌握要政,需要北方旗人的支持,所以有了"旗人加饷"之说。据说他看了刘秉璋的奏议非常恼火。没多久,刘秉璋收到了皇上的批复,朱批上写道:"创立海军自系当务之急,而旗兵生活困难也有很长时间,解决八旗生计他们才能好好操练,这是巩固国家根本的大事。至于轻率提议改变,更加没有道理。原折立即退还。"刘秉璋一番苦心,付诸东流。

而数年之后的中日甲午战争,果真以海军不足而败。已经乡居的刘秉璋看在眼里,痛在心里,但又奈何?

至于浙军则始终未得加饷。看来"鞭打快牛"是官场普遍的哲学——既然你刘秉璋如此能干,何劳朝廷为你费心呢?不给你钱,不给你粮,不给你人,不是也打胜仗了吗?可是有谁明白,什么叫赤胆忠心、肝脑涂地呢?有谁看得见老骥伏枥之后的日暮途穷呢?

毕竟皇族亲王是不能得罪的,刘秉璋这一不讨亲王喜欢的奏折,后来发生了意想不到的效应——光绪皇帝亲政和大婚都是朝廷最隆重的典礼,届时三代臣相、督抚大员都得到了恩惠,连洋人赫德也得到了赏赐,但却唯独没有刘秉璋的份。当时没有获得恩遇的还有沈葆桢,但沈葆桢已经去世,而刘秉璋是现任封疆大吏,此举显然是醇亲王存心报复。堂堂一个主政亲王,举手投足均代表了朝廷,却以区区私心妒忌贤良,其心眼之小可见一斑,此也足可证明晚清朝政之昏聩,离末日不远也。

别人的奏折可以说得天花乱坠,大讨亲王们的欢心,而战局却是不折不扣的事实——马尾之战,督抚、会办、船政大员云集,军费投入不知凡几,结果却是兵败如山倒,整个福建水师全军覆没。而镇海之战只有刘秉璋一个巡抚,要兵船不至,要将官不给,要军费不拨,却打了一场大胜仗,把骄横跋扈、不可一世的法国海军打败,连法国舰队司令孤拔也一命呜呼,打破了洋船洋舰坚不可摧的神话。朝廷可以装糊涂,醇亲王可以装聋作哑,但是忠厚诚实的战将薛福成还是道出了实话:刘秉璋是"位望最轻,用饷最省",战绩最著者。这场战役的胜利,"非特中法开战后所仅见,实与洋人交涉后初次增光之事"。满朝衮衮文武,不知会不会觉得有点脸红?

招抚江洋大盗黄金满

刘秉璋在浙江巡抚任上还做了一件事关大局之事,即招抚江洋大盗黄金满。

在刘秉璋到浙江任巡抚之前,大约光绪五六年间(1879—1880),浙江台州人黄金满(1839—1917)纠集乡间地痞流氓,在海滨一带掠客舟,劫富户,骚扰百姓,出没山海间,抗拒前来镇压的官兵,势不可遏,成为地方一大祸害。浙江官吏因不明情形,措施失当,愈克愈激,几年下来未能平乱,朝廷的御史则不断上奏弹劾官员,不断有官员因此被拉下马。这也令黄金满的名气越来越大。

1882年刘秉璋进京受命,路过天津时去看李鸿章,李鸿章对他说:"现在山东巡抚一职空缺,朝廷一定会授你这个职务。山东归直隶管辖,咱们师生又可以一起共事了。"谁知情况有了变化,就是因为黄金满。当时的浙江巡抚是陈士杰,因黄金满的事情越闹越大,吓得他要求调离浙江,与其被御史参下来,还不如自己知趣,早早溜之大吉。由于陈士杰朝廷里有后台,于是被调往山东当巡抚,留下浙江巡抚这个烫手山芋,就叫刘秉璋去接了。

刘秉璋到浙江后,立即命令各府县办理保甲制度,以连环作保的方式"以清盗源,搜捕匪犯,以孤其势。数月以来,金满渐穷蹙,遂萌畏罪悔祸之心"。此时,刘秉璋已经接到兵部尚书的指示,在必要的时候可以对其进行招抚。于是,刘秉璋派了一个叫王右人的举人去处理黄金满的事,看来此人很有计谋。不久后,天台山的一个秀才谢梦兰请求兵部尚书彭玉麟(1816—1890,曾国藩的旧部,曾任浙江金华知府、安徽巡抚、长江水师提督)转告刘秉璋,说黄金满愿意前来投诚。

黄金满投诚后来见刘秉璋,由刘的幕僚徐春荣把他带到二堂旁边站立。刘秉璋对他说:"你这个海盗,现在能够招降已经是大幸,以后要安分守己,才能保住头颅。"黄金满连连鞠躬说:"是是是,大人以后叫金满如何,金满就如何。大人叫金满向前走两步,金满就向前走两步;大人叫金满退两步,金满就退两步。"边说边做举步进退的样子。刘秉璋示意他出去,然后关照王右人等审问各种细节,如苏州文庙正堂屋梁上"黄金满"三字是怎么回事,黄金满说他一无所知,原来那是太平军的余党用来吓唬清廷地方官的。又问他,为什么官兵一再追捕都没能把他捉拿归案。他说,一旦官兵追得紧了,他就隐名埋姓,化装逃了,独自到别处给地主种几个月的田,还曾到某处为人割了几个月的麦子,藏在民间有吃有住,比深山老林还保险,并不像传说的那样有飞檐走壁、赴汤蹈海等超凡的本领。

后来刘秉璋有一次巡视海疆,带上黄金满随行(估计是要其指点海上各岛的秘密要津),途中和他开玩笑说:"其实要杀你不用刀,只要把你绑起来扔进大海即可,看你还怎么活?"黄金满半跪着说:"大人是好人,大人是恩人,不会杀我,不会杀我的。"刘秉璋只是笑笑,并未搭理。

关于这个江洋大盗被招抚的过程,刘秉璋在给朝廷的奏折中叙述得非常详细,无非是灵活地恩威并用。但此事说则简单,做则不易。前几任浙江巡抚均难以降之,陈士杰甚至还因此逃到了山东。

面对"红顶商人"胡雪岩

刘秉璋刚到浙江杭州走马上任时,只知道官府欠了一个富商胡雪岩二十万两银子,但并不知道他是怎样一个人。不久后,胡雪岩前来拜见刘秉璋,不停地赞美中堂大人。起初刘秉璋还不知道他说的是谁,后来才明白是左宗棠,于是笑着答应把钱还给了他。当时浙江粮道的账上仅有二十万两银子，把钱还给胡雪岩，巡抚衙门里财政就空了，这是陈士杰留下的烂摊子。但既然刘秉璋来了，这一切就都由刘秉璋担当着，包括海防建设和招兵、筹饷。

谁知仅过了一年胡雪岩就宣布破产了，直接原因是遭到一群洋商的暗算，酿成一场前所未有的"丝灾"——中国的蚕丝出口贸易一向由洋人把持操纵，价格由洋行说了算。胡雪岩自从有了官府的支持，就挑头跟洋人叫板，他抢先从江南收购了大批蚕丝，然后向洋行要"一口价"，同时进口大批军火，招致洋商的忌恨和围攻。这一年洋人早就放出舆论，欧洲蚕丝因故大面积减产，需要进口大量中国蚕丝，国际市场的价格肯定要大涨等，诱导胡雪岩大批囤积蚕丝，待善价而沽。而事实上这是洋人的圈套，因国际信息不畅，胡雪岩无法获得真实的商业信息，大上其当，致使大批蚕丝积压在库，发霉、变质，无法出口，导致资金周转不灵，风声传出去，墙倒众人推，大家都去他的阜康银号提取现金，这么一来，阜康银号就倒闭了。阜康银号是代为官府理财的银号，在全国有数十家分号。该行一倒闭，胡雪岩所有的事业都受牵连而破产了。

受其牵连最重的是湖州南浔的几家大丝商，从此视传统的丝业为"白老虎"，不敢贸然行事，转而做盐业了。自然，那时没有保险公司，拖累了商家，商家只能自认倒霉（上海百乐门创办人顾联承的祖父就因此一蹶不振，把南浔的豪宅卖给了张静江的堂哥张石铭，现为全国文物保护单位）。而欠下了官府的钱，官府是翻脸不认人的，尽管胡雪岩对清朝立下了汗马功劳，但还是被下令查抄。

胡雪岩是安徽绩溪人，左宗棠的亲信，早年在杭州设银号时就打理官银库，为左宗棠的部队办理后勤，以"谙熟洋务"著称。湘军的洋枪洋炮等大宗军火，大多经其手办理进口。左宗棠任陕甘总督时，胡雪岩主持上海采运局局务，专门为其筹供军饷和订购军火。他依仗湘军的权势，在江浙湘鄂等地开设了二十九家当铺，他的阜康银号分号遍布全国，在杭州还开有胡庆余堂中药号，并经营蚕丝和茶叶。由于左宗棠的一再保举，胡雪岩曾大红大紫，朝廷赏赐他头品顶戴，赐布政使头衔，赏黄马褂，还允以三代可获封爵，俨然王公大臣，不可一世，所以民间称其为"红顶商人"。

可是胡雪岩有他的致命伤，一是长期靠借贷周转资金，内外债达到一千二百万两白银，这在风调雨顺、丝茶生意兴旺的年头，是可以拆东墙补西墙的，可一旦出口贸易发生问题，资金链断裂，尤其是发生人为的"丝灾"时，局面就不可收拾了。二是他本人生活太过奢侈，在上海和杭州都营建了规模宏大的豪宅，而且屡次建了拆，拆了建，又三妻四妾地招摇过市，必然招致物议。他的后台是左宗棠，但在他破产时左宗棠在福州病得快不行了，根本帮不了他的忙，第二年就病逝了，而胡雪岩因忧急操劳成疾，也在同一年去世。

当胡雪岩与洋行洋商斗争失败，经济上捉襟见肘时，清政府不但没有伸出援手，反而落井下石。由于他亏欠公私债款巨大，清廷谕令将其革职，并令左宗棠严行追究。面对这样一个为清廷立了大功又倒了大霉的争议性人物，刘秉璋内心对其是很同情的。朝廷命令抄没其家产，刘秉璋不得不执行，但在执行过程中，尽可能做得留有余地。

刘声木在《苌楚斋随笔》中提到此事，说胡雪岩宣布破产的前一天，从上海返回杭州，将所有的小妾全都召集到一间房间里，在她们离开自己房间时，派人立即将房门上锁。他给她们每人五百两银子打发其回家，但不许再回屋取物，有的人怀里已先藏了东西则任凭其带走。胡雪岩选妾，专挑年轻的寡妇，她们早已风闻胡雪岩的经济危机，此时都一哄而散，没有一丝留恋。

胡雪岩回到杭州的第二天，便将其产业账簿全数交给刘秉璋，丝毫没有隐瞒。刘秉璋看他虽然已落魄潦倒，但仍然气概光明，没有一点低三下四，心下已有几分赞许。他成立了一个清查局，专门清理胡雪岩的财产。他还令二十九个候补州县官每人接收一个当铺，那些人觉得有点手足无措（大概接收下当铺，理应也包括接收该当铺的债务）。刘秉璋对他们说："诸位读了古代圣贤的书才当了官（其实作为候补官，天知道猴年马月才能"补"上），难道不想日后有了积蓄，自己也开个当铺谋生吗？接收当铺就好像开设当铺，不外就是验货查账而已。"众人只得应诺。其实这是帮了胡雪岩不小的忙。

可知刘秉璋的智慧在于，原则性和灵活性都能把握得恰到好处。

第三章

督蜀九年
外人休想染指西藏

乘虎口脱险的"超武"轮赴川上任

"重庆教案"各打五十大板

扼守巴塘,阻止外人进入西藏

"成都教案"中软磨硬泡

冰冻三尺非一日之寒

衰颜益露嶙峋骨

乘虎口脱险的"超武"轮赴川上任

刘秉璋到四川走马上任时已经六十岁了。

有意思的是,他是乘坐浙江的兵船"超武"轮前去赴任的。中法战争前后,整个浙江省总共只有两艘兵轮,一艘"超武"号,另一艘"建威"号,而且就这区区两艘兵轮也险遭灭顶之灾。1884年,当法国军舰闯入福建马尾港时,会办海疆事务大臣张佩纶毫无戒备,听任法舰和福建水师舰船同泊港内达一个月之久。等法舰发起进攻,福建水师仓促应战,顷刻间全军覆没,沈葆桢等经营多年的马尾船厂也被轰毁。

这期间,张佩纶曾打电报要浙江的兵船"超武"号和"建威"号前去增援,但舰长没有接到浙江巡抚刘秉璋的命令,不敢擅自行动。张佩纶恨他不服从命令,上奏要将他逮捕法办。刘秉璋大怒,欲上奏弹劾张佩纶玩忽职守,写好奏章准备发出时,一位叫汪小彭的幕僚献言:"用不了几天张佩纶就完蛋了,您何必跟朋友结怨呢?"于是刘秉璋就把此事搁下了。过了两天接到张佩纶的来信,要借船,说浙江只有两艘船,没有办法对付法国人,如果把船开到福建,福建足以抵挡敌舰而保卫浙江……但这封信来了不久,果真传来消息,马江已经失守,福建水师所有战船毁于一旦。

刘秉璋乘坐侥幸保存下来的"超武"号溯长江而上,直至汉口,想必别有一番感慨。

督蜀九年,这是他仕途生涯的最后一程。刘秉璋一如既往地按照儒家忠君、卫国、齐身、平天下的原则,克勤克俭,呕心沥血,竭尽全力,不辱使命,为此也没过上一天清心的日子。

但是这九年,刘秉璋已经不像当初在浙江巡抚任上指挥中法战争镇海之役那样,意气风发,旗开得胜了,相反还得罪了朝廷,得罪了洋人,遭到李鸿章的多次训斥。但是为了原则和清廷的大局,他仍坚持以自己的方式秉公办事,受了不少窝囊气。这正像他在一些对联里写的:

> 人心不同,每为热肠忙里错;
> 天鉴有赫,试将冷眼静中观。

> 不撒谎,可到存诚地位;
> 肯吃亏,便是强恕功夫。

> 欲平盛壮难平气;
> 且读儿时熟读书。

> 忍愤怒,如勒奔马;
> 慎言语,若塞溃堤。

言为心声。这些对联多少反映出当时官场的生态以及英雄的无奈,难怪他很不适应,多次提出解甲归田。他不愿意抛弃原则——在位一天,就必须为民、为朝廷当一个好官,不做违心之事。

这九年间,刘秉璋身为蜀督,除了安境保民,发展经济,最难能可贵的是,以他特有的智慧正确处理了一系列"教案"——重庆教案、成都教案、川西教案、川南教案……他始终在"教案"问题上与洋人斗智斗勇,敢于主持正义,维护了中国司法的尊严,在清末办理"夷务"的大员中独树一帜。

四川的"教案"与其他地方的"教案"还有不同,表面来看是华洋矛盾、民间琐事,但深层的意义还在于,刘秉璋成功地粉碎了英国人、法国人想通过巴塘这一战略要隘进入西藏的阴谋。他处理"教案"软硬得当,兼顾各方,以律断案,从不给洋人面子,也不让教首钻空子、占便宜。在他任四川总督期间,英法势力始终未能进入西藏,他本人却为此付出了巨大的代价。这一点,只要与其离开四川之后的情况稍作对比,就不难看出他那"一夫当关"的意义了。

"重庆教案"各打五十大板

刘秉璋是晚清历任四川总督（兼巡抚）中在职时间最长的一位，这在实行流官制的当时是极为少见的，反映出清廷对他的倚重和信任。

他督蜀期间，正是四川"教案"频繁爆发的时期。所谓"教案"，是指19世纪外国传教士、中国教民与中国平民发生冲突所引发的外交交涉的案件。鸦片战争以来，随着西方列强对中国侵略的不断加深，外国传教势力也不断渗入中国内地。四川因山高路隘，交通不便，外国的军事势力和经济势力难以快速侵入，所以传教势力成了急先锋。外国教会势力在四川发展很快，从大城市到穷乡僻壤，到处都有传教士的踪影。

问题是有些传教士并非在中国进行纯粹的宗教活动，而是"借布教之名，隐试蚕食四邻之魔术"。大凡建有天主教堂的地方，民众总是不能安生，各种纠纷或案件没完没了。传教士气焰嚣张，横行无忌，平时根本不把地方官放在眼里，每逢教民与一般平民发生诉讼案件，传教士不管有理无理，都庇护教民，干涉中国内政。四川的地方官吏大多害怕传教士，从而也偏袒传教士和教民，与老百姓早已积怨甚深。

刘秉璋还没上任时，重庆就爆发了严重的"教案"。1886年，英美基督教会在重庆的鹅项颈、凉风垭、丛树碑修建教堂。鹅项颈为川南通向重庆的咽喉要道，而且地势非常险要，当地民众很有意见，请官员与之交涉，要他们易地修建，但是没有结果。英美传教士态度蛮横，强行修建教舍，与当地民众发生了冲突。当时重庆府正举行武考（武科的乡试），应试的童生一经鼓动，立即群情激愤，5月30日，各州县的应试童生与当地民众一举捣毁了鹅项颈正在修建中的洋房，又进城捣毁了教堂和教民的房屋。

次日，潮水般的人群冲向杨柳街（今中华路）教徒罗元义的住宅。罗元义家里雇了很多打手，又纠集了百余名地痞流氓，持械伏击民众，致使发生剧烈冲突，造成严重流血事件，被打死的平民有十一人，打伤的有二十二人。案发之后，传教士把罗元义等凶手藏在教堂里，公然抗捕，这就更加激起民愤。于是当地民众将重庆及附近地区的基督教、天主教的所有教堂全部捣毁。巴县南彭乡的石开杨及其儿子石汇，率领民众捣毁太平乡白果树天主教堂时，遇到清廷的营勇前来弹压，石开杨父子冲锋在前，把前来弹压的什长杨某也打死了。一时考生罢考，商人罢市，外国传教士逃离重庆，事态逐步扩大。

英、美、法公使胁迫清廷严惩肇事者。这时四川总督丁宝桢去世了，新任川督刘秉璋还未到任，清廷遂急命刘秉璋火速赴川，严查"打教"事件。

刘秉璋到达四川时，偌大的流血事件刚刚发生不久，外国公使不断向清廷施加压力，要求严惩打教群众，并保护罗元义等教民。刘秉璋处理教案的基本态度是：详查核办，持平断结，不得稍涉偏袒，而不是像当时一般的官僚那样曲意护教抑民，迎合洋人。在经过充分调查、反复讨论、据理力争后，到第二年年初结案：教民罗元义以"恃符逞横"，致多人死亡而获死罪；石汇以"敢伤毙杨什长，纵火烧房"，一齐处斩，并斩首示众；赔偿教会银三十万两。

刘秉璋不顾清廷和外国公使的压力，果断地来了个"各打五十大板"——将罗元义和带头打教的石汇同时判以死刑，而一般参加打教的百姓则极少追究责任。他虽然不赞成用打教的方式来解决民教纠纷，但是他同情百姓，对参与打教的平民尽可能维护，因而客观上对四川当地的反洋教斗争起了推波助澜的作用。

在此案审理过程中，"法国教士诉于该国公使，哄于总理衙门，来电劝其从宽处理，免生枝节"，但是刘秉璋不为所动。法国人转而乞求李鸿章为之说项，刘秉璋仍旧不为所动。李鸿章先后来了几封电报，指示刘秉璋要慎重处理，不要激化与洋人的矛盾。在宣判执行之后，李鸿章还来函喋喋不休："既已治罪，何必正法；既已正法，更何必枭示？实属办理太狠，为各省从来未有。无怪法人不服，啧有烦言，恐生大故。公欲于初到任时立威，以其压服教民，将来自己必为国家受大祸，终有懊悔之一日。"

自然，这也引来外国公使的忌恨。

扼守巴塘，阻止外人进入西藏

刘秉璋之所以对洋人洋教持颇为强硬的态度，还有一个重要的政治背景。

19世纪下半叶，帝国主义列强欲染指中国边疆地区，西藏也成为列强们争夺的重点。英、俄、法、美等国都有这一图谋。但由于政治、地理等各种原因，进入西藏并不那么容易，因而他们都想从四川打开一条通往西藏的通道，这就需要先在川藏交界的战略要地——四川巴塘镇站稳脚跟。

于是，英法美三国都先后向巴塘派出了传教士。这些传教士在巴塘散布谣言、煽动叛乱、收买人心、制造混乱，激起当地汉藏民众的不满，以致驱逐传教士、捣毁教堂的事件时有发生。

刘秉璋任四川总督的第二年，

奏請密飭駐藏大臣防閑藏僧片 光緒二十年六月

再駐藏大臣魁柄下移官非一任藏書頑梗積習難返迄今蓋已數十年臣考之案牘加以詢訪奎煥性情舉動稍近輕率易爲藏番所藐玩久駐邊疆恐非所宜至藏僧愚蠢勢屈於印度意欲結俄抗印而俄人復從中誘之此情理事勢所有者詢據秦宗藩面稟通俄之說頗有端倪卻非邊覺奪吉一人之意稱志文控其通俄深觸所諱是以圖藏羣起而爭惟藏番既堅不承認是尚有忌憚隱匿之心似亦不必指明授印度以口實應請旨密飭接任之駐藏大臣不動聲色暗中防閑以弭邊釁臣受恩深重而藏衛又爲川西屏障事關切要愚慮所及不敢不據實密陳伏乞

聖鑒訓示謹

奏

刘秉璋关于谨防西藏闲僧的奏折

巴塘地区又发生教案，洋人们想借机讹诈，企图长期占据巴塘。但是刘秉璋早就看穿了洋人们的阴谋，从国家的长远利益考虑，坚决抵制外国人的种种无理要求。他多次派员深入巴塘进行实地调查，了解详情，在此基础上，提出了一次性赔偿、不再修复教堂的方案，以期将外国势力赶出巴塘，"永消后患"。为了让传教士就范，刘秉璋故意采取软拖、冷处理的办法，巴塘教案就此被他一拖再拖，洋人对他没有办法。在刘秉璋督蜀期间，外国教会势力一直未能再进入巴塘，也就一直未能进入西藏。

然而，在刘秉璋离开四川不过八年之后（1904年），英国远征军就堂而皇之地开进了西藏。那时刘秉璋还在世，李鸿章已经不在世了。假如刘秉璋还在任的话，英国人入藏或许不至于得逞。当然，历史是不能假设的，但是起码能说明刘秉璋护国之手段确实高明。

"成都教案"中软磨硬泡

刘秉璋早就厌倦了宦海生涯，曾六次提出退休。他书生本性，向往田园生活和书斋意趣，所以在官场上心态很踏实，有一分力就出一分力，既不攀龙附凤也不吹牛拍马，连对李鸿章这个老上级、老搭档、老亲家也不完全买账，要紧的时候还要软磨硬泡，顶撞顶撞，秉持原则。朝廷对他的看法倒也难得不糊涂，知道他人才难得，宅心厚道，堪膺大事，不搞阴谋诡计，所以总是拖着他不放，或因军务紧张，或因督抚乏人，总在安抚他继续效命。

1895年，刘秉璋已经七十岁了，如此老臣长期放在四川这样一个汉藏混居的边远多事之地，朝廷再也说不过去了，终于同意他告老还乡了。可是，人让他走，而"天"不让走。就在刘秉璋等待与新任总督陆传霖办理交接手续时，又爆发了"成都教案"。

当新任四川总督陆传霖到任后，刘秉璋就急忙启程回乡了。但是新任川督对一切都茫茫然，面对接踵而来的到处烧教堂、毁洋楼、教民与百姓杀杀打打、洋鬼子们嗷嗷叫的混乱局面，一筹莫展，于是奏报朝廷，"成都教案"的事情应由刘秉璋收拾干净了再走。于是清廷又下令追回刘秉璋。刘秉璋正高兴地乘船东归，船走了四天，已经到安徽地界了，突然接到朝廷的两封电报，不得不再返回成都。与陆传霖会办"教案"，他的态度仍然是"延宕"。

按当时清廷与列强们签署的条约规定，外国人不可以在通商口岸以外的地区购置房地产，洋人就采取"永

五次籲請開缺疏 光緒二十年十月十二日

奏爲 微臣 病勢增劇謹

旨瀝陳下悃籲請開缺回籍調理恭摺仰祈

聖鑒事竊臣 於三月間因病奏請開缺不意此摺到京之前二日已有

諭旨飭查藏案是以欽奉

硃批該督現有交查事件著俟查辦完竣再行請旨欽此及 臣將藏案查明覆

奏又有

欽差來川查辦事件不得不力疾銷假聽候查辦滿擬查辦完竣得申前請適

値成都將軍恭壽進京祝

嘏遺缺蒙

恩飭臣暫行護理

慶典攸關責無旁貸當卽專摺謝

刘秉璋第五次申请回乡养老的奏折

租"的办法来对抗，致使四川的教堂和洋楼越盖越多。四川原本就山多地少，凡是牵涉土地问题总是矛盾多发，何况还有教民与平民历年积累下来的种种矛盾，一不小心就会激起星火燎原之势。刘秉璋非常憎恨洋人的手段，针锋相对地发布告示，以总督的名义宣布：今后禁止使用"永租"这两个字。他一针见血地指出，这是外国人利用这种虚伪的手段来收买中国的土地。这个告示客观上动摇了洋教在四川的房产根基，支持了老百姓反洋教的情绪，更加激起了人们的仇外心理。

1895年5月28日，是中国传统的农历端午节，依照成都旧俗，要在城内东校场举行

"抛李子"的竞戏,老百姓们喜闻乐见,纷纷前往,住在附近的外国传教士也混杂其中。由于人多拥挤,传教士与市民发生了口角,冲突中有人火上浇油,传言传教士强拉走了一些孩童,于是群情激愤,追至福音堂索要。传教士解释无效,就向空中鸣枪驱众。听到枪声民众更愤怒了,群起捣毁了福音堂,泼倒洋油,烧毁房屋多间。第二天,成都民众成群结伙地走上街头,将陕西街、玉沙街、古佛庵、平安桥等地,以及北门外的基督教、天主教教堂全部捣毁。第三天形势还在扩展,一洞桥天主教川西教区主教杜昂的座堂、医院、住宅全部被捣毁。"一时闻风而起,嘉定、叙州、保宁三府及新都、新津、眉县、彭山、崇庆、仁寿各州县,皆有打毁教堂之事。"成都城内的打教事件迅速波及近郊各县及重庆等城乡地区,全省共计捣毁基督教教堂三十处,天主教堂四十处,形成震惊中外的"成都教案"。

"成都教案"发生后,各国公使要求清政府迅速查办。当时中日甲午战争刚刚结束,清廷生怕再与英法列强发生冲突,于是令刘秉璋"不得存五日京兆之见,稍涉诿卸",几天后又催刘秉璋速办,"免滋口实"。但是刘秉璋认为:"此案事起仓猝,殊出意表,必有匪徒从中拨弄,希图抢夺。愚民无知,从而附和。"因此,他只主张严拿首犯,而不愿全面"弹压"。很明显,刘秉璋没有按照朝廷的谕旨,立即派兵去镇压百姓,保护教堂和教民,因办案过程复杂,在外人看来,刘秉璋总在"延宕",促使反洋教斗争风起云涌。成都成了这一斗争的中心,而刘秉璋也成了洋场和官场的众矢之的。

在清廷的一再催促下,直到七月份,刘秉璋才派出兵弁,去保护那些已经破败不堪了的教堂,缉拿首犯。外国公使自然非常恼怒,状告刘秉璋对打教群众"疏于弹压,反行纵容",各国公使天天哄闹于总署,强行要求清廷将其革职查办,否则就施行武力报复。七月间,刘秉璋一方面奏称已经实行弹压、保护,一方面"严缉匪犯"。其实他很清楚,这是一次郁积多年的民怨大爆发,矛盾的主要方面应当是教会,教会在各地通过教民买地建堂,引发了众多矛盾,如果直接"弹压",必将激起更大的暴乱。四川一地民风彪悍,只能适当地静候民怨渐息后,酌情处理。他内心对城乡民众非常同情,实不忍"弹压"。况且,眼下民众攻击的目标是洋楼洋教,官府一旦卷入,与民众为敌,那么烧杀的目标很可能就会转向官府和朝廷,战火非但不会熄灭,反而愈加炽烈。

八月初,英国公使见刘秉璋还在延宕,又加码向清廷施加压力,声称"中国如不即予刘督相当之罪,明发上谕,即派兵船到华海口行报复"。还以断交相威胁。法国传教士屡有"前科",旧怨未申,新祸又惹上了头,更加仇恨,诉诸法国公使,一定要逼迫清廷赶走刘秉璋,否则就要诉诸武力。此外,美国还派出了两艘炮舰,溯长江抵达武汉,以军事为后盾,要挟清廷处罚四川官吏,并赔偿损失。清廷慌了神,掉头一再责成刘秉璋和陆传霖"不许延宕"……在清廷的多次催促下,刘秉璋才把"成都教案"酌情结案。

但是事情还没完。正在刘秉璋费尽心机左右张罗时,官府内部又来事了。九月间,御史吴光奎火上浇油(据说是被人收买),状告刘秉璋:"其时府县文武奔告督臣刘秉璋,请为派兵弹压,始终坚置不理,以致无业游民愈聚愈多,辄将城内外教堂打毁多处。谣风流传,如响斯应,曾不旬日间而省外教案遂层见叠出,几于不可收拾。迨陆传霖到任后,民情初定,议及赔款,又以该前督应许在先,无从驳减。是刘秉璋始则纵容滋事于前,继则轻许赔款于后,玩视民瘼,酿成巨案……臣愚谓,刘秉璋若不加以处分,以后地方官无所警惕,相率效仿,关系尤为浅鲜。""省城滋事之始,刘秉璋坚置不理,并未派兵弹压,无业游民,愈聚愈众,以致省外教案层见叠出,该督任意废弛,有负重任。"

据说各种告状信到达清廷后,总理各国事务衙门内也是对刘秉璋责怪声一片,但是主持总署的恭亲王奕䜣头脑比较清醒,他深知刘秉璋不是庸碌之辈,他这样做一定有他的道理,因此一再对其回护。恭亲王掌管着督抚大员的任免权,在用人上很费心思,凡是京官五品、地方官司道以上,都记在一本名册上,每人名下都有评价,一旦需要用人时就翻册任用。刘秉璋也被记录在册,名下的评价是"结实开朗"。这是皇家宗室的岐元亲口对刘秉璋说的。岐元时任成都将军,正是刘秉璋的部下,他是皇室后裔,亲眼看过奕䜣的这个花名册。

有一天正好恭亲王有事临时不在,适逢一群外国公使又来总理各国事务衙门抗议,总署里对刘秉璋有意见的人也附声跟着嚷嚷,大人物只有庆亲王在场。庆亲王软弱,在反对声浪占上风的情况下,他一方面慑于列强的压力,另一方面也感到刘秉璋太不体谅朝廷的难处了,怎么可以把事情闹得这么大呢?于是乎,挥笔画押。九月二十六日发出上谕:"本年五月间,四川省城匪徒滋事,打毁东校场教堂,省外各处旋又屡出教案,皆由地方官平日不加劝谕百姓,致酿事端。迨闹事后,又不赶紧惩办。川省屡出教案,该督刘秉璋督率无方,厥咎甚重……刘秉璋着即革职,永不叙用,以示惩儆。"并通知驻英公使龚照瑗,告知英国外交部。

如此,刘秉璋的仕途也就到头了。1895年,这是刘秉璋在四川的最后一年,适逢甲午战败,清廷更加风声鹤唳,见洋人如见鬼神,一派昏聩落寞的末日景象,刘秉璋只能十分无奈地悲剧谢幕。具体办理这些教案过程的是成都知府黄毓恩,刘秉璋对他很欣赏,经多次保举,升至福建布政使,可是不久后也被革职,或许也是法国传教士在背后捣的鬼。

冰冻三尺 非一日之寒

"成都教案"固然是外国传教士长期在华的种种劣迹所造成的社会矛盾激发所致,但是事出之后,当地地方官员却少有站出来替刘秉璋说话的,反倒是"墙倒众人推"的多,欲将他革职、治罪的人也多。何也?细查刘秉璋在任之九年,的确得罪了一批人,主要是那些想靠洋人发洋财的地方官僚和士绅。

总体来说,刘秉璋于洋务一向是不感兴趣的。这也算是他的局限性。主要体现在开矿山的问题上,他反对在四川境内开采矿山,凡是前来要求开矿的,一律不批。这就断了许多人的财路,引起了他们的忌恨,后来就是这些人借助"成都教案",与洋人内外夹攻,把刘秉璋赶出四川的。

在当时的情况下,刘秉璋反对开矿也不是没有根据。他总结了过去种种经验教训,认为开矿"利小而害大",并且"非数十年所能收效"。1890年,主事郑宝琛请求开采四川雅州府范围内的大穴头山,以及宁远府范围内的麻哈母鸡沟等处的五金各矿,未获批准。郑又请出李鸿章为其说情,刘秉璋依旧不为所动。两年之后,郑宝琛跳过刘秉璋,辗转买通御史吴光奎上奏朝廷,再次要求开发四川矿山。清廷令李鸿章、刘秉璋派熟悉矿务的人前去勘查。其后,又有给事中方汝绍上奏朝廷,说宁远府所属的盐源县等处铜质极佳,运输也便利,请降旨允许开发矿业。清廷复令刘秉璋等查勘后复奏。

刘秉璋在考察之后给朝廷的报告中,详细陈述了四川开矿者以往的种种行径,批之为一群鼠窃之辈。他指出:

> 川省矿山固多,然其砂甚浅,仅浮露于山面而根底不深。先年开采者因矿薄利微,不敷工用,旋即停止,屡有案据可查。近年进开矿之说者,借口西洋公司之法凑股开挖,大抵一二奸商为首,哄诱众人入股,卒之亏折倒闭,入股之人股本无着,而为首之奸商大饱其私囊,各处矿场无不落此故套,此鲸吞之术乃骗局之大者也;又有一种志在攫取之流,知矿浮山面,易于薄采,惟山系管业有主之山,不能听其占采,乃稍集微资,朦请官示,一经批准,彼即采其浮面之矿,稍得微利各自瓜分,旋即歇业,有扰于民,无济于公。无论所占民山夷山,岂不喷有烦言怨仇之声归之于官,其实仍归之于国。此鼠窃之术乃骗局之小者也。骗局不同,同归于骗。据事理,实在言之,似宜作为罢论,仍听凭管业之家自行斟酌开采与否,以顺舆情。

结论是"川矿开采害累殊多",请"作为罢论"。

刘秉璋在这个问题上立场非常鲜明,断了一帮指望用坑蒙拐骗的方式靠山吃山之人的财路,自然得罪了不少人,这也是后来他被革职的深层原因。

衰颜益露嶙峋骨

刘秉璋虽然是以军功屡获升迁,但他毕竟属于"学而优则仕"的知识分子出身,由

刘永龄、纪辉娇夫妇一家及刘耋龄（左一）
参观四川总督衙门遗址

进士而入仕途。史称其"学问优长","敬爱文学","皆有儒风"。督蜀期间,他对发展四川的教育事业颇为重视,除了对成都尊经书院、锦江书院等予以大力支持,还对发展西学、新学等新生事物十分支持。

1888年,凭其资历,刘秉璋向朝廷请求增加四川的乡试录取名额20名,获得朝廷"如请可行"的批准。由此使四川"士皆有振兴之气",向学之风大盛。1892年,在刘秉璋的支持下,四川第一所新式学校"洋务学堂"在重庆成立。这所学堂一改传统的教育方式和教学内容,以学习西方语言、历史、地理、数学、科技知识等,取代了旧式书院专学四书五经和八股试帖的内容。这所新式学校的出现,开创了当地新式教育的先河,推动了四川新式教育的发展,有着里程碑意义。

刘秉璋还重视地方财政,整治吏治,关心民间疾苦,减轻农民负担。他多次拨出专款,发放救济粮,组织移民屯垦成边,兴修水利,改善交通,发展生产,包括重修都江堰工程。赴川走马上任伊始,他就着手整治吏治,对各地州县官吏严加考核,如有不堪胜任者,一律辞退。他一方面颁布政令,严令各级官吏不许贪污受贿,不准勒索百姓,另一方面派人到各地明察暗访,发现问题,绝不姑息。在他督川期间,被他开除的地方官员多达数十人。前车之覆,后来者自然自知警惕。

1888年,夔州知府呈文,要在长江三峡两岸修陆路和便道,方便交通运输和百姓出行,刘秉璋立即拨款并赠银共计两万八千两,两年内在三峡地区修成陆路105里,桥梁两座,这在当时生产力非常低下的情况下,殊属不易。

1891年,商人卢干臣申请在重庆开办火柴厂,也得到刘秉璋的支持,四川第一家森昌火柴厂因此诞生。制造火柴需要硫磺,卢干臣从日本带来的硫磺很快用完了,便请求用本地的硫磺。因硫磺是制造火药的原料,一向受到政府严格控制,但是刘秉璋认为办火柴厂是防止利益外流的措施之一,于是网开一面,给予支持,使森昌厂的原料得以解决。1894年卢干臣又开办了第二家火柴厂,取名聚昌火柴厂,促进了当地新兴工业的发展。

可是刘秉璋的这些政绩并没有获得朝廷的肯定,全被"教案"事件给掩盖了。成都教案发生后,清廷迫于英国人和法国人的压力,再加上官场上对手的谗言,他竟落得"革职,永不叙用,以示惩戒"的结果。

官场上弹劾刘秉璋的主要是御史钟德祥。钟德祥是徐致祥密保的人才,弹劾刘秉璋是受徐致祥的指使。但是徐致祥与刘秉璋的交情并不一般,首先他们都是庚申年中的进士,这在当时是一种很重要的"同年"关系;其次他的叔父徐郙相国和刘秉璋还是儿女亲家,刘秉璋的女儿嫁给了徐郙的儿子徐迪祥为妻。可是徐致祥竟在关键时刻落井下石,可见官场上人心之险恶,不是刘秉璋这样宅心仁厚的人所能预料的。

但是对于这位年届七旬的老翁来说,这倒不全是坏事,他早就想告老还乡了,还可以享受最后十年的乡居生活,求之不得。

黄其容不改出言有章行歸于周萬民所望按顧氏以
經解經引論語及詩釋篇首數語之義猶有未盡曾子
曰動容貌斯遠暴慢矣毋不敬也正顏色斯近信矣儼
若思也出辭氣斯遠鄙倍矣安定辭也子夏曰望之儼
然毋不敬也即之也温儼若思也聽其言也厲安定辭
也蓋思是靜坐時不言靜者省文也儼若即儼然言其
靜之狀與下句出辭時相對成文

志不可滿

疏引六韜器滿則傾志滿則覆陳氏集說引宋應子和
云志滿則溢按在心未見為志遽言其滿似有未愜疑
此志字以得志而言之也得志則有驕滿之患元許遜
翁韵史云志得意滿殆引用此

若夫

大戴禮曾子事父母篇孝子惟巧變故父母安之若夫
坐如尸立如齊弗訊不言言必齊色此成人之善者也
未得為人子之道鄭注言若欲為丈夫也春秋傳曰是
謂我非夫正合成人之意

禮不妄說人不辭費

說讀如孟子說大人則藐之之說如費辭則為妄說二
句義意連貫當為一節方與上文夫禮者下文禮不踰

第四章

远碧楼头
乡居十载拥书万卷

蜀道归来笑口开

淮军第一藏书家

生死之交吴长庆

总督本色是书生

千秋功罪，清名留待史臣书

蜀道归来笑口开

刘秉璋从四川总督任上退下后,在安徽无为度过了生命中的最后十年。这期间他深感"无官一身轻"之乐,写下很多轻松愉快的诗篇,大有陶渊明"久在樊笼里,复得返自然"的感慨。

到家欢

万水千山喜到家,一门欢聚语喧哗。
经霜枫叶烘斜日,遇雨芙蓉亲晚霞。
药果茶铛为活计,棋将曲谱是生涯。
闲将净土栽兰蕙,芽苗根源待看花。

秋暮登楼遣兴

瓜牛庐小掩松关,磊块消融俗虑删。
庾信园中鱼极乐,陶潜宅里鸟飞还。
豪情欲促天边月,倦眼听看江上山。
人诧是翁何矍铄,颇疑丹诀驻童颜。

壬寅暮春后园看牡丹

半亩园亭处士家,拼将衰朽伴烟霞。
东皇付与春消息,冷淡人看富贵花。

名花百朵一齐开,烂漫文章妙手裁。
满园浓香关不住,纷纷蝴蝶过墙来。

净土滋培不计年,群芳谱里孰争妍。
旁人艳羡花开好,道是天公雨露偏。

惜花心事费商量,锦霞金铃着意忙。
香糯预酤千日酒,明年佳节又称觞。

其弟刘秉钧文学功夫也不差,常与之和诗,有云:
次二兄岁暮述怀韵
蜀道归来笑口开,故园三径足徘徊。
但修花木平泉记,不上瞿塘滟滪堆。
晚节争看霜后菊,暗香已破蜡前梅。
苍然二叟相辉映,又值春随斗柄回。

刘秉璋毕竟是督抚大员,尽管离开了讨厌的官场,但社稷的荣衰还是无法忘怀。天高云淡、酒足饭饱之后,除了坐拥书城、博览群书,也常常会陷入沉思,故忧时感怀的思绪也时有奔泻于笔下:
闲中感怀偶成
背弓腰矢昔从戎,李广无妨老不封。
失马焉知非得马,好龙何必属真龙。
衰颜益露嶙岣骨,壮志难平磊块胸。
明远楼头惊鼓角,梦魂犹似夜传烽。

壮士情怀,字字如铁,即便如今,又能有几个知音?

淮军第一藏书家

读书、藏书是刘秉璋生活中的重要内容。光绪八年（1882）刘秉璋进京等候朝廷新的任命时路过天津，适逢李鸿章母亲病故，朝廷给他百天丧假，由张树声代理直隶总督兼北洋大臣职，住在衙门。刘秉璋与张树声不仅是同乡、同僚，还是亲家，张树声的女儿嫁给了刘秉璋的二儿子刘体仁，所以关系非常密切，言谈也很随意。

他们谈起当年平定太平天国和捻军的往事，刘秉璋非常感慨地说："我在淮军，爵位和俸禄都不如人，唯独家有藏书万卷，自信他人没有，可称第一。"张树声的长子张华

刘永龄在安徽无为刘秉璋故居（现已拆）前留影

奎当时也在座,他是刘秉璋的从外甥,年轻气盛,口无遮拦,随口问道:"丈之藏书,宋刻本、元钞本共有多少,可以透露吗?"刘秉璋听了很意外,说藏书非要这些吗?张华奎说当然。刘秉璋说自己的藏书基本都是通行的版本。张华奎则说:"如果这样来算淮军的藏书家的话,那还是让我当第一吧!"

还没等刘秉璋回话,张树声已经变色,急忙对老亲家说:"不要听他胡说!他有什么书能够称第一?我看咱们淮军的藏书家,还是要推您为第一。"刘秉璋遂说:"您家第一,我当第二,我很情愿啊!"张树声科举上只是个诸生,有赫赫战功,但没有赫赫功名,就像后来人讲究学历一样,这在官场上肯定是气短的,所以在有功名的人面前,言辞非常谨慎。这番对话也反映了他望子成龙,在育儿和读书、藏书方面下的功夫。

其实,张华奎虽有几部宋刻本、元钞本,但他不可能获得皇帝御赐的藏书,而刘秉璋则不然。刘秉璋的藏书很有名气,连光绪皇帝都知道,所以还来增砖添瓦。他家御赐藏书共有三部,即《钦定剿平粤匪方略》二十卷、《钦定剿平捻匪方略》三百二十卷、《诗全集》六卷、《文全集》三卷。光绪中叶,长江水师提督黄翼升(张爱玲的外公)与刘秉璋往来密切,听说刘秉璋有皇帝御赐的书,非常羡慕,经常提起要来借阅、借抄。刘秉璋说,这是皇上御赐的书,不能送人,否则你若喜欢,不妨相赠了。黄翼升虽然是军人出身,但对于书籍却很留意,多次提起此事,也属难得。

刘秉璋乡居后日以读书为乐,藏书积至四五万卷,自编《远碧楼书目》,这批藏书后来都由他的四儿刘体智(晦之)继承。刘晦之子承父志,继续收藏,藏书扩充至二十余万卷,张华奎所说的宋刻元钞多少也有些了,于是重新编写了《远碧楼书目》,总数达三十二卷。

其实刘秉璋不仅喜好读书、藏书,还喜欢收藏古代石刻。现在安徽无为城西北隅的"宝晋斋",是北宋著名书法家米芾当年在无为做官时的书斋,斋前还有米芾生前建的亭台和挖的墨池,还有一块大石头,形状酷似一位老翁,据说米芾每天都要向这石老翁揖拜。去世后,当地人为纪念他,在此修建了米公祠,后几经重修,如今又恢复为"宝晋斋",陈列有一百五十几方古代石刻,绝大多数都是刘秉璋当年的收藏,是他在剿捻

刘永龄、刘耋龄（右三）在安徽无为参观先祖刘秉璋收集的古代碑刻

时任江苏按察使期间收集并带到无为的，现作为文化遗产向公众开放，是刘秉璋留给后人的文化瑰宝。

生死之交 吴长庆

刘秉璋的好友吴长庆（1834—1884，字筱轩）也是安徽庐江人，是淮军的著名将领、职业军人，和刘秉璋有着类似的戎马经历，所部称"庆"字营。不过，他在曾国藩和李鸿章麾下东奔西突的时间更长，一辈子率兵与太平军作战，与捻军作战，还奉命去当时的朝鲜汉城作战,镇压那里的兵变,闯荡了大半个中国,官至浙江提督、广东水师提督,最后倒在军营中。与刘秉璋不同的是,他非科举出身,而是世袭云骑尉出身,命中注定的武将,而且一直没有转为地方行政官,1882年奉命进入朝鲜作战,1884年病死军中。刘秉璋与其交情非常好,意气相投,简直亲如弟兄。在浙江巡抚任上时,他曾先后四次上奏朝廷,请调吴长庆前来浙江,帮助抵御法国人,那时吴长庆正在朝鲜作战。但是朝廷始终不允,光绪皇帝亲自批复不同意,他们连最后一面都未能见上,刘秉璋不能不引为深深的遗憾。

当初东捻军被平定后,刘秉璋请求解除兵权,他把旧部交给吴长庆统领,尽管李鸿章对这一安排不以为然,但是刘秉璋很是坚持,他认为吴长庆是个非常忠实可靠、敢打硬仗,而且不贪图私利的人。当时追击敌寇,离敌人的粮仓不过几十里,战场上缴获的敌人粮食,就用车子装载了随军走,一旦遇到粮饷不能及时供应了,就用缴获来的粮食安顿部队。刘秉璋临行之前把这些粮食全都移交给了吴长庆,吴长庆每一份都有清楚的收据。1872年,刘秉璋由陆路入京觐见皇上,路过扬州,吴长庆当时正驻军扬州,他一直把刘秉璋送到清江浦才返回。刘秉璋的儿子刘声木回忆说:"他们彼此的感情真比亲骨肉还亲。"

吴长庆去世后,刘秉璋上奏请求为他在嘉兴修建祠堂,以志纪念。祠堂建成后,吴长庆的长子吴子恒前去祭拜,后来到了杭州。刘秉璋因他是爱将之子便留他住在衙门,抽空就跟他聊他父亲的往事。但是吴子恒性情狂放,不大守规矩,刘秉璋很失望。有一天他对吴子恒说:"我很后悔在你先父的牌位入祠堂那天,我默默祝祷时没有多问他一句话。"吴子恒说:"人都死了,还有什么好问的?"刘秉璋说:"我要问他,有什么法子能叫他的儿子不再荒诞下去?"吴子恒并没有感到羞愧,行为上也没有改变,这令刘秉璋更加为老朋友而伤心。

刘秉璋的生死之交、淮军名将吴长庆

刘秉璋去四川赴任之前，曾请假回过安徽老家一次。吴长庆的妻子吴夫人领着次子吴彦复前来做客，就住在刘家。刘秉璋一直把吴家的事情当作自己的事情，有什么困难一定设法解决，为了吴家孩子的教育问题，他有些恨铁不成钢，有时说话说得重了，自己也不觉得。有一次他跟吴彦复聊天，偶尔问到古代经典著作上的一两句经典句子，吴彦复答不出，刘秉璋很不满意，便声色俱厉地当自己儿子似的教训起来。吴彦复当时只有十六岁，急忙辩解说："'五经'我一向都不曾熟读。"刘秉璋转而对吴夫人说："唉！筱轩这么重视与文人雅士交游，他的儿子居然没有读过'五经'，这可是莫大的耻辱啊！"说得吴夫人连连点头称是。他又勉励吴彦复："要好好努力啊，现在开始努力尚不算晚。"可知他是真心实意地开导吴家母子，完全当作自家人了。

后来他们结为亲家，吴长庆的女儿嫁给了刘秉璋的三儿子刘体信，生女刘若霞，刘若霞后嫁给了淮军另一个名将——唐定奎的后代唐梦鼐。唐梦鼐、刘若霞夫妇的孩子，就是著名美籍华人学者、哥伦比亚大学教授、胡适的最后一位入门弟子唐德刚。

总督本色是书生

刘秉璋一生著文、诗书、公函，留下笔墨无数，共二十四部编著。其中有《奏稿》八卷、《未刻稿》、《强恕斋文集》二卷、《强恕斋日记》十六卷、《诗集》六卷、《澹园琐录》二十二卷、《方域辑要》二十卷、《读书笔录》十二卷、《汉书古文字考》一卷、《尺牍》八卷、《批牍》二卷、《朋僚函稿》二十卷、《外部函稿》十卷、《三省电稿汇存》十卷、《锦鳞集》十卷、《前集》二十卷、《后集》四卷、《澹园小品》一卷……共计一百九十卷，原稿有几尺高，但是只有《刘文庄公奏议》选刻了八卷、《澹园琐录》选刻了二十二卷、《静轩笔记》数卷，其余遗稿均在岁月的风蚀中消逝了。

尽管原稿遗失很多，但是有些诗文被收存在其他文献中，经刘家后人的查寻和转抄，现在多少仍能一窥当年川督的文采。都说刘秉璋诗文写得很有气势，尤其喜欢写对联，不仅对得工整，而且符合身份，挥笔即就，从不劳幕僚帮忙，最为人传颂的有以下几联：

重修滕王阁

一千年画栋重新，斯阁也殆有天幸；
八百里风帆遇顺，好事者诧为神功。

挽曾文正公国藩

天上大星沉，气壮山河，身骑箕尾；
人间纷雨泛，功在社稷，泽被生民。

挽曾忠襄公国荃

能擒贼先能擒王，历数千古英雄，威风贯绝麒麟阁；
有难兄更有难弟，痛煞两江士庶，大星递陨凤凰台。

贺李鸿章七十大寿

南平吴越，北定燕齐，二十年前，人羡黑头宰相。
西辑欧洲，东绥瀛海，三万里外，共推黄发元勋。

刘秉璋《静轩笔记》自序

张靖达公树声金陵专祠
高阁建麒麟,先生含笑;
一军化猿鹤,后死伤悲。

挽曾惠敏公纪泽
海国乘槎,九万里威德遐宣,不愧家声能继武;
秣陵判袂,十八年音尘暌隔,惊传噩耗剧伤心。

挽周武壮公盛传
纯孝常先知,假百日归期,千里长途从慈母;
雄才君未尽,幸九重异数,三湘佛节寻难兄。

挽张勇丞公树栅
君不见赫赫太师长跪岳武穆墓下;
人谁信区区典史埋魂林和靖坟边。

翻阅刘秉璋的《静轩笔记》,可知那是他晚年的读书笔记,记录了他阅读六十七部古代经典著作的笔记和考证文章,其中有《周易》《尚书》《毛诗》《礼记》《春秋左传》《论语》《孟子》《史记》《战国策》《前汉书》《后汉书》《韩非子》《楚辞》《六书音韵表》等,等于把过去应付科举的必读之书重温一遍,还作了不少考证。其中他对《周易》和音韵学下的功夫最深,研究周代的卜辞,将史实与爻象作对比,考证卜辞的准确度,甚至研究周代的卜卦方法,如拆字、圆光、求签、掷珓、扶箕、杂占、禁术、相宅、相墓、先知前定、望晴雨云气等。他还写下不少篇读书心得,如"读书无须考证事实""读书不可拘泥训诂""读书不可以文法断定时代""周礼为洛邑而作""周礼的未成之书"等。

刘秉璋在乡居期间,还主持续修了刘家家谱。

| 第四章 远碧楼头 乡居十载拥书万卷

千秋功罪，
清名留待史臣书

1898年戊戌政变之后，政局动荡，国家多难，朝廷又想到了远在乡间赋闲的老臣刘秉璋，一封电报打到安徽无为，召他进京共商国是。李鸿章在朝廷的电报发出之后也有电报追来，竭力主张他重返政坛，为国效力，并且为他做好了行止安排：一旦到京后先进宫请安，再依次拜访各位朝廷重臣……此时李鸿章也已至暮年，还在为刘秉璋入京的细琐安排操劳。可是，"老骥伏枥，志在千里"仅仅是个美好的愿望，现实中的刘秉璋也届耄耋，推说旧疾复发，无法出山。

但朝廷还是真的对他有殷切期望，宗室的贻穀奉荣禄之命，前来无为一探虚实。贻穀传达了朝廷对他的期望，盼他能尽力赴京一次，为国贡献智谋。刘秉璋深知大局糜烂，不可收拾，自己并无回天之力，也就谢绝了荣禄的一番好意，坚持称病不出。第二年义和团运动风起，北方大局失控，他心急焦虑，寝食不安，反倒有些后悔了——当初要是征求一下亲家孙家鼐和徐郙的意见就好了。毕竟是封疆老臣，国家的一动一静都处处上心。

1905年，刘秉璋刚过完八十大寿，真的旧疾复发，一病不起，不久病逝。他的亲家、两江总督周馥及苏绅恽彦彬等先后上其功，朝廷准其

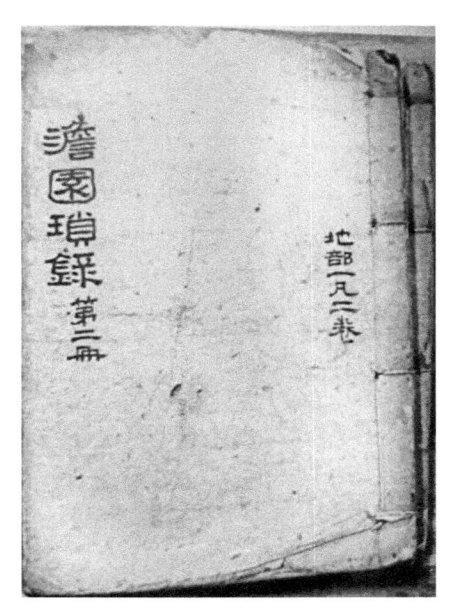

刘秉璋晚年手稿《澹园琐录》第二册封面

官复原职,并优恤,准建公祠,传入《清史稿》。祭奠时,各路联、帐不知凡几:

诰授光禄大夫仲良世伯亲家大人千古

诸葛功德在人,西蜀丞尝,流涕犹闻遗老祭;
谢傅高卧不出,东出啸咏,清名留待史臣书。

——姻世愚侄周馥顿首拜挽

仲良年姻伯大人灵鉴

天语笃前勋,恩礼饰终,公论千秋昭信史;
邮书成故迹,怆怀感旧,人生万事等浮云。

——年姻愚侄瞿鸿禨

诰授光禄大夫仲良二兄亲家大人灵右

儒臣而有折冲御侮之才,功在江南,名垂西蜀;
宦途不以避怨引嫌为念,忠惟天鉴,诚感民心。

——年姻愚弟孙家鼐顿首拜挽

仲良老前辈亲家宫保仙逝

朝廷轸念公忠,一纸诏书来北阙;
亿兆感怀德泽,百年遗爱遍西川。

——姻侍生徐郙顿首拜挽

诰授光禄大夫仲良大公祖仁兄大人千古

西川抛玉节,拂袖归来,疆事艰难,且领取十年林下乐;
八轶醉琼筵,投杯仙去,邮筒迟滞,犹寄来四月案头书。

——馆治愚弟俞樾顿首拜谨挽

诰授光禄大夫宫保刘公灵右

战功在吴越齐楚之间,明公遗迹;

勋业与曾胡左李为比,光我圣清。

——长洲举人朱孔璋顿首拜挽

诰授光禄大夫外舅宫保大人千古

公真诸葛后身,早年勋业烂然,不仅追踪韦节度;

我比羊昙尤痛,自憾音容未接,莫能亲见马西平。

——甥徐迪祥谨敬挽

诰授光禄大夫宫保二叔祖大人灵次

两世荷垂青,知己感恩,谊隆睦族敦宗外;

千秋崇建白,为民请命,功在衢歌与颂中。

——侄孙兆藩顿首拜挽

第五章

豪门联姻
儿女姻亲枝枝蔓蔓

与李鸿章家族的八门姻亲

与张树声家族的似水柔情

与孙家鼐家族的陈年往事

四通八达的姻亲网络

与李鸿章家族的八门姻亲

早在1862年,李鸿章与刘秉璋就到了上海滩。李鸿章一辈子办洋务,刘秉璋于洋务也不陌生,在浙江和四川任上都创办过洋务企业。可是从根上说,他们的乡土观念还是很重的,换句话说,都是很念旧、很传统的家族,跟那些有皇亲国戚背景的豪门,和那些有买办背景的工商业大家族有所不同。

李家、刘家起家靠的是淮军,儿女婚嫁时,最相信的恐怕还是淮军弟兄们。他们似乎不大有兴趣在宫廷内阁中攀亲家,也不去抱那些皇亲国戚的大腿,而是比较看重地方上较务实的官员,当然,也都是很有实权的淮系官宦家族。这种婚姻起码一半是家族的战略行为,客观上加强了李鸿章对淮军的统治,维系了淮系集团内部的亲和力,同时也是淮军依附李家的一种方式。即便是在李鸿章、刘秉璋这一辈人去世以后,这种淮系集团豪门联姻的"惯性"还在,你家有我,我家有你,你的女儿嫁过来,我的孙女嫁过去,代代相因,互相支撑,竟延绵了好几代人。

安徽籍的大家族喜欢"抱团取暖",刘家就很典型。

刘秉璋有五个儿子,大儿子刘体乾(字健之)娶了李鸿章的侄女(李昭庆的小女儿);老二刘体仁(字慰之)娶了湖广总督张树声(字靖达)的女儿;老三刘体信(后改名声木,字述之)先是娶淮军名将吴长庆的女儿为妻,继室是两江总督周馥的女儿;老四刘体智(字晦之)娶了光绪帝师、京师大学堂(北京大学的前身)的创办人孙家鼐的女儿;老五刘体道娶的是闽浙总督卞宝第的女儿,与李鸿章的小儿子李经迈是连襟。另外,刘秉璋还有几个女儿,大女儿和二女儿先后嫁给了李鸿章的大儿子李经方;刘秉璋的小女儿嫁给嘉定状元徐郙的儿子徐迪祥;李鸿章的五弟李凤章的玄孙女李佩瑶,嫁给了刘家的亲戚蔡文衡（刘秉钧最小的孙子刘意文的小舅子）。这当中，只有卞宝第和徐郁不是安徽人。

刘家与李家的姻亲尤其多。自从打完太平军及捻军之后，李鸿章与刘秉璋升官发财，两家也成了好亲家。儿子女儿，侄儿侄女，孙子孙女，你娶过来，我嫁过去，三代下来，居然通有八门姻娅——李鸿章的大儿子李经方娶了刘秉璋的大小姐为妻；大小姐病逝后，他又娶了刘家的二小姐；李经方的女儿李国华则嫁给了刘秉璋的孙子、刘体仁的儿子刘济生；刘秉璋的大儿子刘体乾娶了李鸿章的六弟李昭庆的四小姐；李鸿章大哥李瀚章的孙子李国炽娶了刘家的一个孙女；李鸿章四弟李蕴章的二小姐嫁给刘秉璋弟弟刘秉钧的长子刘贻孙（过继给刘秉璋当长子，后来刘秉璋又有了刘体乾、刘体仁等五兄弟）；李蕴章的儿子李经达则娶了刘秉璋弟弟刘秉钧的女儿为妻；李蕴章的孙子李从衍娶的也是刘家的孙女，是刘秉钧的孙女，即刘体藩的长女刘锦波。

刘家和李家有这么多的"内部"联系，后代自然不会吃亏，所以，刘秉璋的几个儿子都能进入李鸿章在天津的衙门内院，跟李家的儿孙一起读书，还一起跟洋大人学外语。这对刘家子弟来说是很重要的人生驿站。后来刘家老太爷告老还乡，而刘家子弟则在天津"场面上"有了根据地，开阔了眼界，结识了很多豪门圈子里的实力派，为他们日后进入官场和商界奠下了基础。他们原先在四川、天津、南京等地从政或经商，辛亥革命后，陆续来到上海，从此在上海扎了根。

刘秉璋的五个儿子后来都曾名动一时。老大刘体乾从政，官至署理四川巡按使，富收藏；老四刘体智经商，出任中国实业银行总经理，收藏更加堆山积海。其他几位似乎都不屑于外出做事，老二刘体仁是举人，原本在北洋政府中做事，由于看不惯袁世凯，毅然辞官归里。老三刘体信也不愿做官，宁肯在家里埋头故纸堆。他们继承了老太爷"视做官如敝屣"的姿态，书房里的案头功夫做得很深，其中老三刘体信的著述和刊刻最多。

老大刘体乾，刘家家谱中如是介绍：一品荫生，赏戴花翎，刑部郎中，奏派京师大学堂提调，一品封典，二品顶戴钦差，头等全权大臣参赞，发往江苏补用道。刘家家谱续修于1911年，刘体乾后来的情况是：辛亥革命后历任苏州海关监督、金陵机器制造局总办；北洋政府时期，1914年任四川川东道道尹（刘家的亲戚张华奎也曾任过此职），1916年官至代理四川省省长（署理四川巡按使，所谓两代人先后督蜀，一时传为美谈）；

南京国民政府建立后,长住上海虹口(北河南路圃南里),跟他的父亲和几个兄弟一样,晚年都埋头到自己的书斋里去了。

但是现在网上有资料说他1920年任北京政府陆军部二等参谋官和参议;1926年参加北伐,出任国民革命军第五路军总指挥部参谋处处长,兼任国民革命军官学校南昌分校中将主任,后来还代理过江西省政府主席等。这些情况与其早年所为判若两人,不知资料属实否。

刘家文脉源远流长,身为刘秉璋的长子,刘体乾不仅在官言官,毕生还乐于收藏。据他的外孙聂崇泗说,他的收藏非常丰富,足以名列收藏家之前茅。

刘秉璋长子刘体乾

聂崇泗的母亲有三姐妹,她们的名字都是用老太爷收藏的珍贵古玉来命名的——"碧宜""琬尊""瑛闻",据说那都是刘体乾藏玉的铭心之品。张充和在1985年手录的《庐江刘氏诗词录》中,有一首录自刘体乾的诗,在作者介绍中说:"刘体乾,字健之,以孝廉官道员,为文庄公冢嗣。尚经术,娴诸子,收罗海内孤本。"那首诗也是写他的收藏的:

自题《石经》绝句

忠孝先教识字初,四十往训感居诸。

周官政典春秋义,愿抱遗经蠹蚀余。

刘体乾一生最重要的收藏正是这部《石经》,这是他在四川时期收藏的《宋拓蜀石经周官礼》海内孤本,非常有名,上面朱痕累累,名人题辞不知凡几,诸如张之洞、潘祖荫、瞿鸿禨、李经方、梁章钜、陈宝琛、清道人、徐世昌、林琴南、朱祖谋、陈三立、郑孝胥、黄秋岳、李国松、何绍基、缪荃孙、吴昌硕、高振霄、严修……这石经原为五代后蜀之物,早已被毁,不存人世,仅有宋朝的一套拓本(残本)在民间流传,所以极其珍贵。流传到了刘体乾手里,他严加考证,请名家题识,并影印出版。现在刘晦之的孙子刘耋龄所收藏的,正是刘体乾民国期间的影印本,共八大册,古风袭人,令人爱不释手。

第五章 豪门联姻 儿女姻亲枝枝蔓蔓

吴昌硕为刘体乾藏蜀石经拓本题辞

李经方为刘体乾藏蜀石经拓本题辞

刘体乾与李鸿章的侄女（李昭庆的四小姐）生了一个儿子三个女儿。其中大女儿刘碧宜嫁北方官宦家族林家；二女儿刘琬尊嫁给了上海道台聂缉椝的孙子聂光堃，而聂光堃的祖母，正是曾国藩的小女儿——崇德老人曾纪芬（其故居聂家花园在今上海辽阳路51弄）；三女儿刘瑛闻嫁给了民国元老张静江的侄子张藕舫（张静江三弟张澹如的长子），是美籍华人、著名数学家。只是唯一的儿子不争气，把其父留给他的芜湖"小天朝"几进豪宅以及其他财产败得一干二净，以至于后来三个姐姐都不屑于理他了。

与张树声家族的似水柔情

张树声（1824—1884，字振轩）也是李鸿章麾下的一员骁将，1862年跟随李鸿章开赴上海与太平军作战时，与刘秉璋是同一旗帜下的"盟友"，是"树"字营的首领，战后历任道台、按察使、山西巡抚、江

刘体乾的后代合影

苏巡抚，官至两广总督、两江总督、漕运总督，是颇受李鸿章器重的督抚大员，甚至胜于刘秉璋。在李鸿章暂时离任的时候，就由张树声来"替补"，即署理直隶总督兼北洋大臣，可知他被老李倚为臂膀。现在安徽合肥肥西县境内的张老圩（张树声故居）、张新圩（张树屏建造）都是张家的老宅院，动辄几十亩、上百亩地，是典型的淮军文化纪念地。刘秉璋是进士、授翰林院编修，是封建社会顶级的知识分子，也是淮军中除了李鸿章之外唯一的进士，有儒将之风；张树声则是廪生出身（秀才），也是淮军中难得的知识分子，况且带兵有章法，也喜欢藏书（现在肥西县为他竖立的铜像，是手持毛笔而不是高舞马刀，完全是文人形象）。如此他们之间就有了文化层面的共识，所以较其他淮军将领，刘秉璋与张树声走得更近。

刘家与张家也有好几门姻亲——刘秉璋的二儿子刘体仁娶张树声的女儿为妻，也就是著名的合肥四姐妹张元和、张允和、张兆和、张充和的祖父张华奎（张树声长子）的姐姐；刘秉璋弟弟刘秉钧的孙子刘凤生（刘体藩的二儿子）娶了张树声的孙女（张华奎的女儿）为妻；刘体藩的另一个儿子刘菊生娶的也是张家的孙女，不过是张家五房、张树声弟弟张树屏的孙女（张展鹏的女儿）。本来，张树声还有一个孙女理应也要嫁给刘家的，给刘秉璋的孙子刘滋生作妻子，即张树声三儿子张华斗的女儿，芳名已经入了刘家的家谱（此家谱系1911年重修，可见当时已经订婚了，所以能入家

上 刘体乾、李氏夫妇与他们的小女儿刘瑛闻

下 刘秉璋次子刘体仁

谱)。可惜这位张家小姐尚未过门就病故了,因此刘滋生后来娶了福建龚家小姐龚令媛。但是这位没过门的张家小姐还是享受了刘家媳妇的"待遇",每到过年上供祭祖时,刘家都会把她的照片挂出来,放在比较显著的位置,孩子们都须向她的照片磕头,说明刘家孙子孙女还是把她当奶奶祭祀的。因此刘滋生的女儿刘德曾小时候就听老人们说:"你有两个祖母。"大人们的言谈,说明了这位张家小姐的地位不容忽视,给后代留下了深刻的印象。而张家似乎也始终把刘滋生当成姑爷,每当刘滋生有事去苏州,张家人就待之如大老爷,不仅好吃好喝伺候,临走还送很多贵重的礼物,完全是一家人。

可惜张树声过世得早,1884年在两广总督任上时中法战争爆发,由于对广西边防备战不力,致使清军在3月间的北宁战役中战败,他被革职留任,同年10月病逝。这时刘秉璋正在浙江巡抚任上,或许正是有了广西这边的经验教训,刘秉璋对浙江沿海的战备丝毫不敢懈怠,亲自部署"守口"大计,终获1885年大败法国海军的重大胜利,进而升任四川总督。同样是一场中法战争,成败得失,判若天壤。

张树声兄弟九人,大半在淮军中效力,声名卓著,除了张树声战功显赫,他的弟弟张树珊、张树屏也青史留名。张树珊(1826—1867)战死沙场,官至广西右江镇总兵,死的地方居然叫"倒树湾",如此巧合,后人叹为异数。张树屏(?—1891)官至太原大同镇总兵。可是他们这一代人的子嗣都不算很旺,尤其是没有长房长孙。张树声有三个儿子:张华奎、张华轸、张华斗。但是长子张华奎却没有儿子,只好从老五张树屏家过继一个儿子,名张武龄(又名张冀牖),成了张家的长房长孙,出生十八天就被大房给过继去了,四个月的时候被抱到四川,他就是著名的合肥四姐妹的父亲。

由于张家大房无子,到了张武龄这一代,延续香火的任务就特别艰巨,于是就一个接一个地生。他家除了合肥四姐妹外,还有六个儿子,其中有科学家、教育家、音乐家,共计十个兄弟姐妹。他们在当代的知名度,早已超过了其祖父和曾祖父,而且女儿、夫婿的名声,更是超越了儿子。所以张家十兄弟姐妹中最后一位离世的张充和老人曾觉得很奇怪,人家都是重男轻女,为什么张家好像女孩子出名要比男孩子容易?

张树声去世五年之后(1889年),他的长子张华奎的命运有了转机,一是考中了进士，获取了封建官场上过硬的身份；二是过继了一个儿子，即张武龄，获得了"有子万事足"的快乐。又过了两年到了1891年，张华奎的仕途也出现了转机，被委任到四川办理盐务。历朝历代的盐务官都是肥缺，因为是官督商办，而盐务又历来是地方财政税收的重要来源，何况是在川盐的产地四川省，这个职位实在是非同小可。发出这个委任的就是张家的亲家、四川总督刘秉璋。

前文已述，刘秉璋早年就与张树声、张华奎父子有过藏书方面的讨论，他深知张华奎是个正派直爽、敢说真话的读书人。张华奎的姐姐成了刘秉璋的儿媳后，虽然刘秉璋身在四川，但从儿媳那里也能得知张华奎的消息，于是"好钢用在刀刃上"，及时委以重任，让他到四川来加以历练。刘秉璋1896年从四川总督任上卸任后，新来的总督陆传霖仍旧重用他，可知他的确身手不凡。但是，四川地方民风彪悍，绝不是个省心的地方。张华奎在四川任职七年，呕心沥血，励精图治，除了办盐，还帮助刘秉璋处理那些棘手的教案，以至于积劳成疾，忙碌至死，官至川东道，年仅49岁。若干年后，让人唏嘘的是，他过继来的儿子张武龄也只活到49岁。

刘秉璋的二儿媳，淮军名将张树声的大小姐

刘体仁手绘扇面

刘秉璋为四川的教案落得"革职查办，永不叙用"，张华奎协助他处理"大足教案"和"成都教案"，也吃足了苦头。但是他读书、藏书的爱好是终生不渝的。他的孙女张充和曾说，张华奎在四川时还参与办学，他参办的广益书院如今还在，成了一家中学。张充和还说她祖父三兄弟，每人各有一项爱好，而张华奎就是爱书，好收藏古书和古墨。1896年，他在四川收到了安徽名宿姚鼐的十五卷全本《古文辞类纂》雕刻书版，大喜过望，立即雇了好几艘民船运回老家，还派了护卫跟随押运，可知为其至爱。他的遗物中，"整船整船都是书"。这些书运至安徽老家后，随着岁月的动荡，逐渐散轶。有些古董是卖掉了，因为后来张武龄办乐益女中需要钱，也算物尽其用。但是张家的东西不会绝迹，张充和手中还有一块明朝万历年间的古墨，是安徽歙县方于鲁的古墨，是她从七姑奶奶那里得到的，如今可视为张家祖孙文风不坠的一个旁证。

张元和有一篇回忆她的母亲陆英的文章，其中说到母亲为小姑子出嫁如何办理丰厚的嫁妆，如何前后忙碌。这个小姑子就是张树声的孙女、张华奎的女儿，张元和等兄弟姐妹称这位姑姑叫"老伯伯"。姑爷即刘家刘体藩的二儿子刘凤生。文中写道："不说别的，就单单打办一桌银台面，就费很多事。先在银楼选老伯伯喜欢的花式，打造银酒壶、银酒杯、银酒杯托子、银羹匙、银羹匙垫、小碟子、银筷子、银汤匙、小银莲子匙，各十二只。拿来家，女工们忙着用大红棉绳打络子，把各件网络起来。银光闪闪，红色艳艳，我们小孩子都看得眼花了。""再就是床上用品，绫罗绸缎，各式各样的，就连皮箱都是双数的,且在箱底压上了元宝。红木家具都是成套的,子孙桶、子孙柜都是定做的。婚前三天,这些东西被雇佣的十几名夫子,用足足十几个抬盒运走。"

刘家与张家的友谊一直延续到他们的第四代。刘秉璋的一个曾孙女刘庆曾(刘体仁之孙女、刘滋生的女儿)与张家大小姐张元和是闺蜜,张元和结婚时,还请刘庆曾当伴娘,她们都喜欢泡昆曲,所以一辈子玩在一起,到了美国以后仍旧时常联系。张家二小姐张允和与刘滋生的三女儿刘德曾也是好友,张允和主持恢复张家的《水》杂志后,按期寄给刘德曾。这份家庭杂志《水》创办于1929年8月,每月一期,内容有小说、诗歌、翻译作品等,自著、自印、自己装订、自己发行。抗战时因逃难,只好中断。六十多年后,居然于1996年在北京复刊,张允和任主编,张兆和任副主编。张允和九十岁时,因病将主编任务交给小弟弟张寰和。从复刊的第三十六期开始,张家也实行"现代化"了,用电子版在网上传递。张允和故世后,依然守着苏州九如巷中老井的张寰和接办,仍旧按期寄给刘德曾。2014年,张寰和这位"最后的守井人"也故去了,《水》杂志依旧清水长流,不过已经是张家下一代和再下一代人的文章了,流传的面则更宽广了。

与孙家鼐家族的陈年往事

刘秉璋还有一位安徽籍的著名亲家,即咸丰年间的状元、武英殿大学士、京师大学堂的创办人、光绪皇帝的老师、寿州人孙家鼐。

孙家鼐老夫子是位"官四代",出生于世代书香之家,其曾祖孙士谦是乾隆年间的刑部郎中,其祖父孙克伟是贡生(由州府、县学考拔,升入京师国子监肄业),其父亲孙崇祖是安徽池州府的教谕。孙家鼐在家排行最小,按说应当最受宠爱,然而其父治家

刘秉璋的亲家、光绪帝师孙家鼐

极严，立志要五个儿子都走读书做官的道路。老太爷去世后，守寡抚孤的孙母又是一个明白事理之人，全力培养儿子们进学应举，跻身于官场。她常说"朝内无人莫做官，家门无官莫经商"，此话后来竟成了孙氏传家的格言了。好在皇天不负苦心人，她的五个儿子后来都出息过人，成为朝廷倚重的能吏。这就是寿州城内状元第门上的对联"一门三进士，五子四登科"的出处。

寿州原本古城，文人辈出。上述对联过了几年不知被哪位酸秀才续了个"尾巴"："一门三进士三不进士，五子四登科四未登科"。这怎么说？原来孙家五兄弟中家泽、家铎、家鼐都是进士，而老三家怿不是进士，故云"三不进士"；而老四家丞又未举孝廉，故云"四未登科"。然而五兄弟中竟有四个侍郎（今副部长级），家泽是礼部侍郎，家铎是户部侍郎，家怿是工部侍郎，家丞是吏部侍郎。而老小孙家鼐甚至做到了正部长级：工部尚书、礼部尚书、吏部尚书，也是晚清朝廷的第一任管学大臣、光绪皇帝的老师，朝廷恩赐他在家乡建造"状元第"。这么一个朝廷红人，在当时还是穷乡僻壤的安徽寿州，其威势还能更了得？

关于孙家鼐咸丰九年（1859）考中状元，还有一段有趣的传说。说是考场上三艺九制他都通过了，然而那年强手如林，状元的人选一时定不下来，只好由皇帝亲自出廷面试。轮到孙家

第五章 豪门联姻 儿女姻亲枝枝蔓蔓

鼐上场时,咸丰皇帝命他以大清王朝的兴盛写一副对联,孙家鼐稍加思索,挥笔立就,那对联曰:"亿万年济济绳绳,顺天心,康民意,雍和其体,乾见其行,嘉气遍九州,道统继羲皇尧舜;二百载绵绵奕奕,治绩昭,熙功茂,正直在朝,隆平在野,庆云飞五色,光华照日月星辰。"

这副对联,既歌颂了清朝的丰功伟业,又巧妙地把历代皇帝的年号"顺治""康熙""乾隆""嘉庆""道光"等嵌于其中,气势充沛又自然天成,博得咸丰皇帝惊呼"绝妙",遂举御笔点孙为头名状元。从此,孙家鼐把寿州孙家带入了一个历史新时期。孙氏家族后来出了很多名人,中国第一家现代面粉厂阜丰面粉厂,就是孙家鼐的侄孙孙多鑫、孙多森兄弟在上海苏州河边创办的。

孙家鼐把女儿嫁给了刘秉璋的四儿子刘体智(字晦之)。刘晦之是刘秉璋五个儿子中最负盛名者,后来出任中国实业银行总经理。那座银行大楼现在仍耸立在上海北

刘秉璋的亲家孙家鼐八十寿辰

京东路虎丘路口,是栋九层楼的庞然大物。刘晦之既是李经方的内弟,又是孙家鼐最小的女婿,也是在李家家塾里读过书的人。他后来到上海首开中国人办的有奖储蓄,学外国人的样子,在储蓄上搞了很多新花样,以至于有一个时期,该行的存款高达数千万,仅次于中国银行,在金融界很是风光了一阵。可是这家银行从创办起到刘晦之当上总经理,李家人都没在其中任职,李家人的投资兴趣似乎都在房地产上。李经方仅与刘晦之合办过芜湖裕中纱厂,但生意不是很好,后来被无锡荣家买去了。当然,到了1935年宋子文要整顿金融的时候,刘晦之这样的前朝遗老也不吃香了。

刘晦之这个孙家女婿,在适当的时候还是很帮孙家人忙的。中国实业银行总行迁到上海后,原在天津的总行降为天津分行,需要可靠的人前去整顿、安抚和打理,他就派了孙家的孙多禔(即孙履安)前去办理。孙多禔住在上海巨鹿路安丰里,是个票友世家。他的大儿子孙养农是余叔岩的终身粉丝,晚年在香港与孟小冬合著过一本书《谈余叔岩》,影响很大。二儿子孙曜东(即孙镇方)长期在银行界做事,也帮过刘家人的忙。

刘秉璋的亲家中有两个状元,除了孙家鼐,还有一位嘉定状元,名徐郙。刘秉璋最小的女儿嫁给他的儿子徐迪祥,他们常年住在上海,距离刘晦之的小校经阁不过一条马路,因此这位姑奶奶常来四哥家打麻将。徐家后代中出了两位名医,其中一位是原瑞金医院院长徐家裕,尼克松访华参观瑞金医院时,他亲自当翻译,受到高度赞扬。

刘秉璋有自己的实力,又有李鸿章的支持,政治上不需要亲家帮什么忙,但偶尔在必要的时候,也需要其打探些信息。只是,上层人物各有"路线"之分,看问题的角度也不同,所以

美国前国务卿基辛格将自传《白宫岁月》赠送给刘秉璋的外孙徐家裕

有时候这些消息会相互矛盾，参考价值就大打折扣。比如刘秉璋上奏朝廷，反对给旗人加饷，建议把钱用于加强海防建设、筹办海军上，把醇亲王弄得很不高兴，但反馈回来的信息却不一样。孙家鼐在信中说，给旗人加饷是醇亲王的意见，你弹劾的其实就是醇亲王本人，难怪醇亲王不高兴。徐郙在信中却说，奏章递上后，"丹初（阎敬铭，陕西朝邑人）誉不容口"，这个丹初是醇亲王身边的人。李鸿章又说，阎敬铭从来都见不到醇亲王，他怎么会知道王府里的事情？但有个与刘秉璋是"同年"的军机章京（相当于今政治局秘书处秘书）传过话来说，醇亲王看了刘秉璋的奏折大光其火，对左右说："汉人太没有良心，做我们旗人的官，对于区区一点旗饷也这么小气。"而阎敬铭在一旁说："亲王您的话不对，如果天下人都像浙江巡抚这样，国家就不用担心贫穷了……"

对此，刘声木在书中非常感慨："由此可知朝廷的事外面不容易知道，人言也难以全信。"但不管他们提供的信息准确不准确，对刘秉璋来说总是个参考，也很能说明官场的生态。

四通八达的姻亲网络

刘秉璋的三儿子刘体信是著名学者、藏书家、古典文献学家、清史专家，一生埋头读书、藏书、写书、做学问，精于鉴赏，在晚清光绪末年还曾出来做过几天事，身份是分省补用道，分管过山东和湖南的学务，但民国后就不食周粟，住在上海的租界里，索性闭门读书、藏书和著书，反正乡下还有不少田，够吃够用，妻妾成群，子孙满堂，也就心满意足了。新中国成立后他在上海文史馆当馆员，依旧两耳不闻窗外事，一心只读圣贤书。近年来海峡两岸都有不少文章拿他来作研究，把他作为晚清遗民的典型，具体依据就是他那两本厚厚的《苌楚斋随笔》。

上　刘秉璋的亲家、两江总督周馥

下　刘晦之的亲家、著名慈善家周紫珊

刘体信先娶淮军名将吴长庆的女儿为妻,生了一个女儿刘若霞,嫁给唐定奎三哥的孙子唐梦凫,生下的孩子叫唐德刚。

继室是两江总督周馥的女儿,另外还有两房继室和三房姨太太,够得上大宅门里的三妻四妾了。据说他属虎,"命很硬","不是克妻就是克子",几位继室和姨太太的确都不长寿。继室周瑞钿为他生下长子刘俊生之后,其余全是女儿。最后有位姨太太又为他生了个儿子,就是他最小的孩子刘休生。

刘体信的第一任老丈人即淮军名将吴长庆,一生征战南北,从江南到山东,从山东到朝鲜,始终在军中,可惜命运不济,1884年就病逝了。那时刘体信才6岁,可知刘秉璋把吴长庆的女儿收为儿媳,是吴长庆去世多年以后的事情,或许为怜恤吴家孤儿寡母,有心照应他们一下也说不定。

周馥是刘体信的第二位老丈人,是李鸿章四十年的铁杆幕僚,一辈子为其鞍前马后,筹军需、搞后勤、办洋务。大凡李鸿章举办的诸项洋务要政,如筹建北洋海军,开办海军学校,设立天津机器局,建电报局,挖开平煤矿,开唐胥铁路等,他无不参与。他还是庚子事变后协助李鸿章进京与十一国列强谈判的忠实助手,直到李鸿章生命的最后都守在其身边,后又署理即代理直隶总督兼北洋大臣。忠诚之心,无出其右。

周馥的几个儿子都极其能干,老四周学熙尤其具领袖风采,号称北方工业之父,在北方创办了很多近代实业,中国实业银行即其中之一。周学熙原本是想请妹夫刘体信出来担任上海分行行长的,但是刘体信无心经商，周家才转而请刘家老四刘晦之担当此职。刘晦之果真英俊出马，一个顶俩，在金融界做得风生水起。

刘家后代人丁非常兴旺，共有二十六个孙子，仅老四刘晦之这一房就生了八个儿子五个女儿。孙子辈中又是豪门联姻，不过那时已经是民国了，刘家、李家、张家、孙家这些晚清官僚的后代，大多不屑跟民国的权贵们结亲，姻亲的价值取向开始偏重于商界。于是，他们有的娶了扬州大盐商周扶九的曾孙女，有的娶了颜料大王奚家的小姐，有的娶了烟草大王李家的小姐……读古书不是很时兴了，后代开始进洋学堂或出国留学，读西洋书，学现代科技，上"新学"，门风也为之大变。

周扶九的长房长孙周紫珊是刘晦之的亲家，也是沪上有名的实业家和慈善家。周紫珊的夫人梅懿辉是著名佛学家梅光羲的妹妹、晚清洋务派名臣梅启照的孙女。她的舅舅是晚清著名学者文廷式，早年做过光绪皇帝的爱妃珍妃的启蒙老师。周紫珊、梅懿辉的女儿周式如，嫁给刘晦之的长子刘固生，生有四个孩子。周紫珊、梅懿辉夫妇在承继家业的同时，还大做慈善事业，是沪上著名的慈善家，曾向法藏寺、龙华寺、觉园捐献过大笔钱财。每当内地出现旱灾或水灾时，他们捐款救助的善名就会出现在当时的《申报》上，这些都给他们的后代带来很大影响，详情后叙。

第六章

诗书传家
从刘体信到唐德刚

一生埋头书斋的老夫子

胡适的关门弟子

唐德刚心系小校经阁

出版家刘国瑞

一生埋头书斋的老夫子

刘体信是刘秉璋的三儿子，继承了其父读书、著述、考证方面的秉性，一生唯书是嗜，对于做官、经商一概没有兴趣。他的大舅子周学熙号为北方工业之父，在晚清办了很多大中型近代企业，如启新洋灰公司、滦州煤矿公司、耀华玻璃厂、中国实业银行、大宛农工银行、华新纱厂等，但请他出来协办中国实业银行他都不肯，周家无奈，只好转而请他弟弟，刘家老四刘晦之来办，结果办得轰轰烈烈。对此刘体信视而不见，仍旧埋头于他的故纸堆。

刘体信于清人的文集、笔记、正史、野史均非常留意，藏书也以清人的文集、书目、笔记、诗话、词话以及地方志为主，于版本目录、文献史志和碑版考证之学均下过死功夫。他的藏书处有"直介堂""芟楚斋""宝鉴楼""真山堂"等美名，编有《直介堂书目》和《芟楚斋书目》三十卷，共计藏书七千六百九十种，十万零三千五百二十卷（其中书目类书有三百余种），几乎占了他在张园的住宅的一层楼面。所藏楚辞类书尤为一绝，其中《离骚》版本之多、之精，被郭沫若誉为海内之冠。由于他的书斋案头功夫做得实在扎实，对于版本目录的考订做得太详细，于晚清的朝野掌故也太熟悉，所以近年来在研究清末民初历史的学者笔下，竟然获得一个"清末文化遗民"的头衔，也足以说明他的著作所产生的影响。

刘体信一生的案头功夫没有白费，成果甚巨，著作洋洋洒洒，可以排满一个书架，计有：《清藏书纪事诗补遗》十七卷（收入清代藏书家1158人）、《芟楚斋随笔》（续一至续五）五十卷、《桐城文学渊源考》十三卷、《桐城文学撰述考》四卷、《续补汇刻书目》三十卷、《再续补》十六卷、《三续补》十五卷、《国朝鉴藏书画记》。还有《寰宇访碑录校勘记》

第六章 诗书传家 从刘体信到唐德刚

刘秉璋的三子刘体信

十一卷、《续补寰宇访碑录》二十五卷、《寰宇访碑录再续录》,他把此三本书连同《寰宇访碑录》一起,汇编成《直介堂丛书》刊刻行世。他的其他著作也有直介堂刻本印行。

现在最为世人所称道的是他那长达五十卷的《苌楚斋随笔》,1929年有直介堂丛刊本,1998年经中华书局标点整理,整编成二巨册(共1136页)出版,收入《清代史料笔记丛刊》。台湾的文海出版社也将其重新影印,收入《近代中国史料丛刊》。这部书资料之丰富,考证之详实,叙述之细致,大可作为清史的补充材料来阅读。因刘体信本人生于晚清多事之秋,出身督抚官宦之家,故于时政及宦海内幕颇能得当事人所亲述。他笔下的"甲午中日战争""周馥论中日条约""大院君捉放原委""论光绪甲午开衅缘起""论中日战争记载各书"等,均得之于李鸿章、周馥、吴长庆及其父刘秉璋所部将官及丁汝昌的幕僚,这些人均属亲历、亲见、亲为者,故所言当颇为可信。

书中对于晚清官场腐朽面的揭露也十分惊人。其中"各省州县交代册籍"一节,就揭露了县令因缘为奸、私分税款的内幕。"每将已征来未解钱粮,混入民欠项下,而由新旧县令私分,知府则以每年例有州县陋规,素来代为隐瞒……"那么,为什么知府会历来代为隐瞒呢?不言而喻,知府肯定也拿到了好处嘛!刘秉璋任浙江巡抚时,起初弄不明白这是怎么回事,深究下去,居然查出此类被贪腐钱粮竟达白银五十多万两!

刘体信作为晚清高官的"官二代",能够秉笔直书,揭露官场的各种时弊,除了史

上 刘体信在上海张园的旧居

下 刘体信的部分著作

学良心,也是需要胆量的。

胡适的关门弟子

刘体信大概不会料到,数十年之后,他的史学细胞在他的一个外孙身上发扬光大了。他就是著名历史学家、美国哥伦比亚大学教授、胡适的最后一个入门弟子唐德刚(1920—2009)。唐德刚的母亲刘若霞是刘体信与原配夫人(吴长庆之女)所生的女儿。他的曾祖父是唐殿奎(唐家老四)、唐定奎(唐家老五)的三哥,父亲是唐梦凫。他的老家叫唐三圩子,他就出生在那里。所以无论是从父亲这边说,还是从母亲那头算,他都是彻头彻尾、货真价实的淮军之后。

现在大家都唤唐德刚为唐公。唐公有着颇为潇洒的履历——20世纪40年代出国留学兼打工,50年代初获美国哥伦比亚大学哲学博士学位;60年代任纽约市立大学、哥伦比亚大学教授和亚洲学系主任;70年代在尼克松总统的"破冰之旅"之后,成为第一批被批准回大陆探亲的三百人中之一员;80年代领导全球范围"胡学"(胡适研究)的"卷土重来";90年代发起征集一亿人签名,是向日本讨还战争赔款运动的核心成员……赢得了海外侨胞的高度赞扬和由衷的尊敬。胡适的夫人江冬秀曾对人说:"唐德刚是胡老师最好的学生。"的确,他有不少地方像他的老师,如治学严谨、对社会生活的关注与投入……可是他那与生俱来的幽默作风和"闯祸激情",恐怕他的老师还远远望尘莫及。

唐公自称是在胡适一生中最失意、最穷困、最灰溜溜的时期收下的小门生。他们于20世纪50年代相会于哥伦比亚大学校园,一个是常来哥大图书馆借书还书的名校友,一个是正在图书馆里进进出出推书车的"汤姆";一个是从叱咤风云的"圣人"位

唐德刚与外甥刘永生在安徽老家上坟

置沦落为穷愁潦倒的寓公,一个是从处处由书僮服侍的公子哥儿沦为事事要小心谨慎、寄人篱下的打工仔。他们同属一支几百年前从江西瓦砾坝迁至安徽的老乡,胡适还能扳着手指,列出唐家当年许多在京城做官的叔叔大爷。很快,唐德刚就常常出现在胡适夫妇在纽约的旧公寓里,品尝着胡适小脚太太江冬秀烹制的拿手徽州名菜——豆腐渣。唐德刚比喻这种师生关系为"一个穷愁潦倒的乞丐老和尚和一个乞丐小和尚的师生关系"。这两个老幼"乞丐"的关系,不是马融绛帐或程门立雪的关系,而是一同箕坐草窝内的老幼关系。

那时大陆批胡适正批得紧,台湾当局也把他扔在天之一隅,让他靠养老金生活,任其自生自灭。此时,胡适年老体衰,又遭洋人忌妒,正所谓"他把哥大当作北大,而哥大并没有把他胡适当成胡适",甚至还时有梁上君子光顾。年轻正直的唐德刚就在胡适最需要的时候,从天地间冒了出来。他帮胡适做了一些很重要的事情:借书、查书、录音、整理回忆录,开车载他外出购物,处理些杂事,时不时地还喊上一帮小兄弟陪陪师母打麻将。更重要的是,在那十几年间,唐德刚充当了胡适以往讲台下的成百上千的听众,听任胡老夫子将他那不得不喷发的"一贯性"的思想,照准脑瓜"狂轰滥炸"。胡适喜欢辩论、讨论问题,而唐德刚正是个不大不小的刺头。这种关门单传,就使得唐德刚深得"胡学"的精髓；对胡适来说，于寂寥中也算过足了演讲瘾。

唐德刚还以他"小乞丐"的特殊身份，斗胆道破了胡老师心底隐埋得最深的一层感情秘史，即胡适为爱女取名素斐（英文名Sophia），是为了纪念他与陈衡哲的一段旧情；那首怀念亡女的诗，也是悼亡兼怀旧，"一石双鸟"的。唐德刚深为老师"发乎情而止乎礼"的"胆小君子"模样而叹息。他曾经评价在抗日战争中担任驻美大使的胡适是"摸鱼捉虾，误了庄稼"，指当时的胡大使理应多为中国争取一些国际援助才是，而他却到处搞什么空洞的民主演说，最后，连大使也当不成了。其实唐德刚与他的老师差不多，他这个哥伦比亚大学的哲学博士，没写出一部哲学专著，而人物传记和文学类、史学类的著作却写了一箩筐，诸如《晚清七十年》《袁氏当国》《梅兰芳传稿》《李宗仁回忆录》《胡适口述自传》《胡适杂忆》《顾维钧回忆录》《书缘与人缘》《史学与红学》《中美外交史》《五十年代的尘埃》等，还有小说《战争与爱情》，这不正应了他评价老师的话了吗？

但正是这些著作使他名扬天下。不知有多少读者被他那洋洋洒洒、亦庄亦谐的"唐派散文"所倾倒。不过很少有人知道，这些"鱼虾"得来并不容易。以《胡适口述自传》为例：文稿先以英语录音整理而成，为使英译准确，师生俩常"吟安一个字，捻断数茎须"。二十年后再由英文转译成中文在台湾出版。出版时，台湾《传记文学》出版社主编请他写篇短序，但此时正遇上他的"旧情喷发期"，一发而不可收，一天写一节，不写完不罢休，居然写了几十万言，最后成就脍炙人口的《胡适杂忆》。

1972年，唐德刚在哥伦比亚大学任教，同时在纽约市立大学等多所院校兼课。在纽约市立大学他只上中国现代史，只教一个班，每周不过一次课，而且时间排在学生最不想听课的周末下午的三点到六点。可就这一门课，他也闹了个锅底朝天。按说这门课在大洋彼岸不会有多少学生选修，可他一出手就弄了个大班，令人难以置信地堂堂爆满，每次都有不少学生挤在门口和窗外听课，这就引起了洋人教师的妒忌和反感。第二学期，他的这门课被派给了洋人教师上，叫他上美国史，他照样也弄了个大班，把学生一拨一拨地吸引了过来，又是人头济济，满堂生辉！

正当此时，校方决定成立亚洲学系，要从全美亚裔学者中选聘一位系主任，还设立了"选聘委员会"。由委员会拟定的十余名候选人名单中，唐德刚排在末尾，奇怪的是

唐德刚在上海丁香花园

委员会秘密投票时,唐德刚竟"十发九中"成了"黑马"。学校当局瞧不起中国人,反悔不认账,竟把投票结果秘而不宣,一拖数月,到新学期开学宣布时,系主任竟被调了包!受骗的学生们直冲校长室质问,校长理屈词穷,无计可施,只好向唐德刚求救。那天他正在200里地之外上课,校长急电请他速回。当他乘坐校长安排的飞机回到学校时,校方和学生双方都派了代表欢迎他,纽约市三家电视台纷纷出动——欢迎唐德刚这个系主任"衣锦返校",一下子风光到了极点。

　　不出校方所料,这位黄皮肤的系主任一上台就大刀阔斧地搞改革,把原有的课程砍掉了一半,接着又一口气开出了十几门美国教育史上史无前例的"亚美学"课程,如"亚裔民族移民美国史""美国政法制度与亚裔移民适应之研究""亚美文化冲突""亚美文学选读"等,将那些洋人史学家有意无意避而不谈的、百年来华侨移民美洲的血泪史搬上了大学讲坛。作为一介书生,唐德刚和他的老师胡适一样主要靠教书吃饭,但他并不赞同老师"全盘西化"的主张,他认为近百年的美国史上,美国各民族中华裔所受的苦难是远在美国内战后的黑人和印第安人之上的,而美国的发展进程中,有着华人的巨大贡献。

　　他和夫人吴昭文(国民党元老吴开先之女)曾省吃俭用,捐出一笔钱加入一个华人慈善机构，为华人子弟入托、入学、建造华人幼儿园和医院而奔忙。多年前，他还梦想着设计一个项目，把百余年来美国各级法院所保存下来的、有关华人诉讼的案情和判例中，华人遭到不公正待遇的实例作一通盘整理和研究，在美国司法界甩它一个"原子弹"。

前些年，日本军国主义分子多次在侵华罪行问题上赖账，甚至连南京大屠杀也想一笔抹煞，激起了全世界华人的愤怒。唐德刚参与发起了全球性征集一亿人签名的、坚决要求日本付清战争赔款的运动。在1994年7月台北师范大学召开的"日本侵华百年——华人对日索赔国际研讨会"上，他慷慨激昂地作了《纪念抗日，对日索赔》的长篇演讲，以历史学家的犀利视角，历数了日本自甲午战争以来侵华百年的罪行，并着重指出，关于战争赔款问题，按国际公法历来就有对国家赔款和对民间赔款这两个部分，过去的中国政府仅仅是在对国家赔款的这一部分上作出了姿态，但是民间要求的战争赔款问题历来没有个说法，我们必须对日本清算这笔民间的旧账。他还提议每年在南京大屠杀现场举行纪念受难同胞追悼会。爱国情怀，撼天动地。有一年在台北，一小撮台独分子在中正纪念堂前，问他同意不同意台湾独立的主张。他义正词严地说："台湾独立的问题，不是我同意不同意的问题，而是能不能实现的问题……"话没说完，被"咚"地打了一拳，鲜血顿时就顺着嘴角流了下来……

笔者曾在中科院近代史所在北京燕山饭店里召开的一次学术会议上，听他非常郑重地解说他那历史性的发现——秦始皇统一中国，是中国社会的第一次大"转型"，这个"转型"期从商鞅变法开始，一直到汉武帝与汉昭帝之间才大致安定下来，前后"转"了二三百年。晚清鸦片战争以后，是中国社会的第二次"大转型"，大致也要历时两百年。"转型"期是极其痛苦的，是历史的"瓶颈"，是惊涛骇浪的，其间必然牺牲无数。他认为，自1840年开始，我们能在2040年通过这个历史的瓶颈，享受点风平浪静的清福，就算是很幸运了，而不论时间长短，历史必然会向前发展。"以我一个老历史学家的眼光看，我们中国的社会形态，再有三四十年，就会渐渐定型了。但愿这期间不要再有什么走火入魔的事，此乃我们中华民族的大幸啊！"

为了洞悉这个神秘的"转型"期及其规律，他一生不知研究了多少中外典籍和档案。据说有一次一位名人在大会上讲演，其中讲到中国的史籍浩若烟海，根本不可能读完，还问有谁敢说自己都浏览了一遍了。想不到台下竟有一个人举着手站了起来："我！"大家一看，正是唐德刚。他读书的劲头的确是很吓人的，他不是在图书馆的阅览室里看书，而是常在图书馆的书库里看书，一看就是一整天不出来，常常被人家下班时锁在书库里。加上他为这么多民国要人做口述历史，除了胡适，还有李宗仁、顾维钧、张学良、梅兰芳。他们属于完全不同身份、不同角度的历史见证人，使得唐德刚弄清了很多微妙、复杂的历史细节，这同样为他的"转型"理论提供了依据。

不过这样一来，他的文章就总也写不完。多年前他为《胡适口述自传》的中文版写序，一序竟"序"了30万字，人家只好给他另编一册《胡适杂忆》。后来要写《民国史》了，先写导论，结果一导"导"了60万字，人家只好给他另出一册《民国史导论编》。《民国史》正文开始动工之后，他夫人吴昭文常常来检查他的功课，问他："你怎么越写越长啊？什么时候才能写完啊？"他又是一番振振有词："中国的历史书，没有一部是写完的，《史记》没有写完，《战国策》没有写完，《后汉书》也没有写完……"

谁知，一语成谶。他的《民国史》刚写了没多少，就患了小中风，无法继续下去了。已经写出的部分，就是目前出版的《袁氏当国》。后来他夫人在接受媒体采访时谈到，没有完成《民国史》一书，是唐公一生最大的遗憾。

唐德刚心系小校经阁

大陆改革开放之后，刘秉璋堂房兄弟的后代、台湾联经出版公司的老总刘国瑞与刘晦之的孙子刘耋龄接上了关系，这完全是唐德刚促成的巧事。

刘耋龄是刘秉璋四子刘晦之的孙子，过去从来不知道台湾还有刘家的子孙，更

第六章 诗书传家 从刘体信到唐德刚

不认识著名出版家刘国瑞。可是刘国瑞的表兄唐德刚知道刘家很多事情，还知道刘耋龄的祖父刘晦之在上海的藏书楼叫小校经阁。唐德刚之所以熟知刘家事，因他母亲是刘家小姐，即刘秉璋三子的大女儿刘若霞，唐德刚正是刘家的外孙，他也一直称呼刘家为老外婆家。而且，刘国瑞的舅公与刘晦之是连襟，相互间也时有走动，这就更加亲上加亲了。1949年前后，刘晦之还曾想在台湾买房子，写过信给刘国瑞的舅公，请他设法代为购买，后因家里的收藏品实在太多，搬家不易，而台湾的房子又太小，只好作罢。当初具体办理此事的，就是刘国瑞。

1972年美国总统尼克松访华之后，唐德刚思乡心切，是第一批被批准回国探亲的三百位美籍华人之一。此后他常常回国讲学，认识了很多华东师范大学的师生。他的老师胡适的年谱，就是该校两位教授曹伯言、季维龙编写的，该校还是大陆最早从事胡适研究的一个学术基地。唐德刚得知后顿觉古风袭人，立马对该校产生很大兴趣，一听说这两位教授又都是安徽同乡，就更加热血沸腾，他乡遇故人，一发不可收，即刻答应把他的很多著作的简体字版交由该校出版社出版，而曹伯言教授还是华东师范大学出版社的副社长，那就有了更多的共同语言。此后唐公来该校开会、讲学的机会一年

唐德刚在华东师范大学

比一年多了。

　　胡适研究在大陆渐成风气之后，带动了很多中青年师生，笔者也是其中之一，所写的第一本著作《上海近代藏书纪事诗》亦由华东师范大学出版社出版。虽然薄薄一册，但其中有载刘晦之藏书楼——小校经阁的篇章。同时，笔者非常仰慕唐公，对他那特有的、嬉笑怒骂皆成文章的"唐派散文"尤为崇拜。适逢唐公又来校讲学，机不可失，就跟随季维龙教授前去拜访，并斗胆捧出《上海近代藏书纪事诗》求其指正。那天唐公回到宾馆已经十分疲倦，但是看到书却马上翻阅起来。他没看目录，随手一翻，目光落到的那一页，正是刘晦之的小校经阁那一篇。他浏览一过，抬头问："这栋藏书楼现在还在吗？楼里还有刘家人吗？"神情变得十分凝重，全无白天的"冷面滑稽"样了。笔者说那楼倒是还在，在新闸路上，是上海滩目前仅存的两栋私家藏书楼之一，只是已经沦为"七十二家房客"，年久失修，一塌糊涂了；刘家人在新中国成立之初就搬出来了，房子被政府租用，后来就公私合营，书都捐献了，现在上海图书馆……唐公听了叹了一口气说："刘晦之先生是我外公的兄弟，民国期间的银行家、藏书家、收藏家，很有学问，赚了钱没怎么买房子买地，倒是买了很多珍贵典籍和古物。他的藏书楼在民国很有代表性，理应好好保护起来。"说到保护，我们都是一介书生，无权也无钱，怎么保护？沉默了一会儿，他说"有了"，要回去找刘国瑞，叫他把这件事情管起来。

　　唐德刚与刘国瑞是表兄弟，他们都喜欢历史，关系极好。他写信给刘国瑞："……记得上次同兄说过，中国今日剩下之旧式藏书楼，实以尊府刘晦之公在上海所建者为最佳。上海近年扩建，要把它老人家拆迁，弟闻之大恐，曾加入抗议行列，思保存之。非因它建自外婆家，实因弟行业中之历史癖有以致之。弟曾任中文图书馆长七年，对老图书馆有偏爱也。看它被拆，要恸哭也！"

　　过了不久，刘国瑞果然来到上海，通过陈子善老师找到笔者，说要去看看小校经阁。他说，唐德刚几次三番给他打电话，每次见到他总是提起小校经阁，还说："这是你们刘家的事情，你不管谁管？"刘国瑞被逼得没办法，只好过来看看。但是，房子早就是国家的了，刘家人来看看可以，要管谈何容易！刘国瑞又叫笔者帮他找来刘家在沪的堂兄弟刘耋龄，大家商量来商量去，只有一个办法，就是多渠道地向政府有关部门呼吁,力求保住这栋极具民族特色的、曾经是民国收藏重镇的藏书楼——小校经阁。

就这样,唐德刚为保护小校经阁,使刘国瑞与刘耋龄联系上了。几年后,小校经阁的大门口挂上了文物保护建筑的牌子,静安区文史馆把它作为区文化旅游项目的一个重点,受到的关注日益广泛。唐公曾经说起要前去看看的,可惜他2000年患小中风,不能来大陆了,2009年病逝于旧金山。

出版家刘国瑞

台湾联经出版社的老总刘国瑞是刘秉璋堂兄弟的后代,于1948年离沪赴台,六十多年的打拼,不求封侯,但求做事,在出版业开创了一片崭新的天地。他的故事,也是一本书。

当年刘国瑞一介书生到了台湾,除了自己的学问,他举目无亲,两手空空,后来凭自己的文史功底进入《联合报》当编辑,完全靠自我奋斗逐步发展,后升任《联合报》总编辑、《经济日报》社长、联经出版社(现联经出版事业股份有限公司)发行人。他工作认真务实,报纸的清样每天必看,重要的问题总是事必躬亲,当了老总以后仍旧每晚到编辑部去上班。台湾报禁开放时,他正在总编辑任上,是他带领《联合报》同仁成功地跨越了新旧时代的"代沟"。他不仅善于办报纸,办杂志也很有一套。1959年他还创办了学生书局,后又创办了《纯文学》杂志和纯文学出版社,邀请刚离开联合报副刊的林海音主持编务,最后则把纯文学出版社转手给林海音独当一面。

著名历史学家余英时在纪念联经出版公司(现联经出版事业股份有限公司)成立四十周年时曾撰文写道:

1971年夏天我初访台湾，经友人介绍，第一次拜会了刘国瑞先生。他也是安徽人，当时正主持学生书局，晤谈时赠我一部新影印的方中履《古今释疑》。这是国立中央图书馆收藏的旧抄本，却误题作黄宗羲《授书随笔》（此当是古书贩子作的伪）。为了考证这本书，我返美后与国瑞先生信札往复，最后写出了《方以智晚节考》。乡谊加上对古籍的爱重便这样在我们之间奠定了友谊的基础。因此我深信，国瑞先生几年后约我在联经出版《历史与思想》是和我们的友情分不开的。当时他不仅是联经发行人，而且还担任着《联合报》总编辑的重任。我们之间文字交涉往往是多重的。我还记得1983年《胡适之先生年谱长编初稿》刊布，联经竟决定将写"序"的任务交给了我。这虽然是一个很大的荣耀，却使我不胜其惶恐。通过相当长的准备时期，我才写成了《中国近代思想史上的胡适》。我不清楚联经作此决定的内情，但是我相信国瑞先生对我的偏爱必然在其中发生了重要的作用。

这段文字写得有根有据，有情有义，于公于私都相得益彰，可视为当今古风醇厚的文人学士之间珍贵友谊的美文，亦可知刘国瑞知人善任功夫之了得。

刘国瑞投身出版事业半个多世纪，出版了甚多重要而冷门的学术论著，对文史哲学界影响颇深，是出版界德高望重的老法师，因此他2009年获得台湾第33届"金鼎奖"特别贡献奖，可谓实至名归。

纵观其出版物，的确有一般出版社无法承担的重量级的学术著作和历史史料，哪怕不盈利，该社也坚持出版，比如《胡适日记全集》（十册）、《顾颉刚日记》（十二册）、《钱宾四先生全集》（五十四册）、《明清档案》（二十四册）……都是冷门而不赚钱的大部头，但只要刘国瑞认为是很重要的史书和史料，就毅然拍板印行。所以，余英时在文中深情地说：

　　我必须在此对刘国瑞先生致最诚挚的感谢。从决定出版到安排种种烦难的细节，其中国瑞先生所费的苦心和耐性是无法估量的。如果借用中国文学评论的名词，我可以说，决定出版全集体现了"大判断"的卓越，而安排细节则透显出"小结里"的精密。这是我曾经亲睹的事，绝不是虚词溢美……国瑞先生的"大判断"也必然起了决定性的作用。

第六章 诗书传家 从刘体信到唐德刚

刘国瑞有一枚闲章,印文是"不求封侯但觅书",可知他的人生志向的确不同凡响。数年前他去日本参观访问,在一家图书馆里发现了刘体信的藏书目录原刻本,遂将其复制一套带回台湾,书名仍为《苌楚斋书目》,蓝色函套中五册精制的线装影印本,摩挲在手,令人顿觉古趣盎然。

刘国瑞大概是刘家子弟中最有孝心的一位。大陆改革开放之初,他准备把老母亲接到台湾养老,谁知老人家不肯。一来推说台湾气候太热,年纪大了怕不能适应;二来不知道儿媳妇会待她这个乡下老人怎么样,后来还是返回了老家。于是,刘国瑞就偕妻带女,几乎每年都要从台湾飞回老家省亲。母亲去世后,他也年年回来上坟。凡是有关刘家的文史资料,他都作了详细研究。他还积极与大陆的专家、学者展开出版事业的交流合作,先后在北京和上海成立合作出版机构,还把上海的季风书园以"上海书店"的名义移植到台北,为两岸的文化交流贡献新的智慧。

刘国瑞夫妇(右二、三)与刘蠢龄(左二)、刘善龄(左一)在上海

第七章

中实银行
刘晦之挑战宋子文

挤兑风潮中诞生的银行总经理

"特别有奖储蓄"风波

宋子文"吃掉"中实银行

挤兑风潮中诞生的银行总经理

刘晦之名体智,是刘秉璋的第四子,著名银行家和收藏家,是刘家"体"字辈中最有作为的一个。由于其父刘秉璋与李鸿章父子的密切关系,他小时候就得以进入北洋大臣李鸿章的天津府邸,与李家子弟一起在李家私塾里念书,不仅读古文,还学英语,英语教师就是著名的美国退休的外交官毕德格,也是李鸿章重要的洋幕僚之一。生活在天津这个京师的锁钥之地,又与晚清豪门上下朝夕相处,使他不仅国学根底深厚,眼光和胸襟也非同一般。成年后他娶了光绪帝师孙家鼐的女儿为妻,住在京城,离清廷就更近了一层。清末时,他已进入金融界做事,曾任大清户部郎中和大清银行的安徽省总办。

1919年,他担任中国实业银行上海分行经理,该行的总行原在天津,是一家晚清旧僚及其后代"抱团取暖"、合办的银行。而在1911年,刘晦之已举家迁至上海,住在老北站附近的安庆路,先是租住姐夫李经方(李鸿章的大儿子、刘秉璋的大女婿,辛亥革命后在上海当寓公)的房子,30年代初,在新闸路上他建起了自己的住宅和藏书楼——小校经阁。

1929年,刘晦之当上了中国实业银行的总经理,同时把该行的总行迁到了上海,在现在的北京东路虎丘路路口,建起了雄伟的中国实业银行大厦,还首创了中国的"有奖储蓄"活动,吸引大量社会游资存入,在社会上引起巨大轰动,把交通银行甩在了后头,规模仅次于中国银行,连宋子文的中央银行都感到了威胁。若干年后刘晦之的儿子刘子益与笔者谈起此事,仍是一副为其父深感自豪的神情。

中国实业银行,原先有北洋政府的背景,是家民间商业银行。创办人是袁世

第七章 中实银行 刘晦之挑战宋子文

刘秉璋的四子，小校经阁主人刘晦之

凯当政时期的财政总长周学熙（李鸿章的铁杆幕僚周馥的第四子）。董事都是些从晚清政坛上退下来，又在北洋政府里走动的官僚，如熊希龄、钱能训、龚心湛、李士伟、王志敏、杨寿枬、周学辉、曹汝霖等。那时周学熙已掌握了滦州矿务公司、地矿公司（后称开滦煤矿）、启新洋灰公司、华新纺织公司以及后来的耀华玻璃公司等大型企业，俨然北方实业界领袖。而周学熙的一个妹妹就是刘晦之的嫂嫂，即刘秉璋的三子刘声木的夫人。按说，刘晦之能当上中实银行上海分行的经理，或许是周学熙对这个小内弟的提携。但是，刘晦之最后能当上中实银行的总经理，却并非由于这种"裙带"关系，而是"乱世出英雄"的结果。

那时中国实业银行已获取了钞票发行权，钞票上画的是"龙马"图案，以表示与启新洋灰公司的"飞马牌"洋灰（水泥）属于一个系统。在北方这种钞票发行量很大，市民称之为"马牌钞票"或"马头票"。冯子衡担任发行科主任，专职办理发行业务。但这个人野心很大，常动用银行款项买卖地皮，套购公债，又拉拢副经理一同用公款营私。

1929年，南京国民政府为解决财政危机，筹备军饷，在各地大抓财主，"吃大户"，在天津方面则逮捕了五个"纲总"，即王君直等五个大盐商集团的头子，押到南京，勒索款项，强迫他们购销大量的"南京市政建设公债"。这五个"纲总"活命要紧，只好样样"吃进"，回到天津后就廉价推销这些公债，以偿还借来的钱款。

中国实业银行大门

这时，中实银行的发行科主任冯子衡认为发财机会来了，于是再次大量盗用银行库款，购买这些公债。谁知不几年上海"一·二八"抗战爆发，一打仗，各种公债包括房价都大落其价，"南京市政建设公债"跌价尤惨，冯子衡亏赔甚巨，致使银行库存空虚，无法应付，形势岌岌可危。这年农历大年三十，因资金周转不灵，与同行业交往的账款不能及时冲算，总行只好求上海分行电拨十万元，以解燃眉之急。

上海分行经理刘晦之早就对天津的事情洞若观火，认为那个烂摊子投进去多少也没用，危机完全是人为造成的，因而拒绝电汇，把电报给退了回去。

不料此举在银行界引起巨大反响，认为中实银行内部四分五裂，朝不保夕，连十万元也解决不了了，于是谣传四起，纷纷猜测该行倒闭有日了。而冯子衡等在此千钧一发之际，并不积极设法挽救，反而墙倒众人推。到了二月九日，春节放假期满，各银行开门办公时，中国实业银行门前已挤得人山人海，水泄不通，人人手持"马牌钞票"要求兑现。

总经理龚心湛和各董事不得不日夜开会商讨对策，他们以总行的名义几次向沪行求援，因为沪行经营情况最稳定，实力最雄厚，然而刘晦之依然不予理睬。最后，总经理龚心湛不得不亲自从天津跑到上海跟刘晦之面谈，事情方得解决。但解决的方案非常"煞根"——一则龚心湛把总经理的职位让给刘晦之；二则同意将中实银行总行从天津迁到上海，天津只设分行，同时由刘晦之指派专人（刘晦之商请孙家鼐的侄孙孙多禔先生，即孙曜东之父）去天津，接管和整顿天津分行的业务。龚心湛为解燃眉之急，几项条件样样都"OK"。在这种情况下，沪款才大笔地汇向天津，天津的挤兑风潮方才平息下来。

这一招，刘晦之当然是胜利者，但是也把北方的朋友得罪光了。好在他铁心在南方发展，上海的业务一直执全国之牛耳。

"特别有奖储蓄"风波

刘晦之一上任，就大刀阔斧地进行银行内部整顿，一方面奖掖人才，吸收存款，催还旧欠；另一方面裁减冗员，节省开支，力争在最短的时间内使银行恢复元气。为了振兴业务，1933年，他在上海举办了声势浩大的"特别有奖储蓄"活动。这种"有奖储蓄"是跟外国人学的，但是与法国万国储蓄会办的"有奖储蓄"又有很大不同。

中国实业银行发行的十元钞票

中国实业银行发行的五元钞票

万国储蓄会的有奖储蓄以十五年为一期,期限太长,而且开奖机会少,一般储户图利心切,时间一长便失去了兴趣。而刘晦之则想出了变通的一招,以八年为一期,每年开奖四次,以十万号为一会,每一整号为30元,分为十个零号,储户可以整买,也可以零买,一次交足,特奖1万元,到期还本还附加利息。这个办法的好处是时间短而开奖机会多,容易吸引公众。果然公告一出,全国轰动,遂开创国人举办"有奖储蓄"之先河。

储户出于中奖致富的心理,纷纷前来认购。由于争购的人多,还出现了"黄牛"从中投机,大量趸出,再上大街设摊兜售,从中渔利的情况。

当时中国实业银行在全国各地已有二十几个分行和办事处,各分支行每天都收入大量现金,每月可调入总行大笔款项,这样一来,不仅银行的危机得以摆脱,而且使流动资金一度达到了4 000万元,这在当时是个非常了不起的数字,已经超过了交通银行和中央银行,仅次于中国银行。这大概是刘晦之在金融界最为得意的一笔。

然而,"人怕出名猪怕壮",中实银行的飞速发展引起中外银行界同行的妒忌,于是想方设法对其内外夹攻,企图将其一举整垮。

宋子文"吃掉"中实银行

在全国举办大型金融活动理应是得到财政部批准的。刘晦之申办"特别有奖储蓄"活动时,要了一个"门槛",他估计宋子文不会同意他这个没有国民政府背景的私人银行捣鼓什么新花头,于是瞅准了宋子文出国在外的这个空当,成功地钻了一个空子。

这一点至关重要,如果当时财政部长宋子文在国内,如此涉及全国范围的金融活动,不经过他的同意是不可能的。但是刘晦之的社会关系几乎全是北方的清末遗老,与国民党瓜葛很少。按他的本性,他还是有晚清的遗老情结的,他才不情愿跟那些国民党新贵打交道呢!过去宋子文召集上海的银行家开会,借钱,他都懒得搭理,现在要派宋大部长用场了,想过宋子文这道"坎儿",他根本没有把握。

然而当时宋子文的一个部下,财政部钱币司司长徐堪却与刘家有旧交。徐堪的父亲原是刘秉璋在四川总督任上时的僚属,与刘家关系一直不错,两家的后代也一直相互往来,刘晦之就利用了这层关系,拉徐堪担任中实银行的董事,并且下大本钱,把祁齐路(今岳阳路)上一幢花园洋房送给他,作为他在上海的"办公地点",以此催他下决心,在申办"特别有奖储蓄"这个问题上高抬贵手。

徐堪果真"不堪"一击,各种好处捞到手后,他就趁宋子文不在国内之机,批准了中实银行举办"特别有奖储蓄"的计划,使刘晦之堂而皇之又轰轰烈烈地大获其利。当徐堪后来与陈行、宋子良勾结从事金融投机时,人们讥其为"三不公司",即"陈行不行,宋子良不良,徐堪不堪!"这当然是后话。

宋子文回国后,"特别有奖储蓄"正办得红火,钞票像潮水一样涌往中实银行。有些银行界人士出于妒忌,就跑到宋子文面前告状,说刘晦之抢了大家的生意,干扰了正常的金融秩序，要宋子文出面制止。上海滩大亨杜月笙则主张"彻底开放"，既然一家可以办，那么理应大家都可以办，说是"让大家都办办有奖储蓄，有利大家沾沾嘛"！一时弄得沸沸扬扬，大家都看中了"有奖储蓄"这块肥肉。

然而宋子文另有打算，他正在准备推行"航空奖券"，怕刘晦之的"特别有奖储蓄"抢了他的生意，影响"航空奖券"的发行，于是下令中止中实银行"特别有奖储蓄"这棵"摇钱树"。刘晦之得知后，立即托人前去说情，宋子文就借机猛敲竹杠，要中实银行拿出60万元法币，否则就立即停办。刘晦之算了笔账，如果拿出60万元，这项活动就无利可图，那还不如不办算了。当初建中实银行大楼，不过是几十万元的事情。他的老丈人孙家鼐家族的中孚银行大楼（现为中国建设银行上海分行，在外滩滇池路圆明园路路口）造价正是60万元。他一向与国民政府无甚交往，此时亦无心与之讨价还价，不许办那就不办好了。

可是"特别有奖储蓄"已煽起了储户们浓浓的利欲，很多人都大批认购，以求中奖，现在突然间宣布停办，一下子导致中实银行信誉暴跌，引起了市民极大的恐慌。眼

刘晦之七十岁生日时全家福

看"有奖"的戏唱不下去了，款项要退回，"马头票"就又成了极不可靠的钞票，市民纷纷要求兑现。于是，昔日天津总行门前出现的挤兑风潮，这回轮到上海总行尝滋味了，局势十分紧张。好在刘晦之办事一向稳重，预备了足够的准备金，挤兑高潮时，他亲自整日在银行大楼坐镇，东西南北，调集现金，直至风潮平息。

对于宋子文的这个"杀手锏"，刘晦之原先是估计不足的，他以为在关键时刻，徐堪会站出来为中实银行讲话。谁知徐堪装得完全像个局外人似的，根本不帮中实讲话，反而倒打一耙。所以当时就有人传出话来，说徐堪拿了中实银行的好处，并没有真帮中实银行的忙。抗战胜利之后，宋子文、孔祥熙先后均不得势，而徐堪却扶摇直上，以粮食部长取而代之，一度成了财政部长，又出任中央银行总裁，可见其在官场上很有办法，至少比刘晦之要"高明"得多。

中实银行作为民间的商业银行，在北洋政府时期有强硬的后台，到1928年国民政府定都南京之后，朝中几乎无人了。经过"特别有奖储蓄"的大起大落，得罪了"朝廷"，最终未能逃脱被宋子文"吃"掉的厄运。

1935年宋子文接受了英国人的建议，在全国实行法币政策，整顿金融市场，把发行钞票的权力收归国家银行，兼并那些他平素看不顺眼的私人银行。在这场金融整顿中，中实银行的"马头票"就被裁掉了，而且银行也被宣布"改组"，加入了官股，派了原中央银行的国库局长胡孟嘉到中实银行当总经理，夺了刘晦之的权。这时，银行本来的私股有400万元，经宋子文新的币制一改革，只折合到60万元，官股倒加入了340万元，账面上虽仍为400万元，但国民政府占了绝大部分股份，那一切只能听国民党的了。

刘晦之被宋子文逼得心灰意冷，索性辞了银行职务，一头钻到他的小校经阁里去了。

第八章

甲骨龟片
四库遗书终成绝响

做事要做第一流

与郭沫若的学术交往

甲骨收藏的世界冠军

第八部《四库全书》之梦

万卷藏书的最后归宿

做事要做第一流

刘晦之是那种财大气粗、豪气万丈，要么不做，要做就一定要做世界第一的性格。办银行时，他把中央银行和交通银行都甩在后头，引起国内外银行界的惶恐，把宋子文也吓得不轻，连法国人的万国储蓄会也大受影响。银行不办了就做学问，搞收藏，躲进小楼成一统，又是一番轰轰烈烈，三十年功夫成为民国一流收藏家。

他不是那种把藏品深藏密锁、等待日后发古董财的人，而是主动地、尽可能多地拿出文物为学术界所参考利用，嘉惠士林。他自己也参与考证研究，先后写出了六部学术著作。他收藏的甲骨龟片和青铜器藏品，帮助过郭沫若、容庚、陈梦家、胡厚宣、赵万里等著名学者，给他们提供古物原件或拓本作学术研究。他与文史专家李济、傅斯年、马衡、徐森玉、郑振铎、唐兰、徐中舒、顾廷龙等学界名流时有联络，或交流学术，或捐献，或互换甚至出让藏品，留下许多艺林佳话。尤其他那乐于成人之美、以私济公的大家风范，实为后人之楷模。民国时期，他将收藏的甲骨龟片的全套拓本（十八册）托人带到日本，送给郭沫若，供其研究；把收藏的全部青铜器的拓本送给中央研究院历史语言研究所。新中国成立后，他更是将大批藏书和青铜器捐给上海市文管会，其他藏品或捐献，或出让给国家文物局、北京故宫博物院、安徽省博物馆等文物部门，受到陈毅市长的嘉奖和社会各界的一致赞扬，被上海市政府聘为文史研究馆馆员。

刘晦之的收藏量多面广，堪称海内外一流，其中以甲骨龟片和青铜器最为著名，世间罕有其比。同时，他的藏书、藏画、古瓷、古墨、古印、古镜、碑帖也都蔚为大观。除了藏画和古瓷之外，都有目录可证。还有两具唐代乐器大小忽雷（琵琶），原是唐代宫中之物，元代作家孔尚任的旧藏，孔尚任曾据之写成《小忽雷传奇》。这大小两具琵琶流出皇宫、辗转千年后，竟鬼使神差地流入刘晦之之手，束之高阁多年，最后捐入北京故宫博物院。

当年他身为中国实业银行的总经理，有雄厚的经济实力，收集藏品肯出大价钱，所谓"重值不吝"，所以能拿到最好的东西。据他的孙子刘耋龄说，他们小时候每到星期天，就看到福州路上的大小古董商，有的背着包袱，有的抬着箱笼，在小校经阁大楼底层的客厅里安静地坐好，排队挨号，等待祖父下楼接见。当年是军阀混战的乱世，日本、美国和欧洲的"汉学家"纷纷趁乱来中国"淘宝"，刘晦之以自己的实力与他们角逐，力争把最好的东西留在国内。他青少年时期在京津一带生活时就出入豪门深府，眼光不凡，加以几十年间博览群籍的知识积淀，使他的收藏远远胜出一般专项藏家的水准。

可惜的是，他一生从不间断的日记，却在文革时期被毁于一旦！据说其中内容非常丰富，包括文物出土的信息、收买古董的价格、与古董商交往的趣事、与同好们交往的趣事、收到某一铭心之品时的激动心情……否则，若据之编写一部民国年间的收藏史，或是民国年间的古物发掘史、古物流通史，应当很有价值。

与郭沫若的学术交往

2009年9月9日，是中国国家图书馆建馆一百周年纪念日。作为百年馆庆的系列活动之一，该馆拿出一批"镇馆之宝"，举办了一次"百年守望——国家图书馆特藏精品展"，展出了九件三千多年前的殷商甲骨珍品，其中那件最大的殷商武乙、文丁时期（前1147—前1102）的卜辞，是目前已发现的甲骨中字数最多的（刻有218字）、最完整的一块牛肩胛骨，就是刘晦之当年的旧藏。国家图书馆现藏甲骨文共35 651片，其中刘晦之的旧藏占了八成。

甲骨文的发现始于19世纪末。20世纪初，京城里少数官僚士大夫如王懿荣、刘鹗、罗振玉等开始收集和研究,最后确认这是殷商时代的中国文字。这一发现令中国文字史向前推进了一千年,因此被誉为20世纪最重要的学术发现之一,学界和古玩界一片轰动。正如后来的著名甲骨文专家胡厚宣所说:"殷商甲骨和西域汉简、内阁大库并称为本世纪中国学术史的三大发现。正是甲骨文的发现,直接导致了对安阳殷墟的发掘,取得中国考古学震惊中外的成就,其重要性可以同古希腊的特洛伊遗址的发现相媲美,它使古希腊神话中的人物由虚构变为事实。甲骨文的发现将古史料和地下出土物相结合,把中国信史提早了一千多年。"

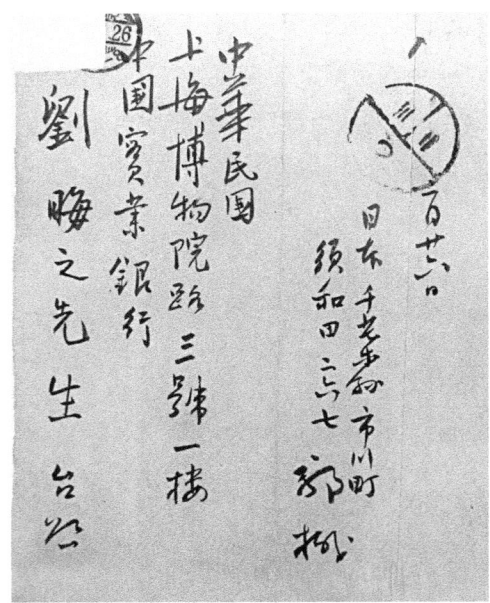 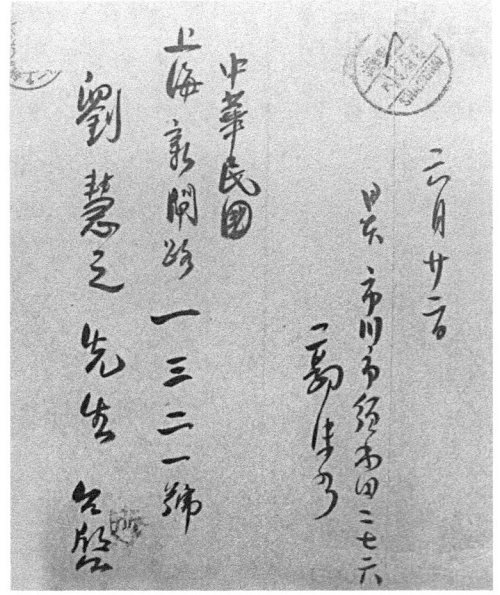

郭沫若致刘晦之函信封

这期间,学者们忙碌不已,古玩商们也毫不消停,他们封锁甲骨出土地点的真实消息,大摆"迷魂阵",出土地应是河南安阳,而竟谎称出自河南汤阴和卫辉,且哄抬价格,制造伪片,坑蒙拐骗,加上日本学者和古董商也纷纷前来搜寻,致使出土甲骨的价格越来越贵,"每板价银二两""每字酬银二两五钱"……让刘晦之大大地"出血"。

刘晦之很早就开始收藏甲骨龟片,随时注意河南那边的出土信息,交了一帮古董商朋友,为他通风报信。但他的眼光很高,务必要新坑出土的甲骨,要有新内容,而且广为搜寻,重价不吝,如果是别人"玩"过的,他还要掂量掂量再说。结果在20世纪五六十年代,全国总共出土的15万片甲骨中(加上后来出土的,现在的说法是总共16万片),他的藏品占了28 450片。据甲骨学专家胡厚宣统计,当时这些甲骨分布在95个单位和44位海内外私人藏家手里,而他一人的藏品就占了近五分之一。这个数字,使他成为海内外私人收藏甲骨文的冠军。难怪郭沫若对他的评价是:"刘氏体智所藏甲骨之多而未见,殆为海内外之冠。"这里所说的"未见"就是指从未见到过的"生坑"出土品,也就是前人从来没有著录过的。郭沫若是有资格说这番话的,因为他是刘晦之这些甲骨藏品最早的研究者和受惠者。

1936年郭沫若旅居日本,当时日子过得很困窘,有时连毛笔也买不起。他那时正埋头从事中国历史和古文字学的研究,并受罗振玉《殷墟书契》的影响,也开始研究甲骨文。在此之前,他已经出版了三本甲骨文研究的论著,其中包括1933年5月出版的专著《卜辞通纂》。刘晦之知其博学多才,而且正在潜心研究金文、甲骨文,于是主动将自己历年收集的甲骨龟片,请人拓出文字,集为《书契丛编》,分装成二十册,于1936年三四月间,托中国书店的金祖同带到日本,亲手交给郭沫若,供其研究、著书。郭沫若见后十分震惊和感动,经过认真挑选、研读和考释后,从中选出1 595片,先期刊布,并据此著成了甲骨学上有重要意义的巨著《殷契粹编》,次年在日本出版,这是郭沫若自1929年研究甲骨文以来的第四部著作。以郭沫若的资历、眼光来看,刘晦之的藏品对他来说仍是"多而未见",可知刘氏藏品的珍稀程度。

郭沫若在该书的序中感叹道:

> 刘氏体智所藏甲骨之多而未见,殆为海内外之冠。已尽拓出其文字,集为《书契丛编》,册凡二十,去岁夏间,蒙托金祖同君远道见示,更允其选辑若干,先行景布,如此高谊,世所罕遘。余即深受感发,爰不揣谫陋,取其1 595片而成兹编,视诸原著虽仅略当十之一,然其精华大率已萃于是矣。……然此均赖刘氏搜集椎拓之力,得以幸存。余仅坐享其成者,自无待论。

感激之情,溢于言表。他还特意在书的封里亲笔写道:"庐江刘氏善斋所藏甲骨文字之一部分。"

由此，刘晦之的甲骨收藏方被学界知晓。其实，刘晦之对这些甲骨已经做过初步的考释和分类，他的《书契丛编》的第一至第四卷是祭告；第五卷为行止；第六卷是征伐；第七卷为佃渔、疾病；第八卷是晴雨；第九卷为卜年卜月；第十卷是卜旬；第十一卷为干支、卜吉；第十二卷为卜吉、总类；第十三卷至第十五卷为杂卜；第十六卷至第十八卷为杂文。能够做这样的分类，说明他所下的功夫已是巨大。郭沫若的《殷契粹编》虽然只是刘晦之收藏甲骨总数的十几分之一，仅选其中 1 595 片，但起码也代表了精粹的一部分。其他研究甲骨文的学者当时还无缘见到刘晦之的甲骨文拓本，更无缘见到原物，只好以郭沫若在《殷契粹编》中先行发布的拓片影印件为研究资料，杨树达、陈梦家等学者均是如此。

甲骨收藏的世界冠军

在郭沫若之后，系统地研究过刘晦之的甲骨收藏的是胡厚宣。抗战胜利之后，在复旦大学任教的胡厚宣教授从大后方复员回到上海，慕名来到小校经阁拜访刘晦之，与之订交，曾参观并借阅过他的藏品拓片。新中国成立后，胡厚宣不仅自己常来小校经阁拜访和学习研究，还带了中文系、历史系的学生来参观。刘晦之的孙子刘耋龄等至今记忆犹新。复旦大学历史系于1950年8月10日还专门写信给刘晦之先生，表示感谢。

胡厚宣对刘晦之藏品研究的最大贡献，是发现、研究并公布了刘晦之的两块最重要的甲骨龟片。这两块甲骨龟片，一块就是前叙的国家图书馆在百年馆庆时作为"镇馆之宝"展出的、刻字最多、体积最大的一块甲骨。他将这块特大甲骨详加考证后著录于1951年出版的《战后宁沪新获甲骨集》，编号为善斋2号，是一块内容为卜雨的整块牛肩胛骨。该骨长43.5厘米，宽24厘米，有卜辞24段，正反面共有218字，其中正面196字，反面22字，还有长凿圆钻51个。它不仅在刘晦之所藏甲骨中，而且在国家图书馆馆藏中，甚至是国内外迄今为止所见甲骨中，也是字数最多、尺寸最大、最完整的一块甲骨。但是，为什么在郭沫若的《殷契粹编》中没有这片甲骨呢？十年前，国家图书馆的专家贾双喜的文章解开了这个谜底——原来刘晦之的《书契丛编》到达郭沫若手中时，这张最大的编号为第二的甲骨还没有摹拓好，所以在2号的位置上注明"未拓"二字。郭沫若根本没有看到这张拓片，所以没有将之收入《殷契粹编》。

胡厚宣在他1954年出版的《战后京津新获甲骨集》中，还著录了刘晦之的另外一些藏品，其中包括著名的"四方风"名刻辞，也是胡厚宣首次考释刊布的。这是一块内容为天象的兽骨，长26厘米，宽16厘米。该骨刻有卜辞4段，28字，是有关四方神及风神的记载。刻辞中的东、南、西、北四方之风，在《山海经》的《大荒东经》《大荒南经》《大荒北经》《大荒西经》中，以及《尚书·尧典》《诗经·邶风》《尔雅·释天》等古籍中都有记述。胡厚宣认为："甲骨文四方风名的写法，虽然与《山海经》不一样，但它们在上古时代肯定是意义相通或者声音相近的，也就是说实际上是一致的。"

对此，另一位卓有成就的文博专家杨树达说："而甲学诸家能以故书雅记稽合甲文以证明古史者，寥寥不过数人，胡君厚宣其一也。庐江刘氏藏一片，所记为四方风名，君以《尚书·尧典》及《山海经》诸古书证合之。是其事也。昔王静安以《楚辞》、《山海经》证王恒、王亥，举世莫不惊其创获。及君此文出，学者又莫不惊叹，谓君能继王君之业也。""该骨字体遒整，文气古奥，文理通达，与杜撰不同，应属武丁时期刻辞。"可见刘氏所藏确有很高的史料价值。这块甲骨同样没有被郭沫若收入《殷契粹编》，也是由于同样的原因，《书契丛编》中在该页上注明："此页为空白。"后也由胡厚宣著录。

胡厚宣来到小校经阁时，那两三万片甲骨已经用楠木箱子规规整整分装起来，共有一百五十箱。打开箱盖，满目灿然。另有一套甲骨拓本二十册，与《书契丛编》一样，每幅拓片上面也都附有简单的释义。胡厚宣曾细细查其实数，这套拓片与箱内的甲骨实物次序正相对照。著名学者、诗人陈梦家也认真考证过，他认为其中有300余片为徐乃昌随庵的旧藏。

1957年，胡厚宣调到北京中国社会科学院工作。在此前的1953年，刘晦之的甲骨龟片已作价3万元，出让给了国家文物部门。那时国家要建历史博物馆，刘晦之将他的甲骨全数出让，由中央文化部文物局接收。这批甲骨运到北京后，中国科学院考古研究所将其重新墨拓了一遍，拓本题名为《善斋所藏甲骨拓本》。1958年拨交北京图书馆（即今国家图书馆）收藏。

多年后，胡厚宣在与郭沫若共同主编《甲骨文合集》的过程中，对刘晦之的旧藏甲骨又作了一次整理和考证，确认在他的28 450片甲骨中，伪片只有112片。

第三位对刘晦之的甲骨收藏进行过系统研究的是陈梦家。他是卓有成就的甲骨文及金文研究专家，曾在美国芝加哥大学讲授中国古文字学，并收集流散在欧美的商周青铜器资料。回国后在清华大学教书，1952年高等院校院系调整时，他被调到中国科学院考古研究所任研究员。他从20世纪30年代开始研究甲骨学，对甲骨文分期断代、文字考辨均作出了重大贡献。新中国成立之初他集中精力对甲骨学五十年来的成就进行整理，于1954年撰成七十万字的巨著《殷墟卜辞综述》，1956年出版，从此把甲骨文研究的水平提高到一个新高度。他在该书引用的例子中，标明带"善""粹"字的超过了两千处，可见他对于刘晦之的收藏已经熟悉到了何等程度！

前些年，对于刘氏所藏甲骨，台湾学者董作宾不知依据什么，认为"刘晦之所藏甲骨号称二万片，但大者多是伪刻"（《甲骨五十年》）。其实，如上所述，郭沫若、胡厚宣主编的甲骨学史上最权威的、集大成式的《甲骨文合集》，认为刘氏所藏的甲骨中属于伪刻的只有112片，还不到1/250，这怎能算"多"？董作宾还说："他（刘晦之）的精品，已选入《殷契粹编》，共1 595片，真是其余不足观也已。"而事实是，郭沫若、胡厚宣在编《甲骨文合集》时，经详加考证，证明郭沫若当年编的《殷契粹编》所收固然都是精品，但远不止于此，如"四方风"名刻辞和最大的一块牛胛骨卜辞，就没有被收进。而《甲骨文合集》在编辑过程中，从《善斋所藏甲骨拓本》中又选录了不少精品，有的还很重要，这就说明，并非"其余不足观也已"。

目前，尽管甲骨文出土总量已近16万片，但中国国家图书馆仍是中国乃至世界上收藏甲骨最多的单位，其中刘晦之的旧藏仍是最多最重要的。

第八部《四库全书》之梦

毕竟是总督之后，刘晦之的藏书也堪称了得。封建社会历行"学而优则仕"，大凡官宦家族都有像样的藏书楼，后代子孙大多也有读书成才的风气，刘家亦不例外。刘家在安徽无为县城原有远碧楼，是栋两层的雕花小楼，刘秉璋从四川总督任上告老还乡之后以此作为读书之处（十几年前，刘秉璋的曾孙刘永龄和刘耋龄曾专程前往寻访过，可惜已成"七十二家房客"，不复旧观，近年更是已被拆除）。刘秉璋去世后，兄弟们继承遗产时，刘晦之继承了老爷子的藏书。刘晦之的三哥刘体信曾写道："先文庄公（刘秉璋）服官数十年，遗产极薄，兄弟析产时，不得已以书籍字画等亦按人分授，晦弟（刘晦之）得书。"可知当年刘晦之远碧楼藏书目录中，包括了其父刘秉璋的藏书。

1940年，郑振铎在抗战中为中央图书馆抢救沦陷区的珍贵古籍时，曾看到过刘家远碧楼藏书目录，他作了认真研究，并摘录了些有意思的内容，写入《西谛书话》：

《远碧楼善本书目》五卷，刘晦之藏，郑振铎辑，稿本一册。罗子经、施韵秋二君以刘晦之氏《远碧楼经籍目录》见示。目凡十二册，分三十二卷，所收图籍近二万四千部，七八万册，自宋元刊本至现代坊刊、杂志论文，无所不有。足俪一大规模市邑图书馆之库藏。以量而论，其宏富殆近于嘉业堂，他更无论矣。惜龙蛇莫辨，眉目难分，翻检至为不易。余穷数日夜之力，为写定善本书目五卷，俾时省览焉。此目所收，以宋元刊本、抄校本及明刊精本为主，清代刊本及通行本皆弃去不录。毕工后，以原目还之刘君。刘君二十年前求书甚力，凡著录于《四库目》中者无不收。盖意欲完成一刻本之《四库全书》也。刻本不可得者，则罗致旧抄本，并传抄文渊阁本以实之。有志竟成，《四库》书之未得者，仅数十种耳。而溢出《四库》外者，亦十居三四。以一人之力而获致若斯之巨藏，二酉三阁，无多让焉。

惟《四库全书》之编纂，本为清帝消灭我国文化之一手段，其祸酷于秦火。古书之面目为之尽失其真。于宋、明二代之著述，刘夷尤烈。余尝谓四库存目之书，每足重视。而存目未收者，则尤为民族之瑰宝。刘君以《四库目》为准则，而忽于存目所著及未收之图籍，其溢出《四库目》外者，亦每为清人后出之著作，大是憾事，深感不足。且择焉不精，所以每多下驷。庞杂无论，仅知充目，诚非藏书家之藏书也，更不足以语读书者之藏书。编目甫成，乃欲空藏求售。索金四十万金，而宋元善本与方志一千余种尚不在其中。价昂不称，惟有望而怯步耳。而宋元精本八九种，则由李君紫东之介，获得归公有。既得千里马，则驽驹千乘皆可弃而不顾矣。还目彷徨，为之三叹。但愿此目中物胥能得所耳。

民国二十九年五月二十九日，长乐郑振铎

这里讲了两层意思。第一层是概述了刘晦之的藏书有几个特点，一是数量多，有两万四千部，共七八万册，与著名的江南藏书楼嘉业堂差不多，像个中等规模的图书馆；二是内容宽泛，从宋元古本、明清精钞，到现代坊刻本，无所不有；三是善本数量可观，宋元刊本与地方志达一千余种，以至于郑振铎花费好几天的时间写定善本书目五卷。这些善本主要是宋元刊本、钞校本、明清精刻本；四是着重于《四库全书》所收的书，凡是《四库全书目录》中收的，几乎照单全收，仅仅差几十种，而超出《四库全书目录》的内容还有十分之三四。第二层意思是，他揣测刘晦之这样收书的目的，是想编一部刻本的《四库全书》，所以引出他对《四库全书》本身的看法。这自然是另外一回事，但是对于刘晦之此壮举，郑振铎也不能不为之感动。

郑振铎真是眼光锐利，一眼看出了刘晦之的藏书目的，也算是英雄识英雄。最终，还是因为价钱太贵，他只买了其中的宋元刊本八九种，其余无法顾及了。归还刘晦之的书目时，郑振铎还是感慨万分，毕竟爱书人是息息相通的——"还目彷徨，为之三叹。但愿此目中物胥能得所耳。"只好默祝这批书能够有个好的归宿。最后归宿应算不错，十几年后，刘晦之将之全部捐献给上海图书馆了，详情后叙。

第八章 甲骨龟片 四库遗书终成绝响

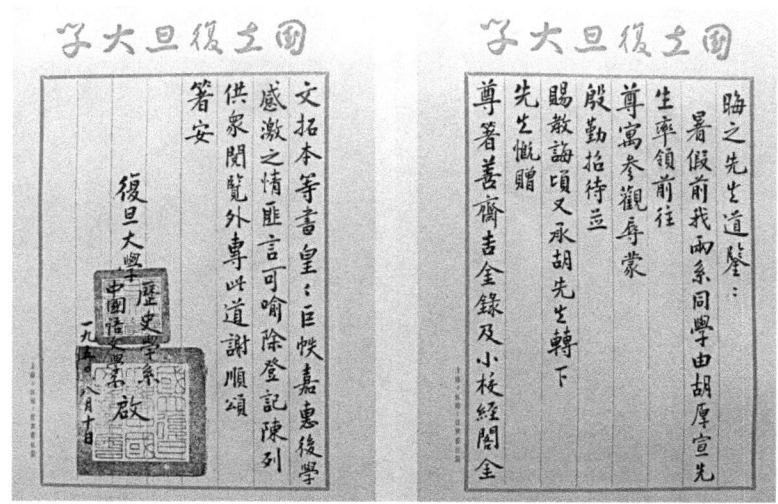

复旦大学历史系、中文系写给刘晦之的感谢信

　　读书与收藏是刘晦之毕生的嗜好，1935年后更是全力以赴地投入。而且，他读书绝对与众不同——书不够了就买；版本不够好了就到处寻觅古本、善本；发现有错误的地方就要校勘；甚至发现《四库全书》也有问题了，那就立志要把《四库全书》"修补修补"，还想找到四库馆臣删改之书的原本，力求恢复其本来面目。

　　他有一个惊天动地的大计划——以一己之力，创制中国第八部《四库全书》！当年乾隆皇帝下令编的《四库全书》共有七部抄本，存放各地，如文澜阁、文渊阁等，以规模庞大、抄本精美著称，但是其中有不少是"存目"之书而无原书。即便是所收之书，也有很多被四库馆臣删改过，使之符合朝廷的"思想"。而刘晦之则立志要把《四库全书》中"存目"之书依目统统收齐，并且将那些被篡改过的部分统统再按原书改正过来，以恢复其历史真面目。这个计划，无论是规模还是质量要求，都将远远超过乾隆皇帝所为，很能说明刘氏做事的胆识和气魄。因此他的小校经阁内，常年雇用着十几名抄书、校书的老学究，在书山书海里忙碌不停。

　　对于刘晦之的初衷，郑振铎已经看出苗头，但是知之不详，所以会写出一大段关于《四库全书》的弊病，很不以刘晦之"追随"《四库》为然。其实，刘晦之的目的正是为了要"修正"《四库全书》的弊病，恢复中华古代典籍的旧貌。他是那种做任何事都必有过人之处,甚至要作"非分之想"的人。

为了藏书,刘晦之在上海新闸路上建起了一栋八角小楼——小校经阁,是上海现存的唯一一幢私人藏书楼旧址,当年储书最多时达十万册。

万卷藏书的最后归宿

至新中国成立时,刘晦之的小校经阁里尚存宋版九部,各地方志千余部,各种善本达1 928册(此为新中国成立初上海市文管会接收时的考订结果)。这些书分装在五百只特制的书箱里,打开书箱的箱盖,可见上面罩了一层细细的铁丝网,据说这是为了防止晒书时老鼠钻进去而特设的。

刘晦之的第八部《四库全书》计划进行了若干年,到抗战时期已经慢慢搁置了,到了新中国成立后,由于种种原因,这个有点异想天开的宏愿只能是一个梦想了。因为小校经阁的房子国家要征用了,图书都捐献给国家了,手里的钞票也越来越少了,有时甚至不得不向老朋友借贷。编书的条件无一存在了,那么计划也就只能停止,他为此感到深深的遗憾。

新中国成立初,刘晦之所有的藏书连同那五百只箱子,全部捐献给了上海市文管会,后又转入上海图书馆。第一批捐书三百二十六箱,67 873册;地图22扎又51幅(1951年8月20日捐献)。第二批捐献历代碑刻拓本282种,共436册,其中有汉魏名碑50种,晋至隋79种,唐185种,宋金元明122种,杂帖36种;又散四包,及金文拓本三十五包;石刻拓本一包;帖1种,24册(1952年5月9日捐献)。第三批捐书三十四箱(1953年3月13日捐献)。1951年9月,他还捐献了上古三代及秦汉时期的兵器87件,分装十四个箱子,后由上海市文管会转交上海博物馆保存。为此,陈毅市长曾颁发嘉

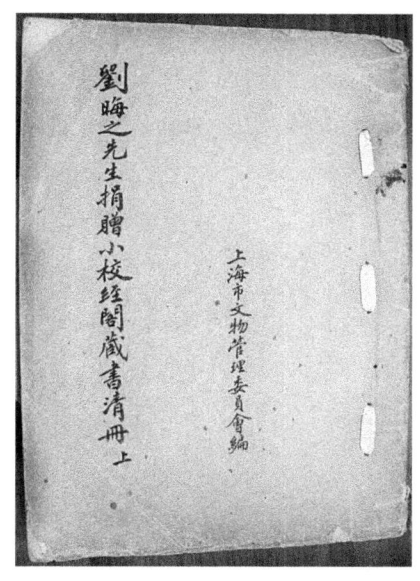 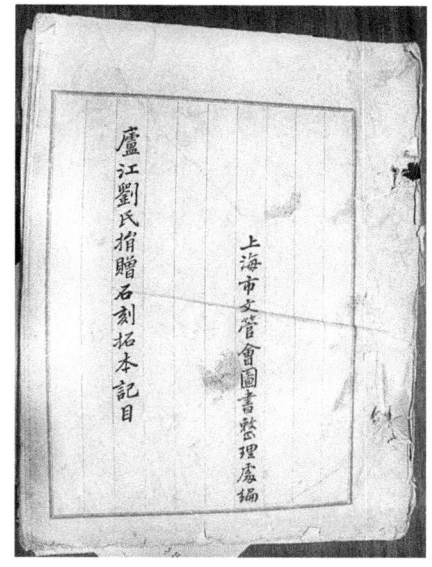

刘晦之捐书的清册封面（上）　　　刘晦之捐献的石刻拓本目录封面

奖令，表彰他的爱国举动。

上海市文管会每次接收刘晦之的捐献，均有收据和清单、清册。这些收据和清单、清册原先都保存在刘晦之自己手边。1962年他去世后，不知由刘家哪位后代收藏，后不幸流入市肆（或许是因文革抄家抄走）。三十多年后，这些收据和清单、清册居然重见天日，而且被刘晦之的孙子刘耋龄无意中撞见！这就不能不说是天意了。

粗粗翻阅又回到刘家人手里的《刘晦之先生捐赠小校经阁藏书清册》（封面字样是顾廷龙亲笔），可知其中明版本和旧抄本几乎占了一半，有元刊本《伤寒类书活人总括》七卷二册、元刊本《诗学大成》三十卷八册、《淳熙三山志》蓝格抄本四十二卷二十四册、《敬孚日记》稿本七十二册、《敬吾心室钟鼎款识》原稿本六册……很多为汲古阁刊本。难怪他的孙子们还记得，当年商务印书馆要刊行某种古籍，为找好的版本影印，还曾来小校经阁向他们祖父商借。刘耋龄手中还有另一份目录《庐江刘氏捐赠石刻拓本记目》，也是上海市文物管理委员会出具的，其中登记有"石刻拓本凡二百七十种，四百五十八册"。还有单页未裱的"石刻拓本一百五十九张"，理应就是收据上写的"石刻拓本一包",与1952年5月9日收据上的数字基本相符。

刘耋龄手里还有一纸上海文管会的信函,有云:

> 本会举办书画特展,中需要大型文字最多、字体较大、初期的甲骨拓片。承允借拓,至感。兹托精擅拓工江达元同志趋前,请费神照上拟标准酌择四五件,交其拓出一二份,俾壮展览为祷。
>
> 此致
>
> 刘晦之先生
>
> 上海市文物管理委员会
>
> 1952年10月23日

这些都说明小校经阁里的甲骨收藏早就声名远扬了,政府要办展览会时,就开个介绍信上门椎拓。

当那些已经复原、校对好的《四库全书》抄本,成箱成箱地运到新成立不久的上海图书馆时,著名学者顾廷龙大为惊讶——世界上竟有如此胆识过人之士!这是顾老先

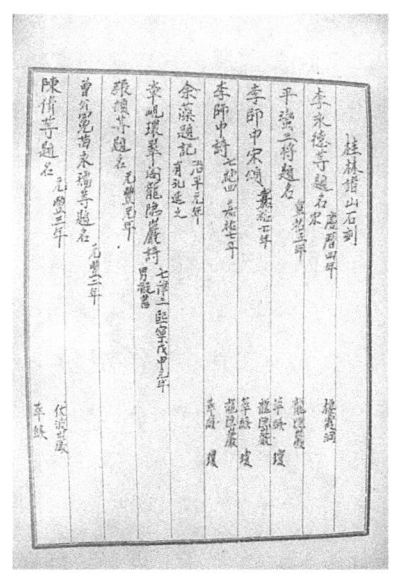

刘晦之捐献的石刻目录内页之一

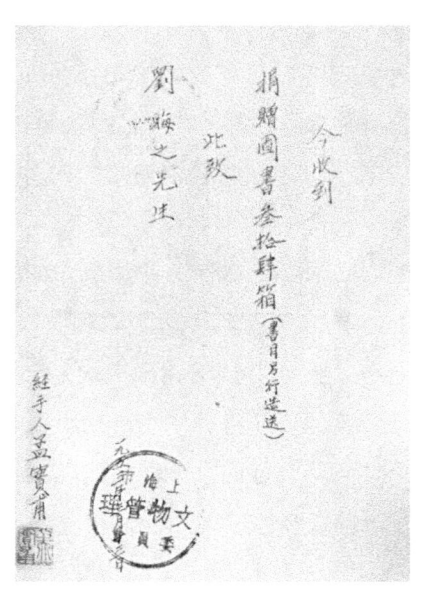

上海文管会关于刘晦之捐献藏书的收据

生亲口对笔者讲述的。当时笔者正与周退密老先生合著《上海近代藏书纪事诗》而向顾廷龙老先生讨教,讲到刘晦之的藏书和捐书时,顾老特意指出:"这样的藏书家是不多的,应该好好表扬表扬!"

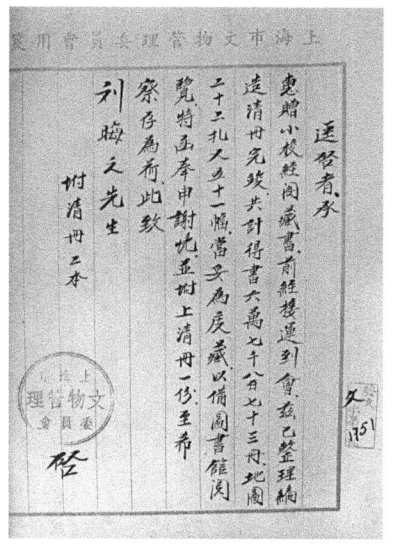

刘晦之捐书的收据

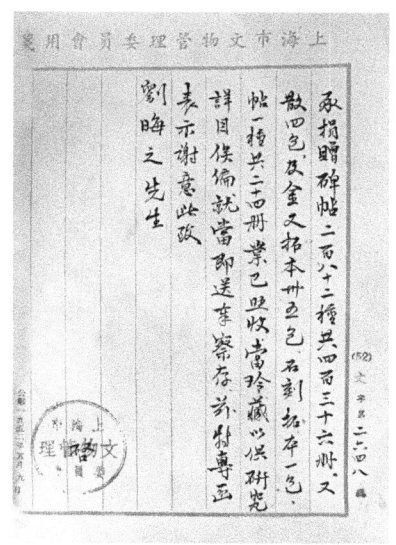

刘晦之捐献碑帖的收据

大文有生氣

盃懷為異人

曉之先生正

于右任

第九章

善斋善哉
青铜之光里白发人

"三十年藏弄，粗有可观"

最"铁"的朋友——容庚

现存台湾"故宫博物院"的"善斋"旧物

六件青铜器"扣留"大陆的谜底

捐献上海博物馆的古代兵器

琵琶一曲绕梁千古

"三十年藏弄，粗有可观"

盛宣怀的洋幕僚、"中国通"福开森在他的《历代吉金目》中说："刘体智（晦之）是民国以来收藏青铜器最多的人。"著名金文学家、历史学家容庚也说过："庐江刘体智先生收藏经籍书画金石之富，海内瞩望久矣。"这些说法绝非随意捧场。

刘晦之对自己的多年收藏很有自信，他在1934年刊行的家藏青铜器目录《善斋吉金录·序》中说：

金文集录始于宋之《宣和博古图》。一家所藏纂为专书者，最先则有钱氏十六长乐堂，然仅四十九器，秦汉以后器居其少半。继起而藏器较富者，推《两罍轩彝器图释》及《匋斋吉金录》。两罍轩一百十器，其中三代器为数五十有九；匋斋四百四十八器，其中三代器为数二百十有六。盖以一人之力欲集其大成甚矣，其行之艰也！

接着又说自己：

予自幼至京，嗜金石之学。适关陇河朔之间，古器物日出不已，自龟甲、钟鏄、鼎彝、戈戟、权量、符钵、泉镜，以及碑志、砖瓦、泥封，上起三代，下逮朱明，凡属古物，靡不宝爱，耳目所及，既择其可喜者留之，即远至千里之外，亦必多方罗致。左右其间，寝馈不厌，三十年藏弄，粗有可观矣。摩挲之余，不欲自秘，因先就吉金一类，绘其形制，拓其文字，记其度数，次为十录，付诸影印，用质当世。虽计其总数所得，远逾前人，顾有时见新器出，无力致之，则以此而易彼。录中所载，今日亦不尽在寒斋，特存其目而已……

这是说他小时候在北京时，就喜欢玩弄古物，那时候正值中国古代文物大量出土，甲骨文、青铜器、汉魏碑志、秦砖汉瓦，日出不已，他摩挲期间，耳目所及，极其宝爱，将自己喜欢的东西尽可能收入囊中，即使远在千里之外也在所不惜，志在必得。可知从一开始，刘晦之就是铆足了劲的。这本书所影印的，仅仅是他收藏的青铜器的形制和文字，编为十录。同时也等于宣告天下，他善斋的吉金收藏乃当世第一。时在1935年抗战之前。

《善斋吉金录》有皇皇四大函28巨册，分为十类，共著录青铜器5 728件。第一类是乐器41件；第二类是礼器591件；第三类是古兵器120件；第四类是度量衡55件；第五类是符牌65件；第六类是玺印1 587件；第七类是泉布2 722件，泉范73件；第八类是古镜318面；第九类是梵像70件；第十类是任器86件。书中藏器用白描图像，铭文用拓本，旁记尺寸，间有考证，每一件都有说明。

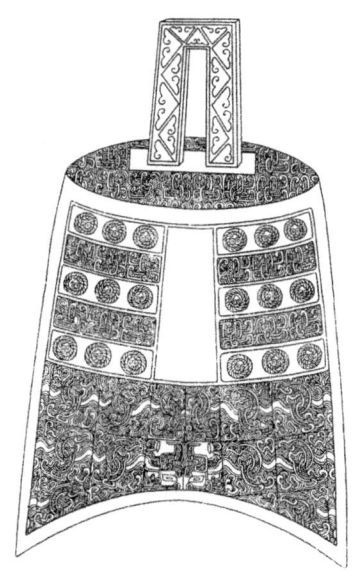

刘晦之收藏的12个虢钟之一

该书著录的第一件藏品，是一套盛名远扬的12件虢氏编钟。这套虢氏编钟，著录虢钟8件、虢羌钟4件，据著名考古学家容庚考证，出土于河南洛阳故城遗址北部的邙山。"其地有古冢八，六冢自为一列，二冢平居其南，皆位于故李密城之东北隅，与故城遗址相平行。距洛阳城东约三十五里。历年既久，丘墓尽平，略无封树迹，但有沙丘起伏，自邙山迤南，毗连不绝而已。"

1928年一场暴雨之后，这一带有一座墓塌陷，有人怀疑这是八座古墓，钻进去打探，发现覆在上面的地层是由木炭和小石块间积而成，木炭和小石层下面才是墓穴。这八座古墓的挖掘，前后历时三年，始终非常保密，外界少有人知，共出土多少东西，谁也讲不清楚。这套虢氏编钟，就出自这组古墓。同时出土的，还有其他祭器、明器、车饰、玉佩及日常用品，经加拿大传教士怀履光著录的，就有500余件。这套虢氏编钟12件于1931年被刘晦之重价购得。另外还有一件虢羌钟和一件虢氏钟，被怀履光得去。怀履光时任开封地区圣公会主教，对洛阳一带古墓的发掘甚为上心，多次亲往发掘现场查看，曾于1934年出版《洛阳古城古墓考》，详细记叙了那一阶段的所见所闻，他后来将其中一部分出土文物盗运到了加拿大。

战国屬钟的出土及收藏，惊动了考古界。当时学者对屬钟上的61个字进行了反复考证，可惜未取得一致意见。刘节、吴其昌、唐兰、徐中舒、于省吾、郭沫若、温廷敬、容庚以及瑞典著名汉学家高本汉，均先后撰出考证文字，仅就年代问题就争论不休，何况其他内容，所争辩的几乎可集成一册《屬钟学研究》了。高本汉曾作《屬羌钟之年代》，综合各家之说；日本著名考古学家梅原末治在《洛阳金村古墓聚英》一书中，也登出了当时出土器物的图片。可惜这套尚未完全破译的战国屬钟，后来从刘氏手中散出后，据说被卖到国外去了。中国人尚且未考证清楚，外国人得之又能做些什么呢？

刘氏藏品中有不少是名家旧藏，如"者减钟"系刘鹗旧藏；"奇字钟"是陆心源旧藏；"武生钟"是盛昱郁华阁旧藏；"师汤父鼎"是东武刘喜海旧藏；"友簋"原为清廷旧物，后属苏州青铜收藏大家潘祖荫攀古楼旧藏；"伯孝盨"是嘉兴张廷济旧藏；"归父盘"是陈介祺旧藏；"亚兽鸮尊"是第一个揭示甲骨文之谜的清廷大官王懿荣的旧藏……这些流传有序的藏品，经过这么多"学而优则仕"的清廷旧僚和历史学家朝夕摩挲，后来源源不断地归入善斋之库，终汇为洋洋大观，不得不说有如天助。

关于善斋中的"仪楚𬭚"，原是嘉兴张鸣珂旧藏，张氏曾有跋文，说是光绪十四年（1888），江西高安熊姓农民在城西四十里地的清泉市附近，一处人称汉建成侯墓地的田中，掘得古钟、铎大小九器，𬭚三器，被古玩商邹殿书购归。其中三个𬭚"铜质湛碧，莹泽如玉"。考其铭文，知是楚公子仪楚之器。张氏去世后，其子以此器售给河间庞泽銮，1917年庞氏去世，1918年为邹寿祺所得，后又归于刘晦之。同墓出土的铎则归于潘祖荫。其他两只𬭚曾归安徽东至周至辅（两江总督周馥之孙），后归上虞罗振玉。

刘晦之收藏的青铜器连同珍贵的古钱、古印、古镜，共计5 000余件，重器四五百件。这些藏品除了他自己请人摹拓后编入《善斋吉金录》二十八册和《小校经阁金文拓本》十八册，还有容庚为其编著的《善斋彝器图录》三册。这些藏品，1936年抗战前，因形势紧张，私家藏品不易保存，故卖给中央研究院一批，系傅斯年、李济经手，具体经办此事者是徐中舒，就是现存台湾"故宫博物院"的善斋101件青铜器，当时青铜彝器价6万元，度量衡器价1万元，有李济、傅斯年的电报为证。陆续卖给金文专家容庚75

件,还卖给友人一部分。现存容庚写给刘晦之的四十五封信(多年前就不知所终,近年竟被刘耋龄从古玩市场上奇迹般地发现),以及刘晦之与中央研究院往来的信件(现存台湾"中央研究院"),具体反映了当时的情况。另外刘晦之还与他姐夫李经方一起卖给瑞典王子一批古物,具体数字至今无法查明。其余部分均在20世纪50年代初捐给国家,其中捐献给上海博物馆的为87件古代兵器,其中包括吕不韦用过的一把"戈",号称"吕不韦戈",被视为上海博物馆的镇馆之宝之一。

最"铁"的朋友——容庚

刘晦之玩收藏绝不是心血来潮,也不是像有些世家子弟兴之所至,玩一样丢一样,最后无一样精深。他是全身心地投入到收藏之中,为了买到心仪之物,千金不吝;为了弄清楚其中的各种学问,还结交了很多专家学者,几十年来相互切磋、研讨,留下了不少佳话。其中他与金文学家容庚的交往时间最长,感情最笃,故事也最多。

容庚是广东世家子弟,年幼时就随其舅邓尔雅读《说文解字》,二十来岁时已在金文研究方面卓有成绩,已经根据历代出土的青铜器铭文拓片及影印本,编纂出著名的《金文编》,这是继吴大澂的《说文古籀补》之后的第一部金文大字典,是古文字研究者的必用工具书之一,在我国金文研究史上有着重要的学术地位。1922年,容庚带着他的《金文编》到北京求学,得到古文字学家、文博专家罗振玉、马衡教授的赏识,被破格录取为北京大学研究所国学部研究生,1926年毕业,次年转入燕京大学任襄教授(相当于副教授),并主编《燕京学报》。这期间,他被聘为故宫博物院古物陈列所古物鉴定委员会鉴定委员,参与了故宫内青铜器的整理、鉴定和编目工作。

1931年春,刘晦之的《善斋吉金录》已积稿盈尺,其中过去未经著录者,即新出土的

"生坑"者，达二三百件。容庚在天津的朋友周明泰（即周至辅，安徽东至人，两江总督周馥之孙、周学熙之长子）家获见此编，甚为惊奇。周明泰也是家学渊源、爱好收藏的老学究，对古物有天生的癖好，对古代官书上的封泥也很有研究，著有《续封泥考略》。他还喜欢京剧，收藏了大量戏单，对青铜器上的铭文也颇有研究，与容庚同好。由于刘家与周家是姻亲，所以他们的后代也常通音问，周明泰因此能获得刘晦之的《善斋吉金录》原拓本。

当时容庚正想增订其旧著《金文编》，"睹此异文，振荡眙腭"，"欲效米襄阳之据船舷也"，以北宋书法家米芾当初见到王羲之帖的心情自比。这个典故是说米芾酷爱王羲之的字，有一次在船上看见有人持有王羲之的《王略帖》，便提出拿自己的作品来交换，不料对方不肯，他情绪失控，一边大叫，一边抓住船舷准备跳江……容庚央求周明泰说："我与刘氏素未谋面，不敢多求，如果他能送我一纸沈子簋盖的拓片，我就感激不尽了。"时隔不久，容庚就收到了刘晦之寄给他的金文拓片，两人从此定交，切磋学问，开始了长达三十多年的交往。后来容庚把这个故事写进了《善斋彝器图录》的序言。序里还谈到一件事："久之，刘氏邮赠拓本，贻书定交。赏析疑义，邮筒渐密。八月暑假，乃与徐中舒先生访之上海。道出南京，复约商承祚先生偕行。晤谈如故交，尽出所藏鼎彝四五百事供摄影，兼旬而毕，复赠全形拓本三百余纸，整装归来，不啻贫儿暴富矣。"说的是这年8月暑假期间，容庚约徐中舒，一起专程赴上海造访刘晦之，途经南京时，他们又约了时在金陵大学任职的商承祚同往。虽是初次见面，却像老朋友一样，有说不完的话。刘晦之摆出了所藏历代青铜器四五百件供他们观赏、拍照、研讨，忙碌了二十天方才完事。临走，刘晦之还赠送全形拓本三百余纸，容庚满载而归，感觉就像一个贫困的小孩一下子成了暴发户一般。1935年，容庚从刘晦之的藏器中选取175幅照片，附以铭文，再次进行诠释、考证，1936年由哈佛燕京学社结集出版，书名《善斋彝器图录》，共三册，可与刘氏自编的《善斋吉金录》二十八册相参证。

其间，他们两人还互相交易所藏青铜器。著名的"师旃鼎"原为刘晦之所藏，后来以800元价转让给容庚。容庚在给刘晦之的信中写道：

> 师旃鼎承让与，感谢无已。兹由大陆银行汇上大洋八百元，希查收，将该鼎

邮寄或带来均可。友人欲得尊藏数器,另纸开列,请示其价。友人有元书二种,精钞一种,目录附呈,交换如何?付款亦可。弟以'颂'名斋,而无一颂器,尊藏'颂毂',盖未尝不作望蜀之想,为寒斋生色。其价几何?并示为幸。

可知两人的交情并非一般,可以互通有无,若喜欢对方的藏器可以直言"点单",容庚还帮朋友牵线搭桥,以作物物交换。所以,后来容庚竟有75件青铜器来自善斋。

刘晦之这边的情况是,自1935年从中国实业银行退出后,经济状况大不如前,而这时他的青铜器历经摹拓后,已经整理出版了《善斋吉金录》和《小校经阁吉金文字》两部皇皇巨著,因此也有意出让一部分藏品,以缓生活之需。容庚一向乐于成人之美,何况是好朋友刘晦之,于是在购买"师旂鼎"之后,又通过大陆银行汇给刘晦之2 700元,购买了一批器物。假如刘晦之愿意,他还想买那唐代的乐器大小忽雷呢!

于是容庚又写信给刘晦之:"尊藏余器既不易出售,盍再以二十件归弟(附单),奉价五千元。大小忽雷如作价五千元,合以其余二十件,则与尊定之价有盈无绌。"从后来的结果看,可知刘晦之卖了一些青铜器,而没舍得卖大小忽雷。他曾对他的孙子刘永龄说:"这大小忽雷原是唐朝皇宫之物,早晚有一天,还要送它们回到皇宫里去。"50年代初期,在国家文物局广收天下珍贵文物,准备充实并重新开放故宫时,他果然将之捐入了故宫博物院。

抗战期间,刘晦之在上海,容庚仍在北京,他们的共同难题是,在国难当头之际,自己性命都难保,而那么多宝贝收藏该怎么办?容庚曾在信中写道:

"中日问题,恐终须出于一战。时局少定,方能北上。拙藏各器,听之天命,非私人之力所能策其安全矣。"他很担心刘晦之的藏品被古董商人买去,他知道,不少古董商人的背后其实是日本人、美国人,于是一再写信给刘晦之,请他警惕那些估人,盼望由他来协助出让给朋友,将来则归诸公家——"人不能无癖,癖及身而止耳,故又贵聚而能散。弟与左右较,其癖其识,差足比肩;若以力言,则丘垤之于泰山,不如远甚。以彝器托估人之可得善价,左右言之,弟亦知之;不以托估人而托弟,此鲍叔之不可及也。弟既得之后,虽有一部分须出脱,然必为同好而非估

上　容庚致刘晦之信函之一
下　容庚致刘晦之信函之二

人。拙著《颂斋吉金图录》所收,十九归于中央研究院;此次续录成,仍冀归之公家也。荏苒月余,望眼欲穿,切盼起运尊藏余器,可让则让,一听卓裁。""弟之所藏虽远不如公,鄙意能保存一日,则保存一日,不肯轻弃,与尊意不流入异域之言略同。天相中国,当不使此国宝一去不返也。"

"足下掷百万曾不恤情,则留此区区古物以公家,他日指点告人:'此余四十年来心力之所聚者',亦一佳话。"

容庚是明白人,自己的藏品在研究、著书之后,十有八九都出让给中央研究院了,同时也动员刘晦之这样做。于是在1936年经容庚引荐,刘晦之卖给了中央研究院107件青铜器。

抗战胜利之后,容庚被新任北大校长的傅斯年以"伪教授"、汉奸的罪名,赶出北大,回到家乡广东,在岭南大学中文系任教。这时刘晦之不知为什么,在上海住得也很不舒服,颇想去南方觅一居所,容庚当然欢迎老朋友,就去信详细介绍了当地的交通状况,以及岭南大学为教职工提供的居所等情况,以及若想住酒店华屋,他也愿意陪同前去选择等,只是担心"惟嫂夫人能否忍受此种清静寂寞生活,则大成问题也。一笑"。

新中国成立后,小校经阁的房子要被政府征用,刘晦之的藏品虽然卖掉了一些,然仍属汗牛充栋,满坑满谷。该如何处理这些来之不易的藏品呢?他又写信给好朋友容庚,征求他的意见。容庚在信中逐一为老朋友设计:

尊藏素所心折,承询作何处置,愿为借著一筹。一、如生活之费不成问题,则送与公家保存,上也。二、如待此以维持生活,则求善价而沽,次也。以现在情况观之,国内藏家已无所闻,国家集中力量在重工业建设,古物字画之搜集,不复如前之注意,如所望不奢,可先就近与上海博物馆、图书馆一谈。闻徐森玉先生主持其事,或能助一臂之力。如彼等皆不欲购,则请将藏目寄来,弟当与博物馆、图书馆、朱市长一商,或可解决左右困难。所以必先商之当地者,诚恐他地购成而当地阻挠,两有不便。前年六月弟到北京,闻尊藏甲骨尽归科学院,书籍亦科学院所需,左右与郭公旧交,去函一商,或能有成,是亦一道。

可知刘晦之大凡重要事情都要商于容庚,容庚总是为之细细谋划,很能说明他们之间推心置腹的程度。

现存台湾"故宫博物院"的"善斋"旧物

自从容庚经周明泰介绍参观过小校经阁之后，刘晦之的收藏渐渐被学术界知晓。刘晦之不是窝金藏银的保守人士，他非常开明，希望学术界重视并利用自己的收藏，为中国古代史的研究服务。早在1932年他就经容庚、徐中舒，与中央研究院历史语言研究所建立了联系。历史与语言研究所由傅斯年主持，是研究中国历史和语言的最权威的学术机构，而青铜器上的铭文正是中国古代文字和记载历史的重要文献，不能不列为重点研究内容。

1932年，经容庚的引介和联络，刘晦之将自己善斋藏器的一套全形拓片赠送给中央研究院。7月29日，傅斯年写信给刘晦之，感谢他的慷慨相赠，信中说："承以善斋藏器全部全形拓片四百三十种，又拓片一百余纸赠与敝所，顷已整理就绪，编号陈列。精金良墨，弥足珍赏。"可知在1932年，刘晦之收藏的青铜彝器，重要的大器约有430件，其余的是古钱币、古铜镜、古印、古玺、符牌等，故有总数五千余件之说，观其《善斋吉金录》之十录的分类可知。此后，刘晦之又陆续将其他藏器的拓片及拓本赠送给该院史语研究所，该所至今保留了详细的目录《刘体智赠送史语所书拓目录》（由刘国瑞帮助查得），其中包括《小校经阁金石文字》十八卷三十六册、《小校经阁墨本录》不分卷十册、《善斋古刀泉范拓片余存》一册、《善斋古泉异布拓片余存》一册、《善斋吉金》三册、《善斋泉范拓片》一册、《善斋瓦当拓本》七册、《善斋镜拓余存》三册、《善斋陶文拓本》四册、《善斋彝器图录》八册（刘体智藏、容庚编）、《善斋吉金录》八册（刘体智藏）、《辟园史学四种》民国年间石印本十九册（刘体智撰）等，另有青铜大器全形拓片414幅又数十轴。

1936年年底，中央研究院从刘晦之手里商购了107件青铜器，主要促成此事的仍是容庚。当时形势已处在全面抗战爆发的前夕，东北已经沦陷，华北形势也已"特殊化"，实际上已被日本人所控制，国难当头，人心惶惶，形势非常紧张，想为自己的收藏谋一安全之处，使之勿落日本人之手，是出于爱国的考虑。况且，自从1935年刘晦之被宋子文逼出中国实业银行之后，经济状况大不如前，的确需要以一批藏品来换取生活所需，尤其是那些已经摹拓过全形拓片并且已经出书了的青铜器。于是容庚给傅斯年建言："善斋所藏必不能守，为国家计，当拔其尤而保存之。"当时，南京中央博物院正在筹办中，中央研究院的历史语言研究所正在发展的鼎盛时期，都急需充实馆藏，所以傅斯年、李济、徐中舒等人均非常起劲，他们知道刘晦之藏品的价值，力争在自己所掌握的经费中，尽可能多地收购刘晦之的藏品。傅斯年和李济在信中言辞恳切，盼望玉成此事，字里行间，即可知其经费无多之无奈，又可见其殷殷期盼之情——

> 晦之先生左右：顷中舒先生以尊旨见示，一切感佩！兹将弟等最大限度下可能之办法奉陈，敬乞垂察。一、如不出彝器范围，博物院因上次决议案关系，未能出过六万之数，仍盼多赐若干小件。二、度量衡一类及所说兵器中之四五件（见原单）共作一万元，由研究所设法。三、瓦陶器及拓本，承惠赠，极感盛谊。前谈以若干镜子赠敝院作标本之意，尤感。此为弟等能力中之最大范围，如致玉成，公私极感！倚装匆匆，不尽一一。专此敬问道安
>
> 　　　　　　　　弟李济　傅斯年
> 　　　　　　　　谨上　十一月二十六日

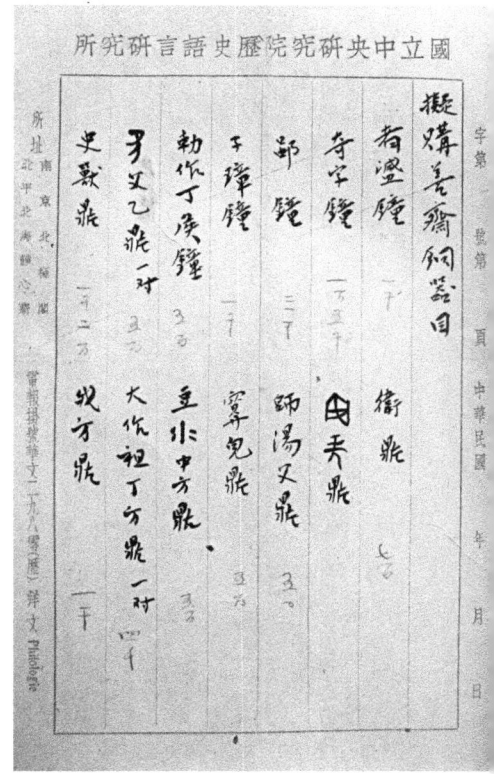

中央研究院拟购刘晦之青铜器目录之一

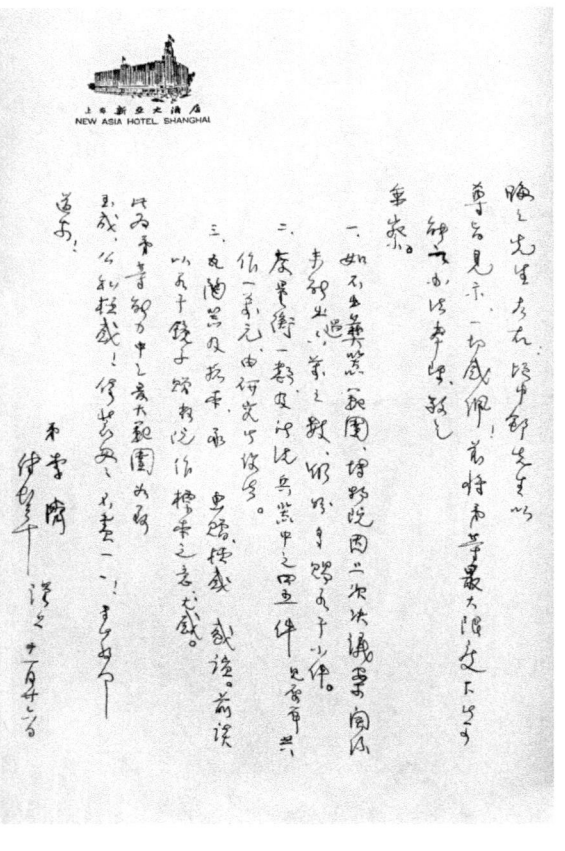

李济致刘晦之函

从信的笔迹看,当是傅斯年亲笔写好后,请李济签名在前的。从中可以看出,此前已经有过多次讨论,主要在价格上有些差距。当时中央研究院及博物院经费也很困难,这个7万元的订购单已经是费大力气争取来的"最大限度"和"最大范围",可知在他们来说已经属于花大钱了,玉成此事很不容易。为此,史语所派徐中舒专程到上海面见刘晦之,具体再作商谈。刘晦之很有大家风度,明白了他们的难处,也就一口应诺,不再讨价还价。为赶时间,不致中途变化,徐中舒向南京的李济、傅斯年汇报后,李济非常兴奋,当即电报回复:

八仙桥青年会宿舍徐中舒转刘晦之先生

接中舒兄书,知区区之意概承允诺。不特弟等佩钦无似,即热心中央博物院诸同人亦感谢弥深。款即拨寄。

弟济

1936年11月28日

至此,可知这笔交易做成了。刘晦之不仅拿出107件青铜器,还"白搭"上许多古陶器、古镜及拓片,李济、傅斯年像捡到了宝贝,喜不自胜。容庚也很高兴,在若干年后还提起此事,说是由他帮助玉成的。

在此前后,李济、傅斯年等与刘晦之还有过几次交易,包括以5 000元购买了刘晦之的

《小校经阁金文拓本》十八册,还有其他文物。

这些文物都在1948年底至1949年1月底,随前南京中央博物院的藏品(八百五十二箱)一起被运到了台湾,先是在基隆登陆,后转存在台中糖厂的一个仓库里,直到1965年,台北"故宫博物院"建成,才于当年入藏台北新馆,保存至今。经查目录,得知目前收藏在台湾"故宫"里的刘晦之旧藏有101件,中有邵钟、者减钟、子璋钟、奇字钟、万父乙钟、保鼎、屯鼎、史兽鼎、卫鼎、父乙鼎、曾者子鼎、师汤父鼎等,就是1936年李济、傅斯年代表当时的南京博物院和中央研究院史语所,向刘晦之购买的那批。但是,当初明明是购买了107件,有目录在册,为什么到了台湾却变成了101件了呢?这又是一段有趣的故事。

刘国瑞为此事专门咨询过台湾"故宫"副院长冯明珠,冯女士提供了该院器物处研究青铜器的游国庆的博士论文《台北故宫博物院现藏铜器著录与西周有铭铜器考辨》。游国庆在此文中用专节介绍了来自刘晦之"善斋"的青铜器。他的方法很扎实,首先以容庚著《商周彝器通考》所录中央博物院购自刘晦之的107器目录为据,再对照台北故宫中现存的青铜器,以台北故宫出版的《故宫铜器图录》为准,发现原先从刘晦之手里买的107件,现在只有101件在院。那么,另外六件到哪里去了呢?他进一步查询发现,其中有两件即"臣爵"和"祖乙爵"在北京故宫,其余四件都是衡器——秦权秦量,不知去向。总之,这批东西并没有全部带去台湾,而有六件留在了大陆。为什么会这样呢?为什么单单要留下这六件呢?

**六件青铜器
"扣留"
大陆的谜底**

多年前,笔者曾采访过著名文博专家、上海博物馆老馆长徐森玉的儿子徐伯郊和女儿徐文漪,他们曾透露过一段鲜为人知的故宫文物迁台过程中的秘闻,或可作为此事的答案。徐伯郊虽是银行家,但也是文博界的名人,20世纪50年代初,就是他们父子合力,把著名的《伯远帖》及《中秋帖》从香港收回的。

1948年年底,人民解放军一路南下,势如破竹,全国解放已成定局。国民党政府急急南撤,急忙把能带走的东西运往台湾,包括故宫博物院在战后刚刚从大后方运回来的文物。当时准备运台湾的大批文物,除了原先北京故宫的,还有南京中央博物院和中央研究院史语所的,另外还有中央图书馆和外交部的。由于大批文物迁台之事,文物界高层意见尚未一致,傅斯年是极力主张文物迁台的,而当时的故宫博物院理事长翁文灏就不同意迁动文物,时任故宫博物院古物馆馆长的徐森玉也不同意迁动文物。翁文灏认为国共正在谈判,如果迁运文物,未免扰乱人心,他连召开全体理事会也都认为不便。最后,他同意在家里召开一次谈话会,大家交换一下意见。出席谈话会的多为主迁者,如王世杰、朱家骅、李济、杭立武、傅斯年等。徐森玉虽然也参加了会议,但他表示不主张迁台,而且说自己身体不好,也不能再带队押运(抗战中将北京故宫文物不远万里地运到贵州一个山洞里,就是徐森玉亲自押运的)。会上大多数人主张文物迁运,翁文灏也没办法,这个计划最后还是由国民政府高层定下来了。

国民政府有关部门要徐森玉赶造文物清册,把文物分成两类,尽可能全部带走,如果实在无法全部带走的话,就把第二类留在大陆,将第一类带去台湾。年已70岁的徐森玉心里明白,这些国宝一旦被带走,就再也回不来了。于是他不动声色地来了个调包计,在装箱时将很多文物对调,力图把最珍贵的文物留在大陆。装箱完毕,他把跟了他多年,最为得意的弟子庄尚严(号慕林)叫到跟前,悄声对他说:"现在,这些宝贝就要分开了,咱们师徒俩也要分开了。从今以后,我管这一半,你管那一半,你要代替我到台湾去,看管好这批家当。有你人在,就要有这些宝贝在……话又说回来,只要你守住了这些宝贝,你就不会讨饭!"后来,果然是庄尚严负责押运这几千只文物箱子到了台湾,遵照老师的嘱托,他对这批文物精心呵护,寸步不离,后来当了台湾"故宫博物院"的副院长,一直到数年前去世。他身后留下一部书,详述了当年许多文物故事。

俗话说"没有不透风的墙"。徐森玉将文物偷偷调包的事情,不幸被国民党特务侦知,

| 第九章 善斋善哉　青铜之光里白发人

上　徐森玉先生

下　1952年上海博物馆招待捐献人，前排居中刘晦之，右一徐森玉

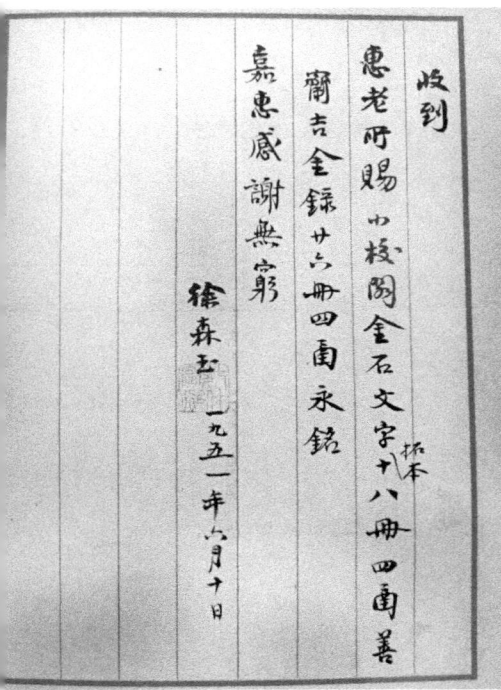

上 徐森玉写给刘晦之的收条（金文拓本）
下 徐森玉写给刘晦之的信函（捐献古兵器）

几乎酿成大案。国民政府要组织一个调查组专就此事进行调查，并叫民国元老、对于文物一向深有研究的叶恭绰担任组长。叶恭绰与徐森玉是多年好友，死活不肯接受这个差事，其他人见此情景就更不愿出头了，加上徐森玉的人品和威望，此事后来只好不了了之。

由此看来，没能运往台湾的那六件善斋之物，一定是被徐森玉"扣留"在大陆了。否则，怎么会跑到北京故宫博物院里呢？而且，据笔者分析，另外四件衡器，十有八九现存上海博物馆内。因为新中国成立之初，徐森玉担任上海博物馆馆长，他对刘晦之的藏品非常熟悉，曾在北京对陈梦家谈起刘氏收藏的"吕不韦戈"，惹得陈梦家专函致刘晦之，请求借来北京故宫展览。上海博物馆内秦量秦权的收藏是一大特色，有心人不妨核对一下，是不是当年善斋旧物。

至于徐森玉，由于其在文博界的泰斗地位，国民政府曾出动许多人前去游说，请他去台湾。先是宣布任命他为"故宫博物院"院长、"中央研究院"院士，接着又以"教育部""中央研究院"等五个单位的名义，联合发出邀请，请他去台湾主持文博工作，但是均被他拒绝了。国民党政府还不死心，买好了飞台湾的机票，派一位国民党要员送到他家，他仍表示没有兴趣，并躲了起来。直到上海解放，他把机票交给了陈毅派来与他联系的粟裕，以示他留在大陆，为新中国服务的决心。据他的女儿徐文漪说，徐森玉当时真实的想法是，台湾是个不毛之地，远未开化，去那里是没有前途的。至于他后来在"十年浩劫"中被"四人帮"迫害致死，那是后话。

> 捐献上海博
> 物馆的古代兵器

1951年夏，刘晦之的小校经阁被政府有关部门征用，他不得不拖家带口迁出，来到太原路上与一个儿子全家同住。住房条件跟以前不能比了，那么多藏品怎么办呢？只好继续出售或捐赠。他写信给上海文物保管委员会的徐森玉，说自己这里还有十四匣古代兵器，愿意捐献给国家。两天后徐森玉就派人上门了，来人出示徐森玉一信，信中说：

惠老赐鉴：前日承教为快。尊藏兵器共十四匣，悉数捐赠本会，佳惠之隆，公私同感。兹派夏玉琛同志造府领取，请检交带回为荷。此颂

撰祺

徐森玉　谨启
一九五一年九月十日

过了几天，上海市文物管理委员会又发来公函称：

承惠赠三代及秦汉兵器共八十七件，计装十四盒，业经照收，当为珍藏，以供陈列研究，特函奉申谢忱。并附上清单一份，至希察存为荷。此致

刘晦之先生

上海市文物管理委员会
一九五一年九月十九日

这大概是刘晦之青铜器收藏的最后一部分。这批兵器后来由文物管理委员会拨

转上海博物馆,保存至今。

值得重视的是,其中有一件名重一时的"吕不韦戈",徐森玉非常重视。著名文博专家陈梦家从徐森玉处得知此事后,甚为上心,就推荐给郑振铎,因文化部正在筹备在故宫太和殿举办的"伟大的祖国"国庆艺术展览。这年8月20日他专函致刘,请他将其借给北京方面展览,同时寄去两册自己的著作请教。在此之前,陈梦家曾去上海拜访过刘晦之,在小校经阁与之切磋过学问,因此信中有云:

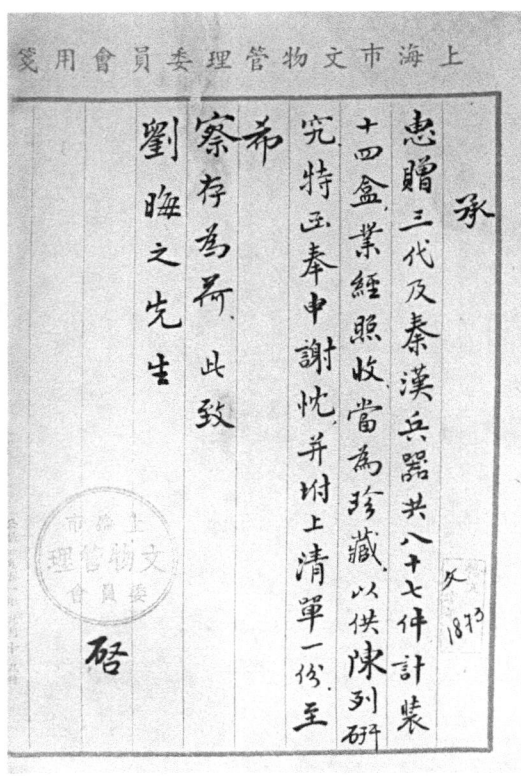

上海市文管会致刘晦之的收条（捐献古代兵器）

惠老赐鉴:在沪数聆教益,甚以为幸。又承厚赐种种,感激!感激!尊著各书已由书店见告付邮寄出,不日当可寄到京矣。

前在尊寓拜读金文考释,甚佩!至盼早日付刊,以利学者。晚十数年诠释金文,稿已盈尺,但因学力不足,不敢以问世。先生据《三礼》补金文之阙遗,用《说文》、声韵、通古字之音义,使难读不全之策命,豁然贯通。以七十之高龄,闭户著书,令人钦佩之极。晚在济南文管会盘桓六日,业已返京。此间秋高气爽,甚盼先生北上一游。

自十月一日太和殿中将有一"伟大的祖国"艺展,荟集公私藏器,当有可观者。前允将尊藏"吕不韦戈"捐赠上海市文管会,不悉已检出否?森老对此器极重视。又"左关之鋘"该会愿出价收购,至盼早日交森老,因晚急欲得一照片作研究也。另

| 第九章 善斋善哉 青铜之光里白发人

邮寄上拙作单行本两种,请教正。专此

并请撰安

晚　陈梦家敬上

八月二十日

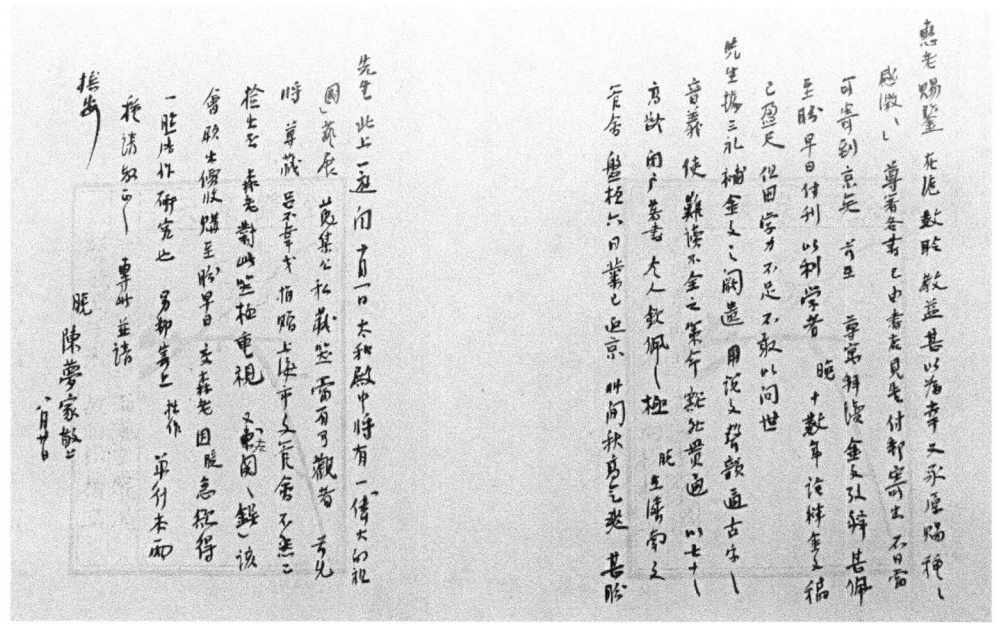

陈梦家致刘晦之信函之一

可知,他们之间的通信不仅是为"吕不韦戈"参展之事,还有广泛的学术讨论,陈梦家对刘晦之的考证方法甚为赞赏。刘晦之赠他两套自己藏品的拓本,回信告知,他的古兵器包括"吕不韦戈"均已经捐献给上海市文管会了,不日即将检出。这也是1951年夏天的事。

陈梦家受到赠书后回函刘晦之:

惠老赐鉴前奉手教拜悉一一,承告"吕戈"及"錴"不日即将检出,甚以为慰。承赐《善斋吉金录》及《善斋玺印录》各一部,已由来薰阁送来,感谢! 感谢! 近来整理未著录之金文拓本,需用《小校经阁金文拓本》甚急,不悉该书由何店邮

155

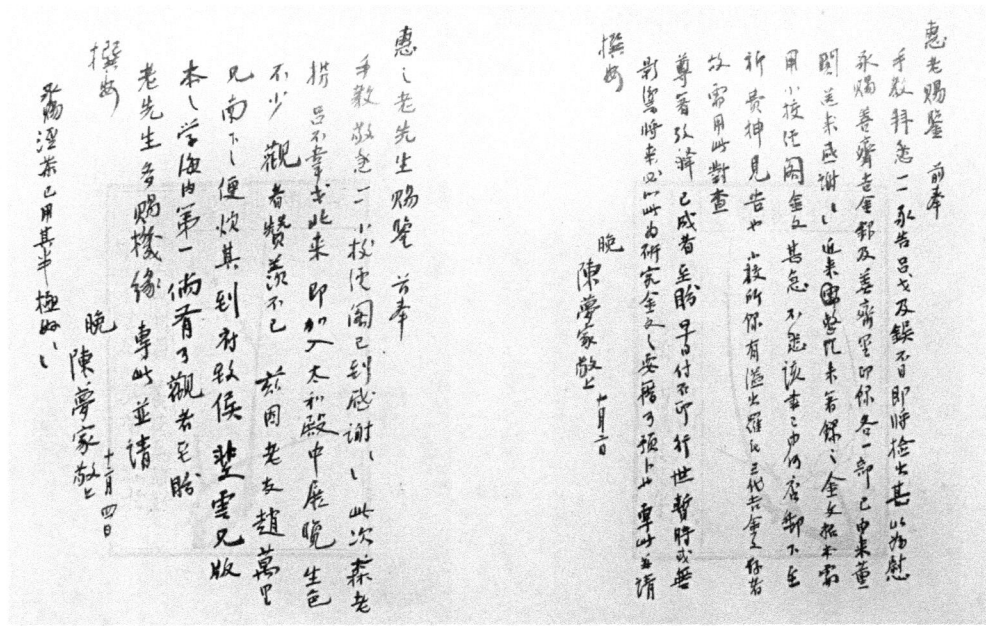

陈梦家致刘晦之信函之二

下，至祈费神见告也。《小校》所录，有溢出罗氏《三代吉金文存》者，故需用此对查。尊著考释已成者，至盼早日付石印行世，暂时或无影响，将来必以此为研究金文之要籍，可预卜也。专此并请撰安

晚　陈梦家

敬上　十月二日

此信不仅谈及商借"吕不韦戈"参展之事，更透露了他们之间令人感动的学术交往——刘晦之赠送陈梦家《善斋吉金录》与《善斋玺印录》各一部，陈梦家并不满足，还要《小校经阁金文拓本》，说是要用来整理那些未经著录的金文拓本。还说这套拓本的内容已经超出罗振玉的旧作《三代吉金文存》，因此所需甚急，可是他至今还未收到，甚至还问是通过哪家店寄来的。陈梦家做事风风火火的风格亦可见一斑。他还希望刘晦之把已经考释出来的文字早日石印行世，并预计这将是一部研究金文的重要典籍。

信到上海时，刘晦之已经将所有古兵器捐给了上海文管会，"吕不韦戈"后由上博馆长徐森玉亲自带到北京参展，陈梦家急需的《小校经阁金文拓本》也收到了，陈梦家写信向刘晦之表示感谢，信中有云：

> 晦之老先生赐鉴：前奉手教，敬悉一一。《小校经阁》已到，感谢！感谢！此次森老携"吕不韦戈"北来，即加入太和殿中展览，生色不少，观者赞美不已。兹因老友赵万里兄南下之便，烦其到府致候，斐云兄版本之学海内第一，倘有可观者，至盼老先生多赐机缘。专此
>
> 并请撰安
>
> 晚　陈梦家　敬上
> 十二月四日
>
> 承赐泾茶已用其半，极好极好。
>
> 正拟投邮，复奉九月二十八日手教，敬悉。尊藏"吕不韦戈"并其他兵器八十七件，一并捐赠上海市，化私为公，使后之从事兵器研究者多一批重要材料矣。可佩可佩！
>
> 梦家又及。

这件众贤称道的"吕不韦戈"现藏上海博物馆，一直是该馆的镇馆之宝。

琵琶一曲 绕梁千古

北京故宫博物院里收藏着两具唐代的乐器——大小两把忽雷，这是制于公元781年，有文献可考的唐代宫中旧物。它们自唐末天下大乱之时流落民间，失散于大江南北，然而流浪了千余年后，竟又奇迹般双双完好地入藏皇家宫苑——故宫。它

们在民间的最后一位主人,即亲手将它们捐献给故宫的,正是刘晦之。

忽雷是一种二弦琵琶,这两把珍贵的忽雷有着十分有趣的身世。清康熙年间,曲阜的孔尚任偶然在北京的集市上发现了其中一把,他一眼看出是小忽雷,所谓"龙首凤臆,蒙腹以皮,柱上双弦,吞入龙口,一珠中分。颔下有小忽雷篆书……"据知名作家瞿蜕园考证,此小忽雷在孔家未留多久,就转入一个满族人手里,后来又转归华阳卓氏。据后人分析,这把小忽雷还曾出现在雍乾年间的成亲王府第中。光绪末年,安徽贵池大收藏家刘世珩从卓氏手里收得。

刘世珩的父亲刘瑞芬曾任晚清上海道台,还是著名的外交官,出任过英法等国的外交公使,家里很有钱。他收得小忽雷之后,又起收购大忽雷之念。关于大忽雷,元代诗人杨维桢曾在诗中吟咏过,可见其也是珍稀之物。刘世珩四处寻觅大忽雷时,有一天与一琴师闲聊,聊起了唐代宫中的忽雷,那琴师竟说,他于三十年前在沪市上曾购得一古乐器,项上刻有"大忽雷"三字!刘氏取来一看,果真"凿龙其首,螳螂其腹,形与小忽雷同"。于是大小忽雷归于一处,刘家的门柱上就有了"古今双玉海,大小两忽雷"之对联。

又过了几十年,贵池刘家家道中落,将此古物转售给了刘晦之。刘晦之将其珍藏在楼下的玻璃柜中,曾对其孙子刘永龄说:"这是陈圆圆用过的旧物。""这是宫中之物,总有一天还要把它们送回皇宫里去。"1953年,刘晦之将此绝世奇珍捐给国家,后入藏故宫博物院。

综上可知,刘晦之实为对国家作过重要贡献的、一位值得尊敬的大收藏家。他藏书七万册,捐给上海图书馆;历代古墨一大宗,捐献给安徽省博物馆;历代印玺千数百钮(见《善斋玺印录》黄宾虹序)、历代古碑拓本近千件(见《善斋墨本录》),捐献给上海图书馆;甲骨龟片28 450片作价出让给国家文物局,后来转入国家图书馆;两具唐代乐器大小忽雷,捐献给国家文物局,后转藏故宫博物院。最后的87件古代兵器也捐献给上海文管会,后转入上海博物馆。他收藏的青铜器,原先有四五千器(包括古钱币),印成《善斋吉金录》图录,厚厚四大函,后来渐渐散去。他收藏的古印、古墨和古乐器,也是极好的。现在除了他的藏画和古墨笔者未见其目录外,其余皆可从其手编的目录及后人考证的文字上,窥见其收藏宏富之貌。

刘晦之一生不仅重收藏,还注重研究和著述,著有《尚书传笺》《辟园史学四种》

| 第九章 善斋善哉 青铜之光里白发人

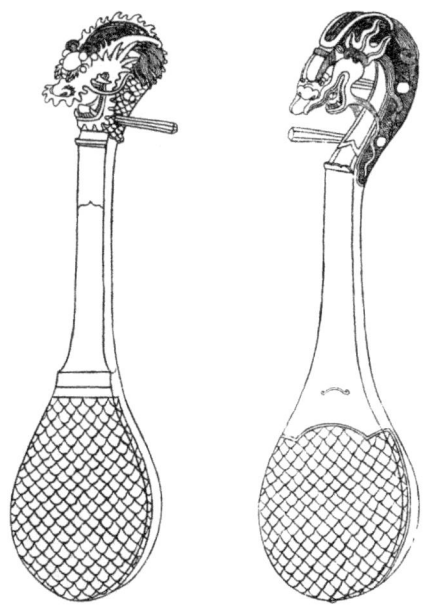

唐代乐器：大忽雷　　唐代乐器：小忽雷

《说文谐声》《说文切韵》《礼记注疏》等共九部，新中国成立后将这些手稿捐给了中国社会科学院，皆为未刊稿本。1994年，他的一部旧著《异辞录》终获中华书局排印出版，他的孙子刘笃龄为之点校、整理，中多清廷末年内府大事秘闻，非局外人能通晓之事。可惜他持续了三十多年的日记，在"文革"中被毁于一旦，否则绝对也是一部珍贵的近现代史研究史料。

刘晦之的《异辞录》原刻本

第十章

风雨如晦
六十年风水如何转

抗战爆发劳燕分飞

刘家后人与韬奋先生的交往

抗战爆发 劳燕分飞

抗战八年,不仅刘氏家族,中国所有的名门望族都迅速地走向衰落。

首先是逃难,有钱没钱的都在逃难。刘家的亲家李鸿章家族老六房,原先在芜湖城里拥有长春花园、柳春花园、景春花园和小花园,在安庆有钦差府和进士第,日本人打过来时,全都弃之如敝屣,几十口子老小挤上两辆卡车,逃命要紧,先武汉、重庆、昆明,后广州、香港、上海,一路上走走停停,跑警报,有的不堪颠沛流离,就留在了重庆。刘家的另一亲家聂氏家族(即上海道台聂缉椝、曾纪芬家族)的老十房,则带上几十只箱子和十几个孩子,从上海撤往湖南衡阳老家。刘家在安徽芜湖和无为,都有房子有地,有田产,抗战中都顾不得了,也随着逃难大军辗转来到上海。抗战初期,上海因为有租界而沦为孤岛,物价飞涨,但是毕竟可以避避战火,如此,导致人口暴涨。刘秉璋曾孙刘绳曾(父亲刘济生,母亲李国华)家那时住在古神父路(今永福路),家里不断接待各地前来避难的亲戚朋友,仅小孩就多了七八个。

其次是田亩荒芜,田租收不上来。刘家人自辛亥革命以后,主体部分在抗战前已经陆续来到上海,如刘体乾、刘体仁、刘体信、刘体智、刘体藩,上上下下已经有三代人生活在上海。刘体信的儿子刘汉生一家原是留守芜湖老家的,抗战中也逃难到上海。刘秉璋的儿孙、侄子们住在上海租界内,衣食无忧,但是除了刘体智当上中国实业银行总经理,财大气粗,还建起了豪华的花园洋房——小校经阁外,其他几位基本都是"不食周粟""躲进小楼成一统"的老爷,读书、著述、下棋、喝茶、教育儿孙是他们生活的主旋律,那么衣食何来呢?自然是靠安徽老家的田租。老家的管事和账房每年会按时把田租汇到上海。据刘体藩的小儿子刘意林在自传中回忆,他父亲在战前每年收到的田

刘体仁家三子（刘润生中，刘济生右，刘滋生左）

生活在小校经阁里的"小萝卜头"

刘家的"小萝卜头"长大了

第十章 风雨如晦 六十年风水如何转

租,有五六千元。这在当时是笔巨款,可以买好几栋石库门房子了。那时雇一个佣人,一个月只需两元钱;一家子十几口人吃鱼吃肉,一天的菜金也只需两元钱。但是抗战爆发后情况就大为不妙了,不仅富人逃难,农民也在逃难,大量田亩荒芜,田租收不上来,上海租界里的老爷们只好卖卖当当、紧衣缩食地过日子了。到抗战胜利时,一切已物是人非、时过境迁,刘家远在安徽的许多房地产,都莫名其妙地"消失"了。

战时的1941年底,太平洋战争爆发,日本人占领了上海租界,上海也不安全了,许多社会名流、士绅皆往内地迁徙。刘晦之家累太重,人口太多,收藏品也太多,哪里也没去,就躲在小校经阁整理、研究他的收藏。然而树欲静而风不止,日本人几次找上门来请其"出山",要其为日本人主持上海的金融局面。刘晦之坚决不干,于是逃到香港躲起来。那年正值他六十大寿,所以寿宴是在香港办的。

刘家后代人丁兴旺,"子"字辈中仅男孩子就有26个(刘秉璋的孙辈大排行),而且都受过规范的高等教育,少数留学英美,多数在上海圣约翰大

刘体仁次子刘济生(左)留学期间在野外实习

学、沪江大学、东吴大学毕业。他们走向社会后大多从事实业和教育,少数在政府部门工作——刘子康是恒顺信托公司经理;刘子渊是和丰轮船公司经理;刘子树是启新洋灰公司高级职员;刘子益是华意银行买办、和祥信托公司老板;刘函生是美商上海电力公司高级职员;刘子渝是中国实业银行储蓄部经理、重庆分行副经理,还曾当过粮食部部长徐堪的秘书;刘子长任和祥商业储蓄银行副经理;刘田生是一家公司的老板;刘子长是围棋好手,著名围棋国手顾水如的学生,还出版过围棋杂志;刘麟生是著名作家、南京金陵女子文理学院教授兼国文系主任;刘凤生是外交官,在王正廷出任中国驻美大使时担任一秘,回沪后任外交部驻沪办事处主任;刘云舫(即刘芝生)也在政府部门工作,曾在多个部门担任文职,抗战胜利后任荣家的申新纺织公司总管理处文书科长;刘荔生在中央银行任福利科科长;刘意林则独自走上革命道路……

他们中有一个人走上了抗日战场,而且是国际战场,即刘晦之的儿子、刘家大排行的老二十刘囲生。上海圣约翰大学毕业后,刘囲生去美国留学,读农科,适逢第二次世界大战爆发,在珍珠港事件之后硕士毕业,这时想回国也回不成了,因为海上交通中断了,他就主动加入了美国空军。太平洋战争爆发、美国参战后,他奉命登上"B29"轰炸机去轰炸日本本土,在机尾担任机枪手。为能准确地命中目标,飞机飞得很低。有一次飞机俯冲的时候,他的腿部被日本地面部队的高射机枪击中。不知他是否穿着丝绵裤,竟没伤着筋骨,只是擦伤了皮肤。当时飞行员知道他中弹负伤,特意回头询问,要不要马上返回,他坚持说无大碍,继续战斗,直到胜利完成轰炸任务。战后复员,按照美国政府的有关规定,凡是参加过二战的军人都可以分得一块地,尽管他是中国人,但也分得了一块。1947年他回国结婚,1948年与丈人、妻子经香港去美国,在那块土地上建了自己的住宅,定居于美国。

总之到了抗战时期,晚清积下的老本已不复存在,刘秉璋的孙辈大多靠自己的本事吃饭。国破家亡,又如何维系安稳的生活?刘家的公司相继破产,日子一天天难过。刘晦之这位刘家第二代中最有实力的银行家,被宋子文挤出银行界后,也只能是坐吃山空,捱到抗战胜利时,已不得不变卖他的藏品了。

世界上许多事情常常是"物极必反""否极泰来"的。刘家到了第四代,局面又大为改观,刘永龄、刘耋龄、刘松龄、刘桂龄、刘绳曾、刘德曾、刘禄曾……都成了出类拔萃

刘滋生与龚令琼结婚照

的人物,详情后叙。

刘家后人与韬奋先生的交往

刘家有许多人都与邹韬奋有过交往,刘滋生、刘麟生、刘凤生、刘云舫与之是圣约翰大学同学,其中刘滋生和他是同班同学。邹韬奋是穷学生,家庭生活困难,刘家子弟常常在经济上帮助他。经刘凤生介绍,邹韬奋还担任了刘子渝的家庭教师,因有这层关系,刘意林也常常向他请教问题。刘麟生、刘凤生、刘云舫、刘意林的父亲刘体藩是晚清遗老,但是对邹韬奋却很有好感,有些事情还听取他的意见。

刘滋生的同班同学邹韬奋的大学毕业照

刘体仁三子刘滋生圣约翰大学毕业照

第十章 风雨如晦 六十年风水如何转

据刘滋生的二女儿刘荣曾说，她母亲龚令琼当年从福建远嫁上海，与安徽籍的父亲语言不通，开始时只能靠纸笔"通话"，其孤独可想而知。后来父亲的同班好友邹韬奋常来家里玩，他会讲福建话，就用福建话与母亲交谈，母亲很高兴。当时她家附近有个叫"小有天"的福建菜馆，刘家常去买点福建菜招待邹韬奋，渐渐大家关系融洽了。邹韬奋与原配夫人结婚时，按照民间的老风俗，需要有一个"全福人"来打理新房间，"全福人"是指父母双全，丈夫、儿女都在的有福之人，而刘滋生的夫人龚令琼正是如此，于是被请到邹韬奋夫妇的新房去为之铺婚床，订婚被，贴红双喜字，在新的子孙桶（马桶）里撒瓜子、花生、莲子、红枣、桂圆等喜果，祝福他们婚姻美满，多子多孙，将来也有喜有福。

邹韬奋思想进步，对刘滋生影响很大。1921年刘滋生圣约翰大学毕业后，邹韬奋鼓励他脱离封建家庭，自立谋生，因此他去基督教青年会请求帮助，经介绍，被天津南开大学附中聘为教师，于是就带着妻子和大女儿离开大家庭，去天津独立生活了。刘滋生在天津南开附中教西洋史，课余兼做家庭教师以补贴家用。后来看到天津启新洋灰公司招聘翻译员，他去应聘，被录用，由一名小科员晋升为主任。1930年左右，启新洋灰公司在上海设立办事处，就由刘滋生负责，他们全家就又回到上海。所以，刘滋生、龚令琼的后面几个孩子如刘贻曾、刘荣曾、刘德曾都是在天津出生的，最后两个儿子刘泽曾、刘裕曾则生于上海。

第十一章

刘体藩家
"三剑客"与"独行侠"

庐江诗人刘体藩

忆安徽无为老宅

刘家"三剑客"

走上革命道路的"独行侠"刘意林

庐江诗人刘体藩

刘体藩（1872—1945，字锡之）是刘秉璋的侄子，即刘秉璋弟弟刘秉钧的长子，晚清秀才，清末在湖北武昌做过官，人以"观察"（道员的尊称）相称，以诗名世。他著有《双井堂诗集》三册（第四册未印行），辛亥革命后率家眷居上海昇平街（李鸿章的孙子李国煦一支也住此地），不食周粟当寓公，闭门以诗词古文自娱。他的几个儿子颇能与时俱进，老大刘麟生、老二刘凤生、老三刘芝生都由圣约翰大学毕业，先后出任国民政府的外交官，刘麟生还是著名的国文教授，著作等身。小儿子刘意林则在中共地下党的影响下走上革命道路，成为封建大家庭的叛逆者。

刘体藩的长子刘麟生晚年在美国记下关于其父母的一些文字（《宾鸿馆杂记》，1974年1月24日），这也是迄今为止关于这位观察大人最详细的介绍，非常难得：

双井堂诗集：先父一生不得志，诗名颇著，所作《双井堂诗集》三本，曾自行刊印。部数极少。最后一册尚未付印。海藏楼主人赠联曰：名闻四海，依山谷处；仰视千里，与飞鸟俱。集易林也（此民国初年事）。

吴太夫人：先母吴太夫人学蕙，生长苏州，九岁始离开吴门，住南京。她八十二逝世，先父七十三岁逝世。先母未受过教育，跟了父亲诵读，居然能写信、做白话诗。她年轻时喜绣花果。她的堂兄吴学廉先生，曾任淮扬道道台。在南京秦淮河有鉴园，她的大号为鉴泉。著有记愁小草。

填词：先父最注史地之学及古文，从不鼓励我们作诗。下走填词，乃是常熟庞檗子先生的鼓励。庞师为南社中有名词人，著有玉琤琮馆词。壮年逝世，殊为可惜。

文中说的海藏楼主人，即大名鼎鼎的福建文人郑孝胥，晚清总理各国事务衙门章

上　刘体藩、吴学蕙夫妇晚年在上海

下　刘秉璋的侄子刘体藩、吴学蕙夫妇

京（相当于清末外交部秘书），也是在辛亥革命以后寓居上海的晚清遗老，诗文书法皆别具一功，有《海藏楼诗集》和《郑孝胥日记》行世。至于他1932年以后应溥仪之约去东北出任"满洲国"伪职，那是后来的事。著名词人夏映庵在他的《忍古楼词话》中，也谈到他们的交往："庐江刘锡之观察体藩，文庄公仲良制军之侄。勤学笃志。辛亥后，弃官侨寓海上，以吟咏自娱。五言工练，得谢鲍之清新。曩于海藏席上，屡屡见之。昨年过从遂密。"可知观察大人来沪后的日常交往，仍在晚清遗老范围之内。

辛亥革命后刘体藩在沪闭门读书著述，不事经营，经济上全靠安徽乡下的田租收入，却把几个儿子全都培养成出类拔萃的大学生，说明这位老太爷对于社会的大潮流还是明白的，算是深明大义。

刘家向有读书、著述的传统，刘体藩用功尤深。据他的小儿子刘意林记载，他的古书有八十余书橱。他一生不仅积稿盈尺，而且积稿满箱，除了《双井堂诗集》外，还有大量著作手稿，可惜没有印行。关于他的著作原稿，据他的曾孙刘远扬（刘云舫的孙子）说，直到1966年"文革"爆发，他祖母程太夫人还保存有一整箱老太爷的手稿《侯鲭要录》，都是蓝封面线装簿册，簇簇新，写的是清末民初名人轶事、风气习俗、诗词唱和等。在全城大刮"扫四旧"的"红色风暴"中，遵祖母之命，刘远扬亲手将其全部撕成碎片。刘远扬说，当时祖母非常感慨："这是你曾祖花费一生的心血写就，当年你祖父三兄弟都想继承和收藏这箱文稿，最后决定由我们保管，可惜现在守不住了……"

忆安徽无为老宅

刘麟生，刘秉璋的侄孙；刘秉均的长孙，刘体藩之长子，1894年出生在安徽无为老宅。16岁前随父母住在老家,12岁那年,伯祖刘秉璋故世,第二年他自己的祖父刘秉钧(介如公)也故世了。他在家塾中先后跟随王夑堂、齐子怡、汪静潭读书,对老家的一切熟记在心,到了晚年仍历历在目。他在《宾鸿馆杂记》中写道:

> 东门公馆:我们的房子,在无为县东门,为先祖介如公所手建。据先慈吴太夫人说,多半是程芹堂表伯的设计。我们三房,大房住西门,二房住东门附近。我们的房子,靠近东门,所以俗称东门公馆。房子并不大,也不小。中为寝室,东为花园,西为书房,后为厨房和养猪、养鸡的地方。

> 东园:花园也不大,不过设计很整齐。一个院子一个过厅,厅室大约为小五开间,并未隔开。方厅前有金桂、银桂等等。后为一个大花坛,坛上有一件玲珑太湖石。后为船厅,门西向,后面隔开为一小间,为围人(养马的人)韩二的卧房。过去为秋叶池,池畔有一小亭,亭子内嵌有望云楼残石。池后又有一院,植梧桐二株等。过去为万卷书楼,俗称楼厅。楼上存书多凌乱,据先父锡之府君说,许多书是少良三伯(即刘秉钧过继给刘秉璋的儿子刘贻孙,字少良,同治年间拔贡,驰封奉政大夫)的遗物。楼上有老狐出没。围人韩二一个人住在园中并打更,胆量值得佩服。书楼后为芍药坛,坛畔有一小阁,圆形,有楼而无梯。取物时则以梯取下一承尘板。

> 文庄公:二房祖父为仲良制军,曾以翰林随曾文正公作战,腿上吃了一子弹。后升任江西、浙江巡抚,又升任四川总督,以办理教案,与中央政府反对,革职归家。奏议曾经印出,笔记未付印。

> 海大伯伯:大房的伯伯为海大伯伯,名号不详,曾任天津关道。退休后,修治西园,为当地园林之冠。文庄公的花园名怡园,不太大,园内嵌望云帖石碑全部。

> 家庭教育:先父母督教甚严,当时在无为时,一个学生一个书房,一个塾师。鄙人的先生为王夑堂、齐子怡、汪静潭、贾调轩。贾师为拔贡,余皆秀才。王师汪师,来自庐江,齐师贾师为无为人。贾师书法在当地称第一。

若干年后,在刘凤生七十岁生日时,刘麟生写了一组《忆江南》词为其祝寿——"予与威阁同居处最久,今冬为其古稀初度,爰写四忆词遥祝纯嘏。"其中第一首就是"忆芝城东园"(无为因有芝山,古称芝城),回忆他们童年时代的老家园:

忆江南

童游地，秋华鉴清池。

映雪梅坡亭突兀，倚风莲沼石嶔崎。

争道搨碑迟。

这组文字是迄今发现的刘家人关于刘家无为老宅和老宅生活的唯一记录，内有刘秉璋兄弟三房的老宅情况，而三房的情况尤其具体，实在是弥足珍贵。

但是，一个带有大花坛、芍药坛、过厅、船厅、藏书楼、秋叶池、凉亭、圆形楼阁的花园，在刘麟生笔下，竟是"花园也不大"，可知豪门的眼光的确与普通人不同。这可能是跟大房的"海大伯伯"家的西园相比较的缘故，因为"海大伯伯"任天津海关道，是个肥缺，财大气粗，"修治西园，为当地园林之冠"。假如有西园和怡园的文字介绍，那就更完美了。据刘家人传说，"海大伯伯"并没有什么功名，能出任天津海关道，是刘秉璋出面促成的。"海大伯伯"为报答叔叔的提携之恩，曾以一串翡翠朝珠回报。

刘麟生（中）、刘凤生（右）与朋友

刘家"三剑客"

等到刘麟生16岁时，因其父去武昌做官，他随父母到武昌，两年后辛亥革命爆发，他们全家搬到上海，当时除了他的小弟弟刘意林尚未出生，他下面已经有了四个弟弟妹妹，即刘凤生、刘芝生、刘菊生、刘兰生。到上海的第二年，他从万松泉学英文，同年与王凤元女士结婚，于1915年考入圣约翰大学附中，几年后升入圣约翰大学，于1921年毕业，并获金牌奖。

刘麟生中文、英文俱臻，继承了其父乐于研究问题的秉性，对于中国古典文化甚有心得。毕业后相继受聘于商务印书馆、中华书局、南京金陵女子文理学院、上海交通大学等机构。1930年，他考取了安徽留英官费生第一名，但因事未能成行，故进入政府部门工作，先后在杭州农矿处、广州保安处、上海盐务总局任秘书，抗战爆发后赴香港任职，日军占领香港后乃返回上海任职于广新银公司；1943年任圣约翰大学研究院教授，直至抗战胜利；1946年任通用机器公司秘书；1947年进入外交界，先后担任驻日本代表团技术专员、驻日大使馆秘书。这期间，夫人王凤元在沪去世，享年59岁，留有儿子刘启昌、刘启昀。1954年，经驻日董显光大使介绍，他与留日音乐家林多乐女士在东京结婚，这一年，他的母亲吴太夫人也在沪去世，享年84岁。1956年，他随董显光调赴美国华盛顿，任驻美大使馆秘书。1958年至1966年，他在著名的美籍华人李国钦创办的华昌公司任职。1966年时他已经73岁了，应哥伦比亚大学之聘写名人传记一年后，就退休了。1970年移居旧金山，十年后在那里去世。

刘麟生一生在应对繁忙公务的同时，业余以大量的时间和精力投入了文史研究、翻译工作和诗词创作。他的著作计有22部,影响较大的有《中国文学史》《中国文学概论》《中国骈文史》《骈文学》《中国文学入门》《中国文学ABC》《西洋文学通论》《词絜》《中国诗词概论》《中国政治理想》《中国沿革地理浅说》《十九世纪中国与欧洲文化之交通》《茗边词》《春灯词》《燕居脞语》等。译作有《世界十大成功人传》《尼罗河与埃及之文明》《哥伦布》《乌托邦》《郎伯罗梭氏犯罪学》等。这些著作使他在中国文史创作和研究领域占有重要地位。

其中《茗边词》和《春灯词》是刘麟生的词作集。他的词作以风格清丽取胜,笔墨超脱,不落俗套,早年就获得诗词专家的高度评价。夏呋庵先生在《忍古楼词话》中记述:"一日在陈鹤柴席次,识其郎君麟生宣阁。出小词见示,至为清婉。项复寄赠所选词絜,序例力主修辞自然,可谓变通晓术。《玄武湖·满庭芳》云:'碎影横波,幽窗拂晓,梦回几度游车。醉倚湖艇,人语暮烟霞。乱入芙蕖阵里,凉风过,时闹新蛙。深沉夜,轻挠竟泛,知傍阿谁家。归来栖海国,旧时芳思,不到天涯。想牵裳翠盖,仍舞年华,惜取无尘玉宇,怕片时,还被云遮。相将去,一枝蘸水,留作玉壶花。'断句如《桐江归舟·浣溪沙》:'一曲桐江一曲秋,扁舟一掠似轻鸥。一山过去一山浮。'连用五个一字,却不失于轻滑也。"只要读过刘麟生的词作,便会明白,这绝不是虚誉之词。

《茗边词》主要是思人、怀乡及朋友间应酬唱和之作。其中写给朋友的,有几位是外交界的前辈,如前司法部长、后任海牙国际法庭法官的郑天锡,法国大使钱泰,荷兰大使金问泗,还有担任芝加哥大学远东图书馆馆长三十多年的钱存训,民国元老张静江通运公司的经理叔秬等,从中可知他的社交范围均不是等闲之辈,但也不是民国官场上红得发紫的人物,他们这些人多少有点官场"边缘化",也就是说,他们都很注重本身的学问和著述,与权力中心都保持着一定的距离,因此,也不是很富裕。

自然,最令人感动的还是他那些思乡怀旧、悼亡怀人之作。他旅居海外三十多年,家乡始终是心中无法抹去的旧梦。笔下写着写着,又回到了他的老家——

江南好·仲冬述怀

当头月,曾照夜吟图。双井堂前承色笑,上书房里诵居诸,蝉噪绿荫初。(芝城

| 第十一章 刘体藩家 "三剑客"与"独行侠"

上　刘麟生长子刘启昌夫妇
下　刘麟生次子刘启韵（右）与刘芝生（字云舫）的孙子刘远扬

双井堂为先君书斋,拾级而上,则予与威阁读书处也)

当头月,竹石秀东园。双桂披香迎晓露,一池落叶舞风烟,任尔说狐仙。(芝城东园为先祖所葺治)

浣溪沙·忆芝城东园(四首)

双桂金银傲肃霜,比邻呼唤异来香,亲调鼎勺制琼浆。

明镜朱轮延上客,翠翘瑶席泛清觞,张登记取少年狂。(方厅为酬酢之所,庭前植金银桂,秋日摘花制饧,称盛事。)

石笋峰前小有天,春花秋卉自婵娟,闲拈箕子莫争先。

浣剔残碑书秘字,偶摹佳画湿吟笺,胡床午梦似乘船。(船厅西向,一面临池,一面倚花坛。)

炫眼花枝拂粉墙,爱登亭子立斜阳,玉兰作饵也寻常。

秋水池塘看蚁斗,绿波栏楯揭龟藏,风荷吹落舞衣裳。(秋叶池畔有亭,壁间嵌望云楼帖残石。)

万卷楼书费捡寻,每怀先德泪痕深,纵横狐兔卷登临。

堂上松风真入画,楼前桐干早成荫,一坛芍药饯春心。(万卷书楼,有老狐出没,尝悬赖松五松图。)

鹧鸪天·中秋独饮步月而归

独饮微醺气尚雄,无家只合望晴空。年年皓月悲秋兴,夜夜西风诉远踪。

诗思懒,世途穷,谁能画饼把饥充。摇摇松影如相伴,似笑平生句未工。

浣 溪 沙

闲看孤云薄似绸,静观流水发轻沤,好风都在树梢头。

刘麟生在美国

梦里关山空自喜,客中诗酒只添愁,凄凉梧叶又辞秋。

他写悼念亡妻王凤元女士的几首词更是字字血泪,令人不忍卒读。

刘麟生一腔才情,在大洋彼岸似乎没有得到充分发挥,晚景不是很宽裕。据他的朋友、校友曹树铭著文说,他与继室林多乐居旧金山时,午餐时就相挽去教堂吃慈善餐。1980年临终时,他关照妻子,把其著作捐入他曾经工作过的金陵女子文理学院(现为南京师范大学的二级学院)。1981年5月,林多乐将其部分遗书、遗物捐入该校图书馆,共计中文书120册,包括刘麟生的著作16种30册,另外还有外文书、稿件、简报、字轴、镜框、毛笔等。今日出入此馆的莘莘学子,不知有几人知道这位博学多才的前辈?

刘凤生(1895—1970,字威阁)是刘体藩的次子,毕业于圣约翰大学,亦是中英文俱臻。曾在国民政府外交部门和上海孚中实业公司任职,新中国成立初去香港,任职于一家洋行,后来在香港去世。他与长兄刘麟生年龄只差一岁,感情最要好,刘麟生有很多词作是写给他的,可惜他们哥儿俩远隔天涯,多年间只能通通书信。他早年在圣约翰大学读书期间是学生运动的积极分子,与同学邹韬奋关系非常密切,经常在经济上予以资助。

邹韬奋曾在《深挚的友谊》一文中谈到他们的友谊:"我因为要极力'节流',虽不致衣服破烂了,便无力置备新的;别人棉衣上身,我还穿着夹衣。蚊帐破得东一个洞,西一个洞,蚊虫乘机来袭,常在我的脸部留下不少的成绩。这时,注意到我的情形的却另有一位好友刘威阁先生。他是在约翰和我同级的,我刚入约翰做新生的时候,第一次和他见面,我们便成了莫逆交。他有一天由家里回到学校,手里抱着一大包的衣物,一团高兴地跑进了我的卧室,打开一看,原来是一件棉袍,一顶纱帐!我还婉谢着,但是他一定要我留下来用。他那种特别爱护我的深情厚谊,实在使我一生不能忘的。那时他虽已结了婚,还是和大家族同居的,他的夫人每月向例可分到大家族津贴的零用费十块钱。有一次他的夫人回苏州娘家去了一个月,他就硬把那十块钱给我用。我觉得这十块钱所含的情义,是几十万几百万的巨款所含蓄不了的。"

刘凤生是个热心人,帮人帮到底,为了帮助邹韬奋解决生活困难,还介绍邹韬奋去给自己的堂弟刘子渝当家庭教师。

这期间,邹韬奋与刘家的好几个人都成了好朋友,除了前叙的刘滋生夫妇和刘子渝,还有刘凤生的弟弟刘意林,甚至刘凤生之父刘体藩,尽管属于封建遗老人物,对激

刘凤生(左四)与朋友欢送邹韬奋(左三)

| 第十一章　刘体潘家　"三剑客"与"独行侠"

刘凤生（右三）与朋友在香港

进的思潮看不惯，但是与邹韬奋也私交甚好。1930年，在家里跟私塾先生读了十几年书的刘意林申请报考上海沪江大学附中，但遭到拒绝，理由是他从未进过新式学堂，私塾的功课很不正规。刘凤生为弟弟打抱不平，把此事告诉了邹韬奋，邹韬奋认为这没道理，于是写信给该校校长刘湛恩，但是没有奏效。为此，邹韬奋专门写了一篇文章，刊登在他办的《生活周刊》上，指责当时的教育制度不合理，这么一来，刘意林也成了邹韬奋的崇拜者，与之经常联系，向其讨教问题。

邹韬奋大概不会想到，他平时的言论和刊出的文章，又造就了一位革命者。二十多年后，邹韬奋早已逝世，刘意林在自传中写道：

……喜欢请教韬奋，因为刘子渝是韬奋的学生，据他反映韬奋讲课是极活泼生动的。由于韬奋经常有揭发和讽刺当时社会各方面黑暗的一面，我逐渐认识到，我的家庭的黑暗是和当时整个社会的黑暗分不开的。我开始认识到，当时的整个社会都是黑暗的，同时意识到，自己过去仅仅在家庭中和父兄们来几回口头辩论或吵闹,是解决不了整个社会的问题的。然而韬奋在那时,也还没有阶级斗争的言论,只是比较明显地揭露和攻击当时社会的不合理现象而已。

不仅如此,刘意林还写道:

>1930年暑假期间,在沪大拒绝我报名投考后,就由父亲找我的堂兄刘荔生(那时他已在东吴大学文学院毕业,又在上海东吴法律学院肄业)向他的同学马俊忠——东吴大学附中教务主任疏通好了,允许我以同等学力资格考入了东吴二中高中一年级。这是一个基督教会开办的学校,在未入学前,我是没有尝过教会学校的滋味的,入学后,除上课外,每星期要学生参加晨会祈祷上帝一次,每星期还要参加集体唱"圣诗"。我因为反对这一套,并在班里向同学说过讽刺的话,被反映到训育处,结果被训育主任叫去罚站立并饱受训斥一顿,这大大激发了我对教会学校的反感。我曾经写信给江老先生报告情况,江老先生回信,鼓励我改入中国人自己

刘凤生、刘云舫与家人

| 第十一章 刘体蕃家 "三剑客"与"独行侠"

⬆ 刘凤生 1967 年在香港
⬇ 胡适（中）、刘云舫（左）1937 年在华盛顿

(左) 刘体藩的三子刘云舫

(右) 梅兰芳送给刘云舫的签名照

办的学校求学,并痛骂教会学校的奴化教育。我就决心在高一暑假后转学。可是父兄们都是一致赞成教会学校的,父亲坚持不许转学,结果还是由我背地里去找韬奋,向我的父亲(父亲对韬奋个人很有感情)疏通,才允许我转入光华大学附中高二肄业(1931)。

韬奋先生去世后,刘凤生与他的夫人仍保持联系。

1970年,刘凤生在香港去世。据他的孙女刘萍说,他在上海的子女没有获得去香港奔丧的签证,他的骨灰就由管家严素文老太太送回上海,住在国际饭店,刘凤生的子女刘启恍、刘棣华前去取了回来。

刘云舫(1897—1957,名芝生)是刘体藩的三子,民国时期职业外交官,曾在王正廷任驻美大使时,任该使馆一秘。他1922年毕业于上海圣约翰大学政治系,荣获文学士优秀生;再入持志大学转攻法律,荣获法学士优秀生。1928年后正式进入外交界,任外交部秘书;1929—1931年任外交部上海办事处主任,兼任外交部对外关系委员会委员、国家信息交流会议秘书、国家紧急会议秘书、行政院秘书、外交部条约缔结委员会秘书等职。跟他的哥哥刘麟生一样,他也担任过国民政府驻美国大使馆秘书。抗战胜利后在上海申新纱厂总管理处任文书科长。

刘云舫年轻时也是学生运动的积极分子。1919年五四运动爆发,5月7日,上海学生联合会成立大会在公共租界静安寺路(今南京西路)环球学生会举行,与会学生代表了八十余所学校。刘云舫当时还在圣约翰大学读书,他和两位兄

上 刘云舫(右二)、刘凤生(右三)与家人欢聚

下 刘云舫 1940 年在香港

梅兰芳与刘云舫

第十一章 刘体藩家 "三剑客"与"独行侠"

上 刘云舫的四个儿子：刘启帜、刘启辉、刘启耀、刘启焯

下 刘启帜、钱琇铮夫妇

长都作为圣约翰大学的学生代表参加了会议。圣约翰大学一共有六位代表：瞿宣颖（即瞿兑之，因参加学潮被学校开除，立即转入复旦大学，但仍为该校代表）、岑复彰、马崇淦、刘云舫、刘麟生、刘凤生。六个代表中，刘家兄弟竟占了一半。其中瞿宣颖是刘家的亲戚，他的父亲是晚清政坛的重要人物军机大臣瞿鸿禨，与刘秉璋关系很好，在挽刘秉璋的挽联中，称其为"仲良年姻伯大人"。瞿宣颖后来成为著名文化人，娶了曾国藩的外孙女，即曾国藩小女儿曾纪芬的女儿聂其璞为妻。

刘云舫也是做学问的好手，著有《中国社会理论》《中国的监狱改革重组》《南京·中国的新首都》等。译著有英国作者马克里格（Macgregor）著的《工业进化论》。

刘云舫还做过很多有益的工作。美国著名教育史家、比较教育学家、哥伦比亚大学师范学院教授保罗·孟禄（Paul Monroe），曾于1913—1937年间十余次来中国调查教育、讲学和从事文化交流活动，并长期担任中华教育文化基金董事会副董事长，参与领导该会工作。孟禄来华对于改进中国科学教育和科学研究，推动"六三三"学制颁行，促进文化教育事业的发展起到了积极的作用，是近现代中美文化教育交流史上十分重要的一页。刘云舫曾陪同孟禄与财政部长宋子文会晤，陈述改善中国经济和教育状况的建议。

1923年8月17日，谢冰心等150名赴美留学生乘坐"约克逊总统"号去美国留学。在这之前，上海各界为他们举行了许多欢送会，时任江苏省交涉员的刘云舫作了欢送学生的讲话："西方物质文明，吾人研究而获得之，可以富治国家，但对于东方精神文明，亦当保守之而传布于西方……"他希望留学生吸收美国的"共和精神"，学习现代文明。且不仅要学习西方文明，还要宣传我国的东方文明。获得新知识，实学就是充实自我，对社会贡献也就是走向现代文明、现代国家的道路。

1927年10月，刘云舫在上海创办了三日刊《琼报》，这是一份四开的综合性报刊，后改为十六开；1943年担任《上海企业》周刊的主编。抗战胜利后他在荣家的申新纺织公司总管理处任职，直至去世。

| 第十一章 刘体藩家 "三剑客"与"独行侠"

走上革命道路的"独行侠"刘意林

刘体藩最小的儿子刘意林（1912—1976），排行老七，在刘氏大家族中被称为"小老七"。作为大家庭的小儿子，理应最受宠爱、享福最多，躺在祖辈的遗产上，哪里用得着奋斗？但是刘意林却选择了一条与刘家众兄弟完全不同的生活道路——反叛旧制度的革命道路。他参加了中共地下党组织的外围组织"社会联合会"，在严希纯、姚依林等中共地下党员的领导下，从事白区非常危险的秘密工作，曾掩护过王稼祥，帮助和掩护李仲芳（化名）去苏联，抗战中去过延安，还在重庆的《新华日报》社工作过……他是刘氏大家族中唯一一位在抗战之前就参加中共地下工作的"独行侠"。

刘意林走上革命道路不是偶然的。其父"望子成龙"，先后请来好几位老先生来家教他读古书。在他13岁的时候，教他的老师是晚清的一位拔贡，名叫江九成。孰料这位江老先生还是位坚定的反帝反封建民主人士，不仅教刘意林读古书，还把反帝反封建的意识传授给他。1925年五卅惨案发生时，江老先生就出了一道作文题"租界巡捕枪杀学生论"，教他严斥英、日帝国主义的暴行，并痛斥中国政府的屈辱投降政策。在家庭教育上，他反对重男轻女，鼓励刘意林向父亲争取其姐妹们的受教育机会。江老先生教了他四年书，他的思想与其父越来越对立，对三位兄长的"洋奴姿态"也看不惯，已经具备了反叛的"基因"。

后来，刘意林认识了二哥刘凤生的同学邹韬奋，受其影响，思想更加激进。

1931年他考入光华大学附中读高二，认识了一个叫吴松光的同学，介绍他读鲁迅的杂文，深受启发。刘意林回忆，吴松光"是一个穷苦的学生，对旧社会强烈的憎恨和烈火似的激烈言论，教会了我应该怎样和我自己的封建洋奴家庭去搏斗，如何努力摆脱我的父兄给我的宗法教育,从此我和我的父兄们从思想上对立起来"。适逢"九一八"事件发生,刘意林和进步学生一起走上街头游行、抗议,反对国民政府的不抵抗政策。这期间,吴松光还告诉他,在江西瑞金,有一个中华工农苏维埃政权,那是一个无产阶级的政权,是要挽救被压迫被剥削者的命运的……

读高三时,刘意林的同班同学中有一帮进步学生,如刘宗璜、陈德铭、朱启銮、谢云晖、童天鉴(即诗人田间)、马子华等,他们在一起开始了集体学习马列主义经典著作的读书活动,其实是中共地下党组织的活动。从那时起,他加入了中共的外围组织"社会联合会",在同学中组织读书活动,发展会员,还向同学姚依林推荐进步读物,把他列为发展对象。在"社联"的活动一直延续到1934年夏。

这年夏天他在姐夫吴笠舟家里偶然认识了一个朋友张启仁,张启仁把他介绍给中共地下党员严希纯,严希纯属于中共地下党的另一个组织系统。此后刘意林经常找严希纯,借阅马列书刊等,来往较多。刘意林的组织关系被严希纯转到中共中央上海善后工作委员会,这个属于保密工作,所以"社联"小组的同志并不知道。

就这样,刘意林加入了中共地下党在上海的秘密工作,具体任务是秘密通讯联络和机密文件的保管工作。据刘家四房的老人说,当时刘意林因参加共产党的地下工作遭到国民党特务的追捕,他负责的中共地下电台后来就藏在中国实业银行(总经理正是刘家四房的老太爷刘晦之)的仓库里。1935年夏初,地下党组

上 青年刘意林
下 晚年刘意林

刘意林的夫人蔡文莺（前）与弟媳李佩瑶

织派给刘意林一项特殊任务,即掩护和护送李仲芳在沪候船,北上苏联。这件事并不容易,历经周折,直到秋天,刘意林才陪李仲芳登上了苏联邮轮"北方"号前往苏联,李仲芳安全到达后曾有信来表示感谢。

严希纯在沪进行地下工作,需要有个职业作掩护,刘意林就介绍他到堂姐夫顾景炎家当家庭教师。可是就在1935年冬天,上海地下党组织遭到破坏,严希纯被捕。刘意林在接到邹韬奋的电话后,火速做好准备,销毁了所有他保管的秘密文件,立即化装后逃离上海,避往苏州和芜湖的亲戚家里。他的长兄刘麟生和堂姐夫顾景炎则因他而备受国民党特务的骚扰,常被追问刘意林的下落。最后还是他母亲拿出十几两黄金的首饰才摆平这帮特务。这时,"一二·九"北京学生救亡运动高潮迭起,旧日上海"社联"的战友如朱启銮、谢云晖、姚依林等此时均在北京,于是刘意林也从芜湖去了北京,住在张悦联（光华大学校长张寿镛的儿子）和毛龙（原光华同学）在燕京大学的宿舍

姚依林写给刘诗群的信

里。"一二·九"运动后姚依林调到天津工作,刘意林随其到天津,就住在姚家,同时托中共北方局的组织,帮其寻找上海地下党的关系。在得知上海方面的严希纯、丘吉夫等被捕后均无消息时,他决定取道西安奔赴延安,但要等候延安的交通员来了才能带他过去。地下工作中交通员来往没有固定日期,久候不至,他只好再回上海,为安全起见,暂时蜗居家中静候组织的召唤。令他难过的是,这时与姚依林的联系也中断了,他猜想,说不定姚已经被捕了。

就在他整日蜗居斗室,孤独、苦闷之时,抗战爆发了。他从报纸上看到八路军驻南京办事处的启事后,毅然前去报名,申请前往延安——他久久向往的中国革命的中心。

几经周折,他终于如愿以偿地来到了革命圣地延安,与王若飞的舅父黄齐生住在一起,等待组织上分配工作。可是万万没想到,他这个从小生活在大上海旧式大家庭中的少爷,对北方寒冷的气候以及解放区的艰苦生活均不能适应,胃病复发,常常疼痛

第十一章 刘体藩家 "三剑客"与"独行侠"

不止,无法支撑。1938年初,在领导的照顾下,他前往武汉八路军办事处,由组织另外分配工作。在武汉,董必武接待了他,由潘梓年安排他到《新华日报》社重庆分馆,从事航空版的发行工作。可是,那里繁重的发行工作和简单粗糙的饮食,他的身体又不能适应了,胃病时常发作。战争环境里不可能有休息调养的条件,他母亲知道后焦急万分,一再托他的堂兄刘子渝设法把他带回上海,当时刘子渝已经是中国实业银行重庆分行的副经理了。可是抗战时期重庆与上海交通完全隔绝,要回上海,需从昆明绕道越南、香港,然后从香港乘船回沪,而这一路上土匪出没,并非一路畅通。经过两年半的折腾,在刘子渝的帮助下,刘意林于1940年中秋节之前回到上海,又回到了他那孤寂、"沉沉死气"的小屋。

从这时起一直到抗战胜利,尽管环境"沉沉死气",刘意林还是有几样收获的。一是在母亲的精心照料和调治下,深居简出,少量多餐,增加午睡,他多年的胃病得到很大好转(为了健身,他还时常与刘家"老十六"刘田生去小校经阁打回力球);二是他充

刘意林、蔡文莺的四个孩子,左起:刘定华、刘燕蒲、刘诗群、刘燕平

蔡文莺与大儿子刘诗群一家

分利用这段时间，翻遍父亲那八十橱柜的古典文献，把古代文学和中国历史经典著作的基础，又夯实了一遍；三是他与邻居蔡文莺女士结婚，建立了自己的小家庭。但是也有不幸，支撑这个大家族的经济支柱、他的父亲刘体藩于抗战胜利这年去世了。为了小家庭的生计，他必须到处托人找工作，只要身体条件许可，去外地工作也不计较。

1950年春夏，正当他为一家生计奔波的时候，突然接到中断联系十几年了的严希纯和姚依林的来信，他们非常热情地邀请他前去北京，参加新中国的建设。于是刘意林变卖了家中旧物，带了一家人来到北京，住进东四孙家坑14号。在姚依林等老战友的安排下，他先后在中央贸易部干校、高级商业干部学校、全国工商联、文学研究所、北京图书馆（现"国家图书馆"）工作，但在这些部门工作的时间都不长，因为他不喜欢行政工作，而乐于做业务。1954年，在严希纯的帮助下，调到科学出版社当古籍编辑，此时他的心绪才真正安定下来。

孰料好景不长，几年后一场更大的风暴，把他们全家"刮"向了中国的西部边陲——新疆军垦农场农一师，他被迫到那里的一所中学教书。原因是刘意林在"反右"时向领导提了意见，其实不过是把大家平时不敢提的意见，由他的口说出来而已。这下不得了了，被扣上一顶"右派"分子的帽子，弄到新疆去了。"文革"结束后，在姚依林等老朋友的帮助下，经过他的妻子、儿女反复奔走，才获得平反。

遗憾的是，刘意林本人并没有看到"四人帮"被粉碎的这一天，更没有看到自己的冤案被平反的一天。1976年，刘意林去世了。

现在他的夫人蔡文莺在杭州安度晚年，四个孩子刘定华、刘诗群、刘燕蒲、刘燕平都从新疆回到了内地，各有所学，各有所成。至此，他们一家人像是大风暴中的一条飘摇不定的小船，终于渐渐驶入一个平静的港湾。

第十二章

香港传奇
刘永龄创办"亿利达"

揣十元港币闯香港

五年辛苦磨一剑

创业梦——"亿利达"横空出世

迈向国际高科技平台

教育界的良师益友

出巨资重印《善斋吉金录》

树高千尺不忘根

刘氏家族世代注重读书和藏书，其子孙后辈都带有些书卷气，即便是从事实业，开工厂，办商务，他们的立意和胸襟，也往往带有"儒商"的气质。其中一个杰出的代表，就是香港亿利达工业发展集团总裁刘永龄。

刘永龄是刘家的又一位传奇人物，也是香港的传奇人物。

> 揣十元港币
> 闯香港

刘永龄从小在祖父的小校经阁里长大，父亲刘子渊是刘家的"老十七"（按照刘家大排行），即四房刘晦之的四儿子。刘家家大业大，孩子多，小校经阁里与刘永龄年龄相仿的孩子有十几个，在学龄前就已经读《三字经》《千字文》等古典蒙书了。上学后，一到下午三点半放学回到小校经阁，他们还需接受家庭教师的督导。那时学校老师布置的功课并不多，无需费时即可去院中草地上玩"官兵捉强盗"，或者爬假山、捉蟋蟀、打羽毛球，但是晚上要加课。他们的祖父自己一年四季书不离手，他要求第三代要秉承家学，在接受"新学"的同时，"国学"不能丢掉，于是家里常年有一位老学究（晚清时代的秀才）来督导他们读古文，主要是在晚饭后，读《论语》《孟子》等国学经典。

家塾与住处是分开的。在他们住的四层大楼东南面，有一栋二层小洋楼，楼上是老师的宿舍，楼下是孩子们的书房。书房内外，书声琅琅，留下了他们太多的旧梦。在这样的环境里长大的后辈们，一个个都非常争气，不多年相继步入高等学府，上海交通大学、复旦大学、清华大学、南京航空学院、北京航空学院……

刘永龄成绩一向拔尖，1956年考入大学深造。大学毕业后，在基层工矿企业里工作了一段时间，自然，在那极左思潮泛滥的年代，出身"不好"的人不会得到重用，出身"有问题"的知识分子日子更不好过,有思想、有独立见解的知识分子就更加步履维艰。1972年,在尼克松历史性的"破冰之旅"之后,中国长期封闭的国门开始松动,中国居民与香港地区的往来也开始松动。1973年春节前夕,刘永龄抓住机会,决定去香港发展。

当时"文革"还未结束,外汇控制也很严格,只能在深圳罗湖口岸买火车票时,兑换6元港币,也不允许带人民币到香港。据说,因为从罗湖到香港红磡火车站票价5元,出了火车站到住宿地,交通费就算是1元吧,按照这样的"逻辑"推算,给你兑换6元港币,已经可以到达目的地了。那吃饭穿衣、日常开销呢?实际上就是叫你在香港无立锥之地。刘永龄行李多,要靠人帮助搬运,总算通融一点,兑换到了10元港币。临去香港的前一天他在广州他妹妹家里,这时已经临近年关,妹妹劝他还是过了年再走,但他一天也不愿再等了,他已届不惑之年,逝去的光阴对一个有志创业的成年人来说,遗憾已经太多太多。

那天上午八点,他已经到达深圳罗湖口岸,可是不知为什么,有了政府公安部门颁

刘永龄客厅里的祖先画像

发的通行证，还要再审查和等待，一直等到下午三点才放行，到达九龙红磡火车站时，已经是除夕之夜了。那时候没有手机，亲友间联络非常不便。出了火车站，他惊讶地发现，原先答应来接他的一个亲戚并没有出现，另外一个答应帮助他的亲戚也不见影子。九龙已是万家灯火，家家户户在吃团圆饭了，而刘永龄却面临着该去哪里投宿的窘境。

好不容易找到一个公用电话，他给一个朋友打了电话，朋友告诉他，可以打车到某某地方来找他。刘永龄是最不喜欢向人诉苦的人，此时却不得不道出自己的窘迫，口袋里的港币不足以付出租车钱。好在朋友说不要紧，下车后由他来付车钱好了。那时的公共电话还不是免费的，挂上电话，他真的身无分文了。这是香港这个自由世界给他上的第一课。

五年辛苦磨一剑

初到香港，第一步自然是打工，先要站稳脚跟，能够自立，同时观察行情，聚集实力，找准自己的社会位置后，才能谈发展。1973年的行情是，大学毕业生每月工资才1 000元港币，当文员月薪600元港币，普通工人月薪200元港币，工程师可拿到四五千元，自然，这样的工程师起码需要十年八年的功夫磨砺。刘永龄是学机械的，眼光自然关注工业尤其是新兴电子工业市场的发展。

运气不错，他很快找到了事做。适逢一家机器厂招人，他便去应聘。老板叫蒋震，大他10岁，是个没文化的大老粗，但是技术活儿干得不错，原先在码头上干苦力，又在飞机场当过工人，后来赚了点钱，就拉了几十个人开了一家小工厂，生产一些简单粗笨的工具和设备，但是要发展就必须有高人参与。跟蒋老板第一个回合谈下来还算投

| 第十二章　香港传奇　刘永龄创办"亿利达"

刘永龄、纪辉娇夫妇

缘,刘永龄的心理价位是月薪700元,而老板见他谈吐不凡,头头是道,不愧是名牌大学的毕业生,决定给他月薪1 500元。这是他入港初试锋芒的第一个战场,起步就比别人的薪水高一倍。

三个月后,蒋老板觉得他很在行,给他薪水翻倍,达到3 000元港币。又过了几个月,他也成为月薪四五千元的工程师了。也就是说,别人要花十年奋斗才能达到的待遇,刘永龄仅仅几个月就做到了。别人都以为他有什么背景,一定有什么大人物在暗地里帮他,谁都不肯相信他是靠自己的智慧和能力赢得了老板的信任……但是一年后他还是离开了。毕竟这家工厂的管理实在太原始,太落后,就好像两百年前英国工业革命起步时的状态,老板任人唯亲,缺乏远见,阻碍了工厂的发展,而刘永龄的办法和主张又得不到重视,那只能好聚好散,各奔前程吧。

接着他又来到另外一家工厂,这家工厂发展势头良好,雄心勃勃,正要扩建,老板请他来新开一家分厂,独当一面,既当厂长又兼总经理。企业按照他的思路得到飞速发展,可是老板说话不算数,原先讲好要给他一部分股份的,却没兑现。刘永龄最看不得说话不算数的人了,那就对不起了,只好跟他分道扬镳。

这期间,他逐步认识了香港,也逐步认识了自己。既然别人能干,为什么自己不干呢?五年时间,一般人才刚刚"焐热"脚下这片土地,而刘永龄却要挥洒大手笔,去实践自己心中的梦想了。

创业梦
——"亿利达"
横空出世

凭借超人的智慧和常人难以想象的奋斗精神,仅仅五年时间,刘永龄就从一个普通的打工仔跃升为一家电子工业公司的老板。1976年,大陆"文革"结束,刘永龄欣喜地看到了发展的曙光。1978年年底,刘永龄实现了零的突破,开办了属于自己的第一家企业——亿利达工业发展公司。初创时仅有几十名员工,在香港市场经济的汪洋大海中,是个标准的小字号,但是他看清了形势走向和潜在的市场,抓住了电子工业大发展的商机,很快打开了局面。

他敏锐地觉察到,现代高科技的通讯设备和现代办公设备,在近几十年内,将有一个极大的社会需求量,而这些产品和技术的开发,正可以发挥自己的专业特长,他找到了自己与社会的最佳契合点。说干就干,在不到十年的时间里,他那原本只有几十个员工的亿利达,发展突飞猛进,生产各类电话机、打印机、收款机和家用电器等,到80年代末,已成为一个跨国家、跨地区,拥有十多家分公司、联营几十家工厂的集团公司了,成为香港著名的多元高科技出口公司。当时,刘永龄的好朋友、著名数学家陈省身教授曾在一次会议上热情地介绍说:"我认为最近在各方面成功的华人有三个,第一个是刘永龄,香港亿利达工业发展集团有限公司总裁,他在不到十年的时间内从零开始,在香港建立了一个很大的事业,成为一个非常重要的实业家……"

第十二章 香港传奇 刘永龄创办"亿利达"

1986年,当中英关于香港问题的谈判进入关键性阶段时,香港的不少财团和工商界人士忧心忡忡,纷纷转移和收拢资产资金,而刘永龄却恰恰相反,人家抛出,他正好买进。别人在缩小投资,他却趁机扩大规模,添置设备,招兵买马,扩大生产,占领市场,还斥巨资买下了香港快捷大厦,兵贵神速,亿利达公司迅速发展到三千员工的规模。香港报纸为此作出评价,认为他此举是真正有远见的"大手笔",为去留彷徨中的港人作出了榜样。

1987年,当内地改革开放的局面全面发展的时候,他又不失时机地在深圳投资兴办了一个附属公司——创华合作有限公司,成为深圳数一数二的"龙头企业"。他们生产激光打印机、电脑联网收款机、各类电话机、全自动电脑注塑机、步进马达、电子照相机、组合音响和其他家用电器等,产品销往世界各个地区,并在美国、日本、东南亚各国,设立了高科技产品的市场开发中心。

1989年,港台人士在大陆的投资锐减之时,刘永龄在深圳投资建造的亿利达大厦却仍按原计划继续施工,并于1990年1月15日隆重举行了揭幕典礼,拥有几千名工人的多条生产线同时开工。刘永龄与杨振宁博士、深圳市市委书记李灏一起为大厦开业剪彩,全国五所重点大学的校长也出席了典礼,并与亿利达签订了多项高科技领域的技术开发和人才培养的协议。刘永龄此举在国内外尤其是在港台地区即刻引起强烈反响,不仅是经济上的影响,更为实业界树起了一面鲜明的旗帜,显示了他对中国前途的信心,更显示了他政治上的大智慧。

1992年,亿利达的电子产品出现在国内医疗设备系统。公司与美国品牌MEDRAD合作,研发心脏血管造影注射器材,取得良好业绩。2010年又与德国品牌MEDTRON合作,生产医用放射设备,逐步形成生产线,扩大生产规模。

1994年,亿利达向德国AEG集团全面收购了已有百多年历史的Olympia品牌。该品牌在世界各地拥有超过两百个商标,在欧洲更享有盛名,产品主要是办公用品,如激光打印机、传真机等。亿利达收购这个老品牌后锐意开拓,仅仅几个月后,产品就迅速扩展到户外照明及运动电子产品领域。

取得这些耀眼的佳绩,除了政治上的大智慧、投资上的大手笔之外,还与刘永龄清晰的思路和高超的战略分不开。他常拿日本索尼和松下的例子来说明问题。他说:

"索尼公司搞了许多发明创造,而松下很少有所发明,却搞了许多小改小革。但是松下使电视机等家用电器不断改进,日新月异,而价格几十年来基本停留在原有水平上,这样就大大地占有了市场,使松下资本大大地增值,远远超过索尼。这其中的关键就是如何把科学技术、发明创造的成果,迅速转向生产、转向市场的问题。现在许多人还不明白这个道理,还不懂这个生意经。我们国内有的是人才,每年的科技成果也不少,为什么老让这些成果停留在论文和报告阶段,而不转化为产品转向市场呢?"其实,他本人就充当了这样一个高科技走向生产和市场的中介。他始终保持着对高科技领域极大的热情和关注,最大限度地将高科技成果推向应用领域,这大概是他事业成功的法宝之一。

迈向国际高科技平台

到了20世纪末,亿利达的发展更是朝着国际化、多元化的方向发展,逐步打破框架,优化经营,向多个领域的产品设计、生产和市场开拓。从1999年起,他们与美国著名品牌摩托罗拉建立了业务联系,为该公司生产FRS(对讲机),并在2003年获得了该品牌的销售权,从定点生产领域迈进了美国的零售业,并且逐步建立了自己的销售团队,直接销往美国及加拿大各大型连锁店、专卖店等,还积极开拓南美市场,现已在巴西及其他七个南美国家建立了成熟而庞大的销售网络。至今为止,亿利达的对讲机一直稳占北美市场的领先地位,总销量已超过四千五百万台,已经成为全球对讲机最大的生产商。

在新产品的研制方面,亿利达不断研发新技术,于2012年推出了全球第一款全防水、防尘及落水能浮起的新式对讲机,深受市场欢迎。2014年,又推出了带有蓝牙无线电通话及控制功能的对讲机,成为市场的新宠,被誉为当前最先进的同类通讯产品。与此同时，基于对目前互联网通讯飞速发展的认识，亿利达还吸引国际知名品牌合作，成功开发了一系列高质量的无线电语音产品，包括耳机及专业免提通话系统，目前已推向市场。

作为一支有社会责任心的企业团队，亿利达非常注重环保工作，对产品的要求都纳入环保的基本要求内。其自主研制的"全自动伺服节能注塑成型机"节电率高达50%至70%，大幅度地减少了能源消耗。其"1650吨压铸机"，还凭借有效的噪音控制之设计，获得了2013年香港工业机器及机械工具设计优异奖。

亿利达最早把工厂设在深圳，因为深圳作为中国最早的改革开放特区，其发展和变化是"爆炸"性的。当初亿利达起步阶段的深圳南山区，三十多年后已经"面目皆非"，已从一个工业区变成了一个重要的商业中心。亿利达顺应大环境和房地产经济的特点，及时作出调整，把工厂迁至东莞、韶关、常熟等地，变一处工业基地为四处工业园区，厂区面积已超过39万平方米。而深圳南山区"老土地"上的老厂房，顺应市场经济的潮流，及时华丽转身，变成了现代化的商业大厦，开展租赁场地和商业批发业务。由于地理优越，交通便利，顿成旺铺，仅此一栋商业大楼，目前房地产整体项目已经达到50亿人民币。这个变化快得令人目不暇给，却是刘永龄早就预计到的。

如今，亿利达已经走过了三十七年风雨历程，从一个生产注塑机、收款机等电子产品的单一生产厂家，发展成高科技、多功能、综合发展的大型集团工业公司，给深港经济带来极大的动力和活力，同时也把刘家的历史带入一片更加广阔的国际平台。这一切，没有高屋建瓴的胸怀和智慧是绝对无法想象的。

教育界的良师益友

刘永龄同他的祖父刘晦之一样，也是要么不做，要做总是别有一番出奇制胜。与一般的光知道眼前赚钱的企业家不同，他始终保持了对高科技领域发展的极大热情和关注，同时，结交了一批在国际学术界权威的华人学者、专家，与他们保持密切联系，并与内地、香港等地的高等院校、科研单位也保持了长期的协作关系，这是他作为现代"儒商"的最大特点。

他交往的都是些世界级的华裔大科学家，如杨振宁、吴大猷、陈省身、丁肇中、吴健雄、袁家骝……他们长期互通音讯、交流信息，更多的是讨论对当代科技发展的看法。刘永龄曾这样解释自己和科学家们的关系："杨振宁先生跟我关系很好，我们有共同的愿望，希望中国的科学技术能发达起来，并且要从青少年着手，要我支持一下，我很愿意这样做。他倡议设一些物理奖、数学奖、青少年发明奖等，但缺少钱，那么我就尽些力。这样我们大家就谈得很投机……"

在杨振宁的建议下，刘永龄向国内科技界、教育界挥洒了一番"大手笔"——在全国率先以一己之力，以大科学家的名义，在科技界、教育界设立了一系列的奖项。从1984年开始，他在中国科学院设立了"丁肇中科技奖"（经丁肇中先生提议，后来改为刘永龄科技奖）、"吴健雄物理奖""陈省身数学奖"，又在上海、江苏、浙江、天津、四川、湖北四省两市，设立了年度"亿利达青少年发明奖"。与此同时，在香港理工学院设立了"亿利达电脑实验室"，吴健雄曾亲自到场为实验室揭幕，并发表了热情洋溢的讲话。在香港中文大学设立了"杨振宁阅览室"，又在全国许多高等院校如东南大学、上海交通大学、西北工业大学、华中工学院设立了"刘永龄奖学金"和"亿利达创造发明奖"。所有这些奖项，他都是全额赞助人。

吴健雄在香港理工学院"亿利达电脑实验室"揭幕仪式上说："今天是香港很可以自傲和值得纪念的一天。因为我们刚从这庄严、简朴的揭幕典礼中，很高兴和敬佩地听到，亿利达工业发展集团有限公司及其高瞻远瞩的创办人刘永龄先生，对于香港理工学院的慷慨捐助。香港理工学院已经用这笔巨款建了一个电脑实验室。为了表示由衷的感激，特地将这个新建的设备完整的电脑辅助设计及制作的实验室，命名为亿利达实验室。这个实验室将是香港大规模的电脑教育中最早的设备之一，同时也是香港工商界及其有识之士与教育界携手合作的先声。凡是对香港的理工教育有贡献的都值得社会人士庆贺，我们在此，对亿利达公司、刘永龄先生，香港理工学院和香港理工教育,共同庆贺……"

这些遍地开花的科技奖、发明奖、奖学金,大大鼓舞了国内科技界、教育界的士气,亿利达公司也与国内科技界的联系更加密切,每年都吸收一大批大学生、研究生来公司里实习或工作,曾与中国科技大学、上海交通大学等五所高等院校签订了合作协议。协议内容有:亿利达公司每年将录取一定数量的优秀毕业生,公司同时向这些高校提供一定数额的科研经费,而学校方面则提供科研合作的技术和相关设备。

1989年12月下旬至1990年上旬,刘永龄与杨振宁在国内作了一次长途"游历",先后到南京、上海、杭州,为江浙两省的首届"亿利达青少年发明奖"颁奖,并在东南大学、浙江大学和上海交通大学发表了三次热情洋溢的讲演。完成预定的"节目"后,时任上海市委书记和市长的朱镕基在上海西郊宾馆设宴招待了他们。朱镕基对上海电视台的领导时敏、潘永明讲,你们不要只宣传报道歌星、影星,对刘先生这样的爱国企业家也应大力宣传。后来,上海电视台专门为他摄制了专题片《"亿利达"在江浙沪》和《一个成功的企业家》,上海电视台和中央电视台均多次播放过。

出巨资重印《善斋吉金录》

刘永龄从小是在新闸路小校经阁里长大的,家庭文化氛围的熏陶,使他对中国的传统文化一往情深。他至今还清楚地记得,当年楼下大厅的玻璃橱里陈放着两把古代琵琶,祖父曾亲口告诉他,这是从唐朝的皇宫里流出来的,一直在民间高人手中传承,明朝名妓陈圆圆还用过,早晚有一天,要让它们回到皇宫里去。果然,解放后没几年,祖父就将其捐献给故宫博物院了,这就是故宫陈列的"大小双忽雷"的出处。那些年祖父捐献国家的古物不知有多少,甲骨文、青铜器、古墨、古书、古字画……有的有目录,有的连目录都没留下。老人家在意生前做事,不太在乎身后留名。

为了纪念祖父的爱国精神和治学精神,发扬老一代人以传承民族文化为己任的高尚品德,2000年初,刘永龄出资100万元,将其祖父生前编印的《善斋吉金录》(厚厚四大函二十八册),重新影印出版,分赠给国内外各大学术团体、高等院校图书馆以及国内外有关专家学者。他做事很讲究实效,先是发函至国内外重要的图书馆、博物馆及综合性大学及中国问题研究所,了解这些单位的青铜器收藏情况和研究情况,同时征询接受捐赠的意向。所发函400余封,回函以国内外各大博物馆最为踊跃,得知《善斋吉金录》即将重印和捐赠,无不翘首盼望。他们都是"识货朋友",知道这部书的学术价值,为容包括古代乐器、礼器、兵器、度量衡、符牌、古泉、古镜、梵像等,是研究金石和古文字的重要参考文献。

此书1934年印行后六十多年来,尤其经过十年浩劫,各学术机构与个人收藏已不多见,此次重印并捐赠,无疑是我国历史学界、图书馆界、文物考古界、古文字学界的一件大事。刘永龄斥资100万元重印了五百部,于2000年1月10日,在上海图书馆举行了

刘永龄(右一)在《善斋吉金录》重印本首发式上讲话

《善斋吉金录》重印本首发与捐赠仪式,数十个在沪单位首先接受了这份厚重的礼物。

他在这部书的"重印前言"中写道:

> 先祖父刘体智(1879—1962)字晦之,晚号善斋老人,安徽庐江人,逊清四川总督刘秉璋第四子,曾出任晚清户部郎中,大清银行安徽总办;曾两次东渡日本考察实业,回国后先后创办了和丰轮船公司、裕新纱厂、扬子面粉厂、永宁保险公司、中和印刷所、恒顺信托公司,出任中国实业银行总经理及代理董事长,是民国期间有影响的金融家之一。
>
> 先祖父于金融、实业之余,雅好收藏,以甲骨文、青铜器、古钱币及善本古籍为大宗,兼及书画、瓷器、秦汉印玺、汉魏名碑、明清精墨、名人名砚等等,并于上海新闸路上购一飞檐式二层楼阁,作为收藏古书古物之所,即为目前上海滩仅存的一栋现代私家藏书楼旧址——小校经阁。先祖父的收藏,数十年间,已名播天下。"中国通"福开森称其为"民国以来收藏青铜器最多的人"(《历代吉金目》)。郭沫若先生称其"收藏甲骨既多而未见,为海内之冠"(《殷契粹编·序》)。而且,先祖父一己之收藏,从不藏之秘室,而主张公之于众,嘉惠士林。为此,在半个多世纪前,就将其藏品的大部分,或略加考订、摹拓编制成册,或刊行于世,公诸同好。先后摹拓编制成册者有:《小校经阁金文拓本》(十八册)、《善斋吉金录》(青铜器图录二十八册)、《善斋玺印录》(撮印本六册)、《善斋墨本录》(手稿本四册)、《书契丛编》(甲骨文拓本二十册)。从这些目录和图录,可窥见其收藏之规模和特色,亦可见福氏与郭氏之言,并非虚构。
>
> 先祖父的这些藏品,除一部分于解放前散出之外,绝大部分在五十年代初捐献给了国家,其中也有些是为国家文物部门所征购。所捐献之物中还有藏书十万册,其中善本约两千册;宋元古本有九部;汉魏名碑拓片50种、晋至隋名碑79种、唐碑185种、宋元明122种、杂帖36种。另有古墨古砚一大批,青铜器(三代)130件,陶器3件。有关部门已编制目录存档。为此,上海市陈毅市长曾颁发嘉奖令,表彰他的爱国精神。
>
> 先祖父的后半生,曾埋头著述。他长于音训诂之学,且工诗文,精考据,旁通蒙古史,每日伏案不倦,主要著述有《说文谐声》、《说文切韵》、《说文类聚》、《尚

书传笺》、《礼记注疏》、《元史会注》、《辟园史学四种》、《十七史说》、《通鉴杂记》、《续历代纪事年表》、《异辞录》等，还有数十年间日记凡百十册，可惜在十年浩劫中被毁于一旦。

《善斋吉金录》作为民间收藏青铜器的一家所藏之图录，历来为学者所推崇。为发扬中华文化，特重新刊印500套，分赠世界各大博物馆、图书馆及学者，以推动学术研究，并特编出索引，以便读者查阅。此项工作得到上海图书馆领导马远良先生、王鹤鸣先生、王世伟教授及刘耋龄教授等协助，特此致谢。

**树高千尺
不忘根**

在此之前，为纪念曾祖父刘秉璋英勇抗法、在浙江巡抚任上成功指挥中法战争中的镇海之役，打了中国近代史上中国对外作战的唯一一次大胜仗的历史功绩。1997年，刘永龄向镇海抗法纪念馆捐献50万元，在浙江镇海招宝山古战场旧址建筑了一座雄伟的纪念碑。纪念碑碑文由张爱萍将军题写，现已成为青少年爱国主义教育重要基地。

1988年，他在百忙之中抽出时间，与堂弟刘耋龄一起回故乡安徽庐江和无为寻根。他们在无为县瞻仰了曾祖刘秉璋晚年退休以后的居住地——澹园，在那些历经世纪风雨而依然存世的百年老屋前，追思前尘，踱步遣怀，寻觅旧时老人家读书、吟诗、著述，心系天下的古风意趣，自是感慨万分。在乡亲们的指点下，刘永龄还在庐江县长冈乡的一个土山坡上，拨开一人多高的野草和灌木，找到并祭扫了沉寂多年的曾祖刘秉璋的墓地。他是半个多世纪以来刘氏家族后代中唯一前来祭扫的人。看到曾祖墓地的凄凉景象，刘永龄心情十分沉重。

| 第十二章 香港传奇 刘永龄创办"亿利达"

刘永龄（左）、刘鋆龄（右）与吴大猷先生

1992年，"亿利达青少年发明奖"扩展到四川和武汉时，刘永龄偕妻子儿女长途跋涉，作了为时半月的很有意义的寻根之旅。他们先来到四川成都，找到其曾祖任四川总督时曾居住了九年的总督府旧址（新中国成立后为四川省人民政府所在地），并在旧址前拍照留念，希望后代们了解先人的功绩，秉承先人遗志，不忘祖德，为振兴中华而奋斗。

十几年后，天时地利人和，刘永龄出资请庐江县政府协助，将曾祖刘秉璋的墓地迁到了一处三面环山，可以"一览众山小"的青翠之处，山下还新建了刘文庄公祠。墓园开园那天，当地政府官员和老百姓，以及刘家后代子孙数百人参加了隆重的开园典礼。依山而建的刘秉璋墓冢肃穆高敞，墓的两旁有两座古色古香的四角画亭，里面各竖一块巨大的石碑，一块是当年光绪年间的"光绪帝御制原四川总督刘秉璋碑文"，另一块是庐江县人民政府刻的"重修刘秉璋墓碑记"。刘永龄在开园仪式上发表讲话，激励

刘永龄、纪辉娇夫妇与儿子刘纪明、女儿刘纪红

后人秉承先祖之志,勿忘爱国救国之责,继往开来,壮我中华!

刘永龄对社会的捐助是多方面的,1993年上海举办东亚运动会时,他曾慷慨捐款100万元,受到各界人士的一致赞扬。

作为一位卓有贡献的企业家,刘永龄曾任香港基本法咨询委员,还是上海交通大学、中国科技大学、浙江大学、天津大学、华中科技大学、四川大学、西北工业大学等多所高等院校的顾问及客座教授。他的儿女刘纪明、刘纪红目前都是"亿利达"集团管理层的核心成员,儿子刘纪明还是上海市政协委员,女儿刘纪红是江苏省政协委员。在实业兴邦的大道上,他们必将作出更大的贡献。

第十三章

藏界一杰
刘銮龄情迷和乐堂

小校经阁里"命"最大的孩子

与生俱来的收藏梦

独辟蹊径的"冷门"方针

景泰蓝和黄花梨的大观园

"要想做成事,先要做成人"

教书育人的排头兵

上海第二工业大学办公楼的贵宾接待室里，有一尊一人高、乾隆年间的景泰蓝鼎式大香炉，上面金龙盘绕，流光溢彩，远远一望，瑞云浮动，一股浓郁的皇家气息引人驻足……凡是来此开会的宾客，都会情不自禁地走过去，伸手摸一摸，探头看一看，绕着走几圈，有兴趣的人还会数一下上面有多少条龙，找找铭款，然后询问此物何来。

这是刘秉璋的曾孙刘耋龄的收藏，他在二工大任教三十余年，在该校五十周年校庆的时候，把它作为一份特殊的礼物，捐献给了学校。

有的人不明白，刘耋龄一个教书匠，距离其曾祖父辉煌的年代，已经一个多世纪过去了，百年来大家族陵谷兴替、世事沧桑、十家九衰，尤其经过十年"文革"，大户人家的收藏品几乎无一例外地被扫地出门，且后来落实政策发还时，真正有价值的大多归属政府博物馆收藏了，他何来神机妙道，至今还拥有如此华贵、奢侈的重器？

小校经阁里"命"最大的孩子

说来话长。熟悉刘耋龄（后为上海文史馆馆员、上海市政协委员）的人都知道，他是上海滩数得着的名门之后，从小在祖父的小校经阁里长大，受大家族生活的熏陶，他的收藏"基因"很深，但是他深藏不露，一直很低调，不喜欢张扬，从不炫耀家世和藏品。有些不知情的人总以为，他的这些藏品一定与他的祖父刘晦之有关，因刘晦之是民国期间的大收藏家，家中的古器物不知有多少，现在能在他手里的，如果不是"文革"后落实政策发还的，就是他暗地里设法藏起来的……这也难怪，因为他祖父在收藏界实在太有名了，藏品太多，影响太大了。

有这样一位祖父，有小校经阁这样一方风水宝地，刘耋龄的"气场"自然有了先天的底气。

㊤ 青年刘耋龄在小校经阁书房前

㊦ 刘耋龄等刘家子孙在小校经阁的草地上打球

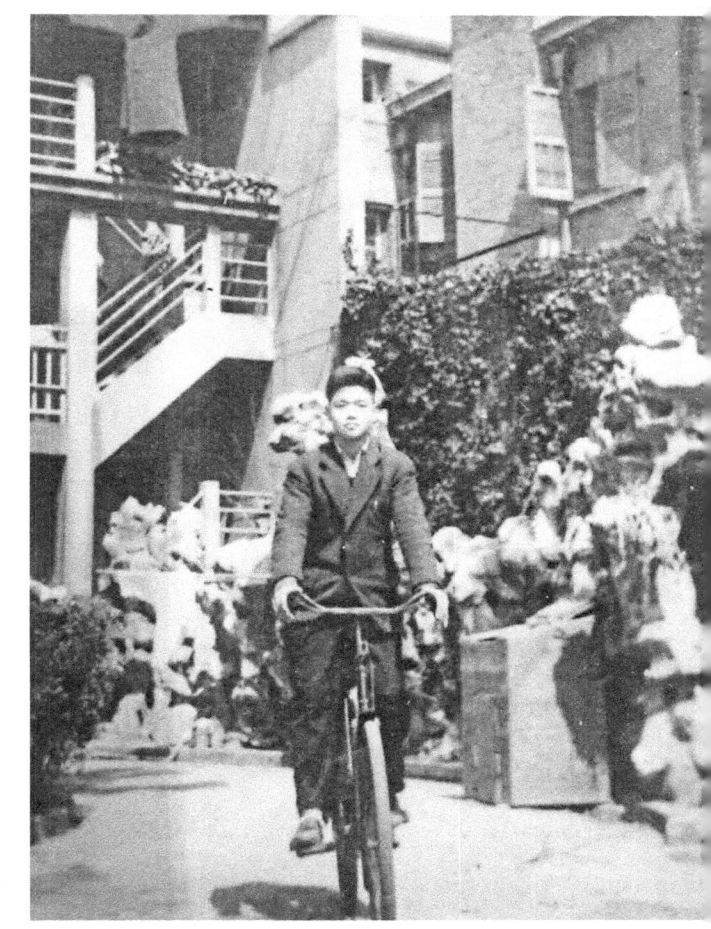

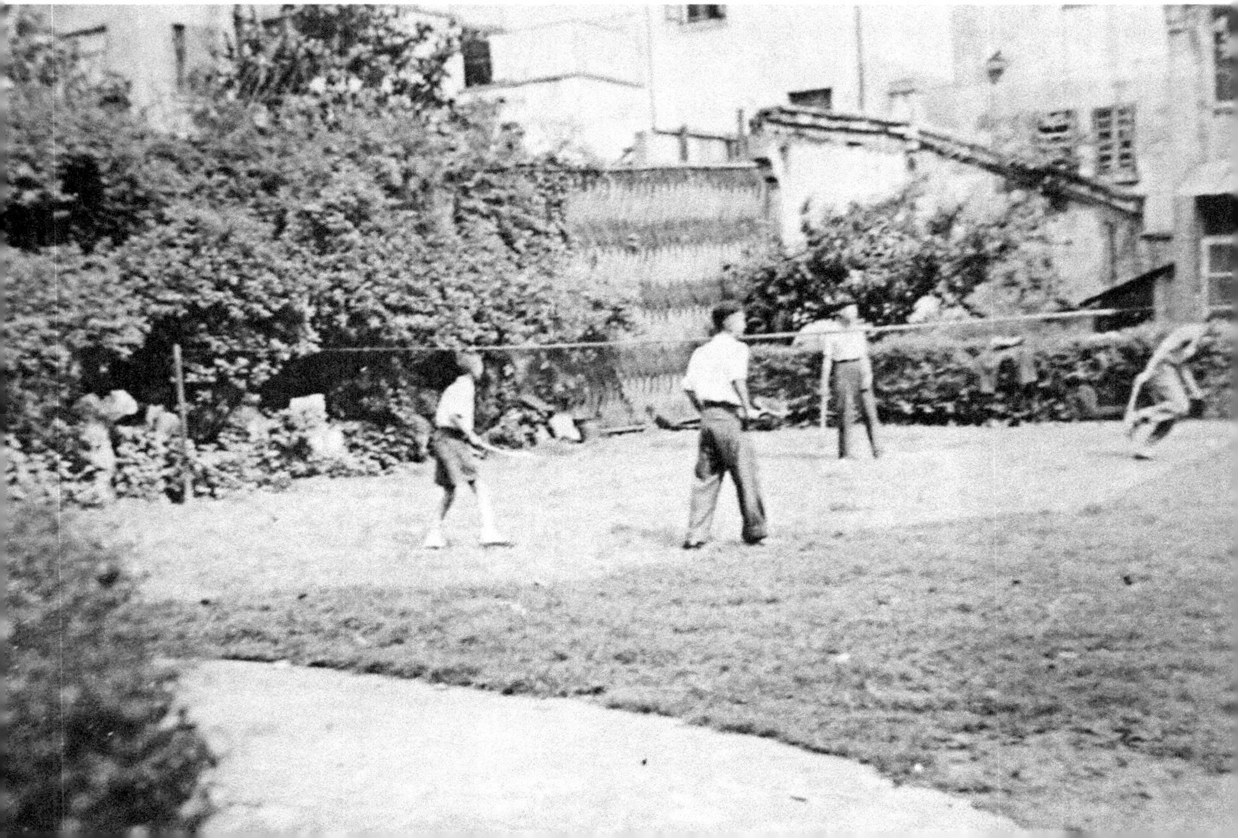

刘家是一个大家族，刘晦之有八个儿子、五个女儿，孙子孙女好几十个，其中一半与祖父住在一起，家大业大，人丁兴旺，开饭时饭厅里简直像个餐馆。刘耋龄的父亲刘固生（字子康，1908—1943）是长子，前面有四个姐姐。刘晦之婚后十二年才有了这么一个儿子，所以对他宠爱至极。刘固生从圣约翰大学政治系毕业后，自立门户经商，曾任上海恒顺信托公司经理，1935年赴美国哥伦比亚大学深造，因抗战爆发提前回国。可惜人不长寿，抗战未胜利就病逝了。刘耋龄的母亲周式如（1904—1996）是大家闺秀，是汤州大盐商周扶九的曾孙女，大慈善家周紫珊、梅懿辉的长女。

刘耋龄与刘家十几个"小萝卜头"一起，从小生活在小校经阁的那栋四层楼的大洋房里。他父亲生前非常喜欢孩子，给他们买了一房间的玩具，大多是德国进口的，那个带轨道的小火车可以轰隆轰隆地满屋子跑，许多年后还像新的一样。刘家男孩子课余喜欢捉蟋蟀、踢皮球、打弹子、打乒乓、下象棋、打羽毛球，在花园的假山上爬上爬下，在树丛里捉迷藏……

左　刘耋龄的父亲刘固生

右　刘耋龄的母亲周式如（左一）与妹妹

第十三章 藏界一杰 刘鎏龄情迷和乐堂

小校经阁的大花园里有一片草地,草地的东面有一排假山,可拾级而上,山上最高处有一尊老鹰造型的石头,有两米多高,非常威严,山下有个约三米宽的金鱼池,那是男孩子们的天地。男孩子喜欢在山上玩,也喜欢各种比赛,比比谁的能耐大。有一次,他们要比赛胆量,看看谁敢从假山上跳下去,而且要越过金鱼池,着落到金鱼池对面的水泥地上。结果其他人都退却了,只有刘鎏龄二话没说,一鼓作气,飞身跃出,居然从假山上"飞"过了金鱼池,平稳地落到水泥地上。大家一阵叫好,都说他的胆子最大。

其实胆子大还是次要的,关键是他"命"大——20世纪30年代,上海曾流行伤寒症,那时青霉素还不常见,伤寒症死亡率很高。刘鎏龄的一个伯伯刘济生(李经方的女婿)1933年就不幸染此病去世了。1939年小校经阁里有四个男孩也不幸染上此病,刘鎏龄即其中之一。祖父刘晦之急得寝食不安,花重金请来当时最好的医生,结果四个小孩中有三条小命没能保住,包括刘鎏龄的亲弟弟,活下来的只有刘鎏龄一人。俗话说"祸不单行",伤寒症刚好,他又染上了猩红热,猩红热在当时也是一种要命的病,来势凶猛,可是这一关又被他闯过去了。所以刘家老人总说:"还是鎏龄这孩子命大啊!大难不死,必有鸿福啊!"

与生俱来的收藏梦

小校经阁毕竟是个文物收藏重地,生活在其中,俯仰皆见古代艺术品,刘家后人或多或少都受惠于这种得天独厚的气场,出类拔萃的人很多。刘鎏龄性情沉稳,受中国儒学和家族传统的影响,耳濡目染,潜移默化,少年时代就迷上了收藏。

他喜欢看小人书,喜欢玩各类漂亮的香烟盒子、烟标、画片、蟋蟀盆罐,还喜欢收集文房四宝和各类棋子等。与那些随玩随丢的富家子弟不同,他很爱惜身边的东西,在

上　刘蠡龄、张涵夫妇结婚照

下　60年代刘蠡龄全家

第十三章 藏界一杰 刘銮龄情迷和乐堂

大人的指导下,他把玩过的东西都细心保存起来,而且渐渐养成顺藤摸瓜、不断寻觅的习惯,使他的藏品逐渐形成了系列,收藏也渐渐成为他生活中的重要部分,几乎占据了他全部的业余时间。他沉湎其中数十年,深感中国古代文化的博大精深,苦在其中也乐在其中。只是在"文革"期间,那时他的收藏细胞不得不"冰冻"起来,没有条件,也没有心情。从20世纪60年代初大学毕业直至退休,他一直在高校从事教育工作,在二工大教理工科,数学、力学、机床、液压、环保、塑料机械、模具等课都教过,但是传统的儒家文化早已融入他的血液,一下了班,他还是情不自禁地往古玩市场跑,因为那里有他一生挥之不去的旧梦。

可惜,他敬爱的老祖父晚年生活并不如意。20世纪50年代,社会变化翻天覆地,所有的故家旧族都大受冲击。刘家祖上百数十年、几代人辛苦积累的文物巨藏,很快就天南海北、星散各地,有的进了故宫,有的进了研究院,有的去了台湾,大部分进入了上海图书馆、上海博物馆以及安徽省博物馆(主要是一大批古墨)。最后,他们连小校经阁也保不住了,那里成了七十二家房客般的大杂院,住进了二十多户人家。文物都被搬走后,那座古色古香、有八个琉璃飞檐的藏书楼,也住进了四户人家。老祖父后来在太原路的一栋旧房子里无奈地过世,留下了诸多深深的遗憾。刘銮龄是这段触目惊心的变迁的见证人之一,他隐约觉得,刘家的收藏历史似乎不应就此画上句号,他的力气还没使出来呢。

60年代的"文革"狂潮,又是一次泰山压顶般的灾难——像刘家这样的家庭不被抄家是不可能的,刘銮龄眼睁睁看着造反派从他家拉走了一卡车又一卡车的东西,不仅是文物、红木家具,连成箱的衣服和生活用品也被拉走,自然也包括他自己的收藏品。那时他灰心极了,觉得收藏对于刘家来说,已成过去。

"文革"之后,收藏的大环境逐渐宽松起来,上海乃至全国各地,民间的各类古玩市场雨后春笋般地涌出,各种前所未见的藏品不断面世,各种有关收藏的文章和杂志、书籍也相继问世,令刘銮龄眼界大开,他心头又痒了起来。终于,他抵不住诱惑,又一头钻进了古董堆,把几乎所有的业余时间都花在了古玩市场上,退休后投入了更多的时间和精力。有的亲戚开导他说,你为那些藏品吃的苦还不够多吗?为什么"好了伤疤忘了疼"呢?是呀,一旦形势好了,伤疤好了,他的确就忘了疼了。他开始起劲

刘鼒龄、张涵夫妇与儿子刘诠和、刘骏和在镇海抗法胜利纪念碑前

地全国各地到处跑，朋友越来越多，看的东西也越来越多，眼光越磨越犀利，藏品也越来越精。

功夫不负有心人。他的藏品渐渐再次形成了系列，刘鼒龄成为刘氏家族的第四代收藏家。他的藏品与其祖父不同，全是冷门，走的是一条非常艰苦、独辟蹊径的路子，而且方法也大不相同。他祖父刘晦之是当年中国实业银行的总经理，有钱有势，古董商们视之为大客户，有时候古董商缺钱用，就低价抵押一批东西，如古代青铜器在他那里，后来无力赎回，就等于卖给刘晦之了。每到周末，古董商们在他家客厅里排队等待老爷接见。刘晦之只需坐在家里，等古董商把好东西送来。刘鼒龄则不同，小校经阁最辉煌的时代已经过去了，他必须迈动双腿，冒着酷暑与严寒，去"扫荡"那些并不被人看好的荒摊冷铺。

独辟蹊径的"冷门"方针

收藏历代石雕佛像,一般人想都不敢想,那些佛像又大又重,一般人家房子逼仄,家中根本无法安置,甚至挪动都成问题。要收藏,仅仅空间就是个麻烦事。况且,国家明令石雕佛像不可以出口,也不可以拍卖,也就是说,收藏这些笨重的石雕佛像是赚不到大价钱的,因为不能出口和拍卖就失去了炒作价值,价格就不会飙升,那些为了赚钱营利而收藏的人就不会光顾,自然就成了冷门。某种程度上说,敢于并有兴趣、有毅力收藏这些石雕佛像,本身就是刘鎏龄收藏动机的最好证明,他绝对不同于那些为营利而钻营的"收藏家",他是为民族的历史和艺术,而收集,而传承,而研究。

"文革"之后,有关部门落实了他家的房子政策,住房宽敞起来了,这时正好他"巧遇"几尊石雕佛像,就急忙腾出一间房间来安顿。藏品渐多,地方实在不够用了就搭"空中楼阁"。近四十年下来,他收藏的历代石雕佛像已经成了系列,经文史馆馆员、华东师范大学美术系教授、佛像雕塑专家高云龙鉴定,其中大多是唐代以前,东魏、北魏、北齐时期的,大大小小,立式卧式,共有一百多尊,相当一部分是珍品,令老一辈佛像研究专家大大吃惊。有一块"金光明经卢舍那三尊造像"碑,尤其引起专家学者们的注意。这件石碑雕像的风格很独特,出现了金光明印,代表了早期传入中国的佛经,还有七个飞天,各自吹奏来自西域的乐器,飞天的造型也生动清晰,尤其人物的发型并不是传统中国佛教人物的发型,那黑色的石材也不像是中国本土所出。种种特征表明,此尊造像很可能是东魏初年造像的范本。对石雕佛像历有研究的许建荣推论,这很可能是北齐著名雕塑家、画家曹仲达这一画派的作品,弥足珍贵。

关于刘鎏龄的石雕佛像收藏本事,也是很有渊源的。原来除了祖父对他的影响之外，还有来自外祖父一家的影响。刘耋龄的外祖父周紫珊是晚清扬州著名大盐商周扶九的长房长孙，外祖母梅懿辉、舅公梅光羲等，都是上海滩极负名望的慈善家、佛学家，他们与圆瑛法师、明旸法师、虚云法师都是多年的老朋友，与赵朴初也是忘年交。刘耋龄的母亲周式如是上海有名的佛教徒，家中常年供养着石雕佛像。他家的亲戚黄念祖是当代著名佛学家。以他外公为主的整个周氏家族都信佛，过去几代人都向上海玉佛寺、龙华寺、静安寺捐过大笔钱财，已成传统，而且他外公的家就住在北京西路常德路的觉园隔壁，目的就在于与寺庙联系方便。刘耋龄从小跟着母亲出入这些场所，甚至至今仍与之保持着联系。这样一个既有收藏传统又有佛学传统的大家族的生活氛围，情感所趋，无疑为他收藏石雕佛像奠定了先天基础。他家里还有两幅来自西藏的大幅唐卡：一幅绘画，一幅刺绣，形象生动逼真，非常珍贵。

除了庞大的石雕佛像，他还乐于寻觅各种小玩意儿，如古代象棋、围棋、朝珠、鼻烟壶和历代鸟食缸、砚台、砚滴、水注、水盂、镇纸、笔洗等文房用品。他收藏的水注，从唐

刘耋龄（左一）向杨振宁夫妇赠送古籍《龙文鞭影》

宋到元明清共有七十余件。水盂,从南北朝到清代共有一百余件,其中有乾隆年间的铜胎画珐琅材质的。笔洗,有宋代的。他收藏的内画名家鼻烟壶有一百多件。漆器,包括明清时代的雕漆也有一百余件;玉器,其中有清代中期的玉器,包括和田玉材质的瓶、炉、挂件、把玩件、文房用品等,共有一百余件。还有砚台,大大小小,各式各样,从唐代到清代共有五十余件。另有极其罕见的宋朝的围棋罐、明清时代的棋盘等,这些过去不太引人注意的小玩意儿,不知耗去他多少心血。

中国古代象棋棋具的收藏一直是个冷门。象棋历史久远,源远流长,千变万化,引人入胜,但是从事古代棋具收藏的人极少。刘銮龄从小喜欢下象棋,祖父刘晦之的客厅里有一副清代的象牙材质的象棋,他和兄弟们经常对弈,其乐无穷。一个偶然的机会,刘銮龄发现古代棋具的收藏也是一门大学问,涉及象棋的起源和发展过程,而且是一门企待开发和研究的收藏领域。

于是他来劲了,一发而不可收。现在刘銮龄已经觅到了宋代、元代、明代、清代的各式象棋棋具五十余套,明清时期的棋盘也有十余件,甚至有些还带年款,如万历款的五副、乾隆款的五副,均弥足珍贵。曾有人写过一本古代棋具的书,洋洋洒洒说了很多,但是关于带年款的棋具一副也没有。人家收藏古代象棋,能得到一副元代的象棋已经是非常了不起了,已经大肆宣扬了,而他手里有一套完整的宋代象棋,竟深藏密锁,低调得很,知情人不得不对其刮目相看。此外,他还收藏了历代各式围棋棋具十余副(明清年间的为主,唐代的也有数副),各种围棋盒及围棋棋盘也有十余套。有的专家看过他的藏品后,根本不相信这是他本人的收藏,断定是他祖父刘晦之留下来的,刘銮龄对之只好一笑了之。

有一年,他听朋友说景德镇湖田窑遗址出土了宋代的棋子,很是兴奋,立即跑去参观。结果在景德镇湖田窑遗址博物馆中,果然看到了一副宋代的棋子,但那是从遗址里挖出来的,零零星星,尺寸不一,是拼凑起来的一副棋。他暗自庆幸,因为他手里的这一副是一套完整的宋代湖田窑象棋!说起这套宋代象棋,刘銮龄很感慨上苍的恩赐,他居然是从一个冷僻的地摊上"捡漏""捡"来的。摊主根本不知道这是什么东西,摊在地上一元钱一枚,过路人也不知是什么东西,无人过问,假如那时有人买去一枚,那这一套也就不全了。巧就巧在根本没人问津,就让刘銮龄仅花三十多元钱,就一揽子全揣走了。谈起此事他常常感慨地说,眼光就是机遇啊,眼光多么要紧!这种机会

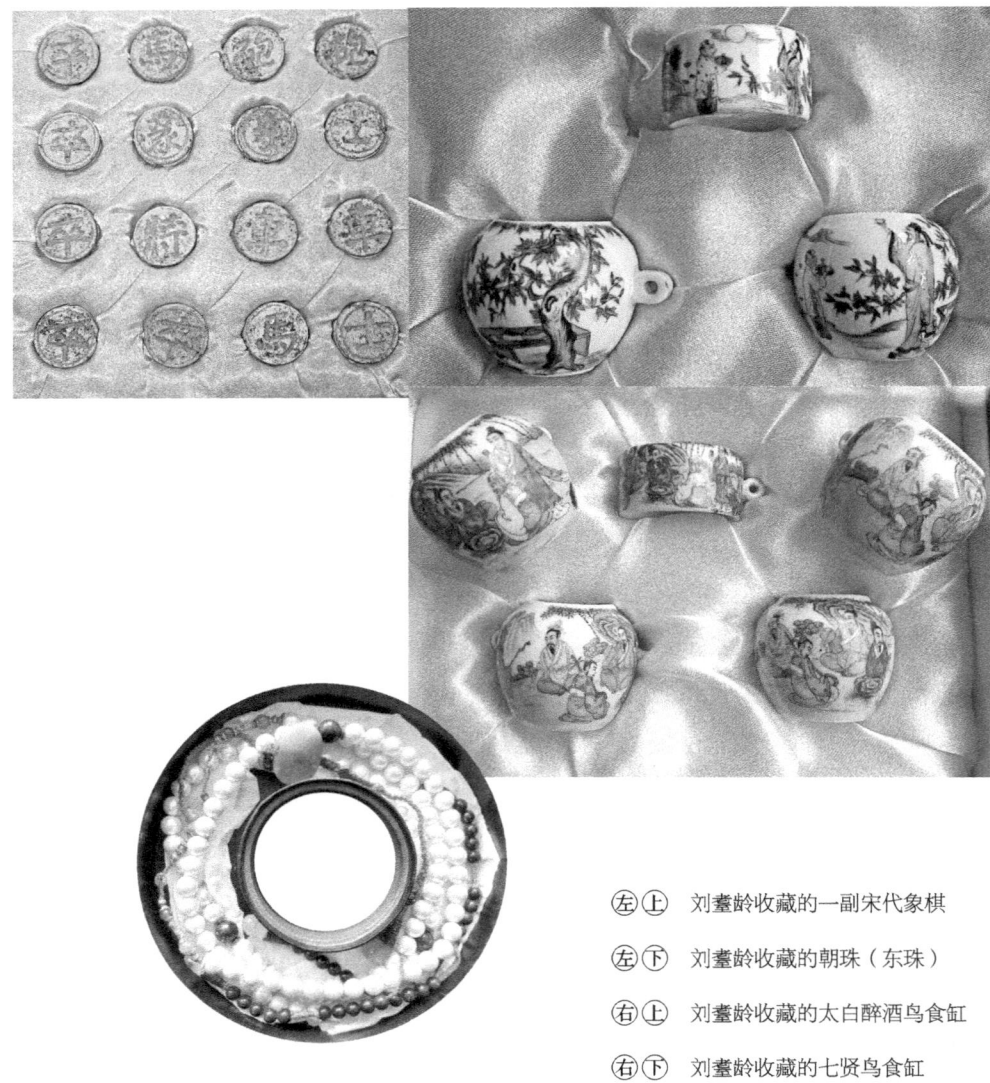

左上　刘耋龄收藏的一副宋代象棋

左下　刘耋龄收藏的朝珠（东珠）

右上　刘耋龄收藏的太白醉酒鸟食缸

右下　刘耋龄收藏的七贤鸟食缸

稍纵即逝,恰巧让我碰上,多么幸运!

明清时期的鸟食缸,原本是富家子弟玩鸟的小玩意儿,极少有人把它当成收藏品,刘銮龄却慧眼独具,他这方面的收藏也令人称绝,数十年下来,明清时代的已经收藏了八百多只(290套),而且粉彩、青花、一色釉的都有,造型多种多样,均为可遇而不可求之物。弥足珍贵的要属其中一个明代万历年间的五彩蟋蟀罐,非常罕见。

至于清代官僚们上朝时必须佩戴的朝珠,更是难寻难觅的稀罕之物,极少有人收藏,而刘銮龄要么不收藏,一收藏就是洋洋大观,目前已经收藏了120串,材质有东珠、翡翠、玛瑙、水晶、珊瑚、琥珀、白绿玉、紫檀、蜜蜡、松石、金刚子等,令人目不暇接。朝珠的名堂有很多,按照清廷的规定,东珠朝珠只有皇帝、皇太后、皇后才能佩戴,象征至高无上的权力和地位,其他人若要佩戴或拥有东珠,就属于僭越犯上,因此朝珠也可反映有清一代的某些典章制度。故宫文博老专家李九芳来他家鉴定景泰蓝藏品时,正好有一串紫水晶的朝珠放在桌子上,老人家仔细观看后,鉴定其为国家一级文物。关于朝珠,刘銮龄祖父的老丈人、光绪帝师孙家鼐曾经有一串,是皇帝赏赐的。作为两代帝师,皇帝赏赐孙家鼐的东西非常多,抄记成目录有几十页纸,但是朝珠只有一串,可见即便是宫廷大臣,获得朝珠的机会也不多。

瓷器也是刘銮龄收藏的重点之一,特别是民国时期的珠山八友的作品,外界收藏的人很少,过去收藏界对于民国年间的瓷器根本不重视,而刘銮龄在20世纪70年代就开始接触了。他认为珠山八友的作品是中国文人画与瓷器艺术的完美结合,颜色鲜艳,立体感强,别有一功,而且挂在墙上脏了也可以用湿布擦,便于清洗,比起纸质的字画有特殊的艺术感,于是开始收集。他集几十年之功,现在除了何许人、徐仲南的作品未收到外,珠山八友的作品全都有了,加起来按件数算竟有一百余件,其中以瓷板画为主,多数是成套的。2015年,刘銮龄把他这方面的藏品出版了一本书叫《和乐堂与珠山八友鉴赏》,由上海收藏家协会会长吴少华写序,展示了他这一类藏品的实力。

玉器收藏也是刘銮龄非常用功的一个方面。除了从市场上收集来的,他的藏品中有两件特别珍贵的东西,是他26岁大学毕业时祖父送给他的,一件上面雕刻了一个小动物,另一件是一方小印章。东西虽小,但是是祖父送的纪念品,况且是祖父留给他的仅有的东西,弥足珍贵。他在20世纪80年代曾从苏州文物商店买到一批和田玉籽料

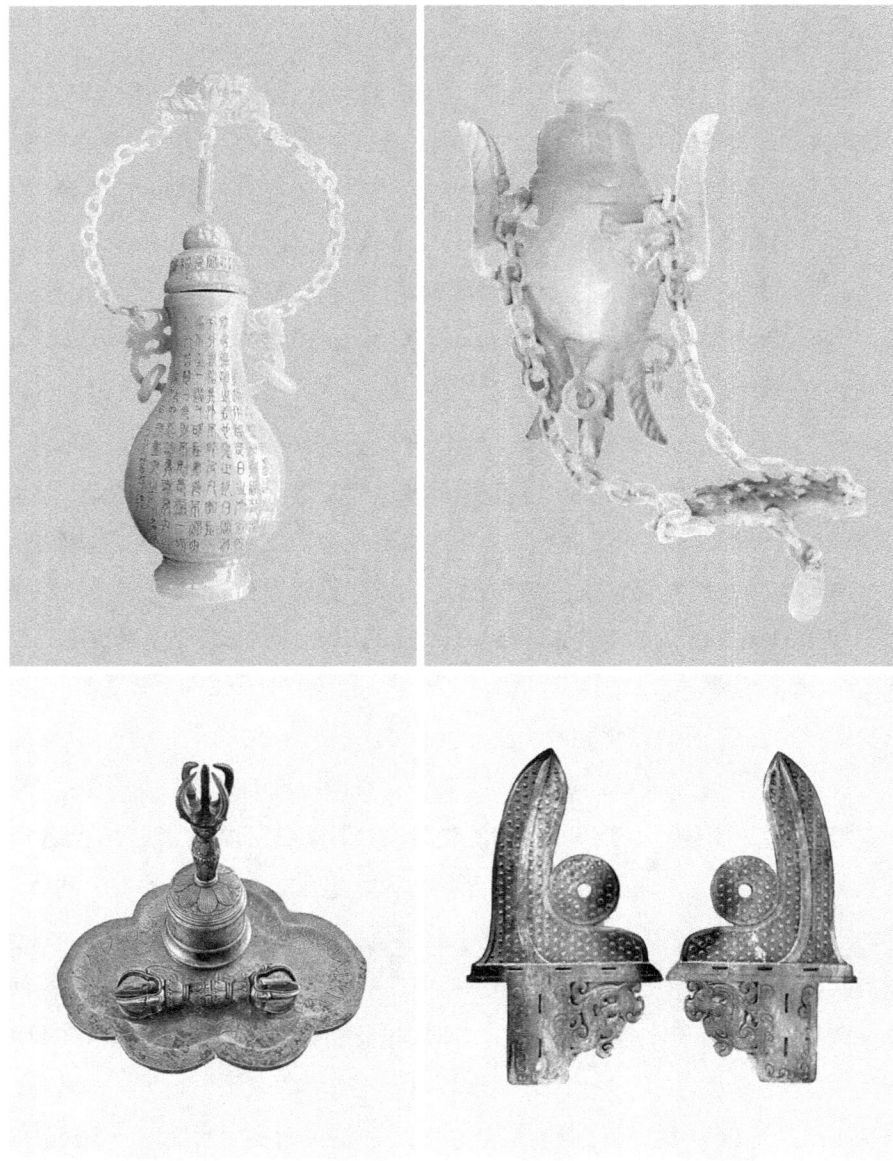

左上　刘銮龄收藏的乾隆玉瓶之一
左下　刘銮龄收藏的金刚杵
右上　刘銮龄收藏的乾隆玉瓶之二
右下　刘銮龄收藏的战国玉戈

的玉雕,那时东西都不贵,如玉带钩、玉玦、官帽上的玉管、妇女头上的玉饰、手卷上的搭扣等,都是羊脂白玉。从那时起步,逐步发展到宫廷里的玉雕佛像,几十年下来,又汇为洋洋大观了。此外,他还收藏了十余件官窑瓷器。

景泰蓝和黄花梨的大观园

这期间,刘銮龄对明清家具也发生了浓厚的兴趣,尤其是大型的景泰蓝器具(即珐琅器),这些大家伙价格不菲,而且要占据很大的场地,但他实在不忍心让这些过眼之物从眼皮子底下溜走,于是他家里很快就出现了一组组气宇轩昂、

刘銮龄收藏的康熙年间景泰蓝香炉

清代中期的景泰蓝艺术品：高官厚禄

| 第十三章　藏界一杰　刘銮龄情迷和乐堂

刘銮龄捐献给二工大的乾隆款景泰蓝香炉

金碧辉煌的豪门旧物——有围屏、挂屏、插屏、熏炉、花瓶、中堂、烛台等，俯仰之间，比比皆是，共计60套（件）。

　　景泰蓝也叫铜胎掐丝珐琅，是一种在金属表面用玻光釉料进行装饰的高级工艺品。制作者先得在铜胎上焊上细细的铜丝，盘出各种各样的花纹，然后在铜丝花纹之间填入各色釉料，再经烧制、磨光而成，工艺非常考究。因为有大量的铜丝游离其中，再加上以湖蓝为基本色调，配以少量的红、黄、绿等色彩，就使得这种器具先天具有一种凝重、豪华的皇家气派，显得非常雍容华贵。这种工艺品盛行于明代景泰年间，而且通常以蓝釉为底色，故俗称"景泰蓝"。到了清代乾隆年间，景泰蓝的制作出现了前所未有的繁荣，不仅是案头小件和坛坛罐罐，宫廷王府和富商大贾的厅堂里，动辄可以看到一二米高的大器。

　　刘銮龄收藏的几乎都是这样的大器，他捐献给学校的那尊鼎式香炉就高达1.63米（清乾隆年款），上下由五个独立的部分组合而成。他手里的另一对更高大，高度为2.1米，也是由五个部分组合而成。还有一对康熙年间的六角亭式的香炉高达1.58米，最小的一尊也是康熙年制，高达0.99米，宽达0.65米。他收藏的一对乾隆年间的景泰蓝花瓶也个头不低，高度达0.53米。还有人物和动物造型的"福禄寿鹿"、天鸡尊、凤耳尊、石榴尊等，这些器具均色泽浓艳，造型精美，其中一个香炉的底座上还盘卧着一条正在戏珠的金龙（乾隆年款），一看便知是宫廷旧物。

最引人注目的是一组黄花梨木边框的景泰蓝大围屏，是乾隆年间旧物，每扇高1.9米，宽0.43米，竟有十二扇，上面缀满了蝙蝠、荷花、翠鸟、祥云等吉祥物，长长一排，犹如皇家仪仗，气象万千。另一套景泰蓝围屏是八扇的，每扇高1.92米，宽0.44米，图案全是四季花卉，色彩富丽堂皇，至今鲜艳夺目，边框是紫檀木的，也是乾隆年间旧

刘耋龄收藏的景泰蓝插屏

物。如今，刘耋龄已经把他的景泰蓝藏品整理出书，书名《和乐堂景泰蓝藏品鉴赏》，文图并茂。他的很多朋友或同事看了他的藏品后，一致认为这肯定是他祖父留下来的藏品，绝不相信是他自己收集的。

至于一般人称羡的红木家具，在刘耋龄的收藏里还算不上等级，他收藏的明清家具，动辄就是紫檀或黄花梨的。关于中国的明清家具，在他祖父时代，中国士大夫只是作为生活用具，还没有列入收藏的门类。20世纪30年代，一个德国人写过一本书，专门介绍中国的明清家具，方在国际收藏界引起了人们的注意。湖州南浔人王世襄是中国这方面的专家，80年代写过两部专著，即《明式家具珍赏》和《明式家具研究》，在国际上影响极大。此后国内外的藏家们才群起跟风，将明清家具列为一种艺术品收藏。

刘耋龄原先住在祖父的小校经阁里，用的几乎都是成套的红木家具，印象很深。说来也巧，那位帮他介绍购买明清家具的小贩也是南浔人，但是他与刘耋龄一样，当时并不懂行，凡是看见颜色深、样式好、雕花精美的老家具，一律以红木家具视之。由这个小贩介绍，刘耋龄逐步越买越多。有一次这个小贩介绍了一批货，其中有一对古代达官贵人用的官皮箱、一对放古董和艺术品的万字格书橱、一对小

(一) 刘銮龄收藏的景泰蓝包袱花瓶

(二) 刘銮龄收藏的景泰蓝花瓶一对

(三) 刘銮龄收藏的乾隆款的景泰蓝天鸡尊一对

(四) 刘銮龄收藏的景泰蓝石榴尊一对

刘耋龄与他的景泰蓝香炉

橱、一个高达2.1米的大橱（带顶柜，清中期的满雕花卉），还有一个宝座。刘耋龄一看很是喜欢，因为他从小就是在这样的家具环境里长大的，一见就很亲切，于是全部买进。他没有专门的储藏室，就拿来权当日常家具自己使用。但是时间长了，这些家具上的黑色油漆渐渐剥落，木质纹样渐渐暴露出来，他索性用刷子刷洗一下，结果发现，这不是红木的，而是黄花梨的！他很惊讶，又把其他几件老家具也洗刷一下，木纹出来了，原来这批货全都是黄花梨！只是原先的主人不懂，或许是第一代主人知道是黄花梨，第二代主人就不懂了，认为太陈旧了，就刷上了黑漆，第三代主人更不懂了，就以红木家具的价格卖了出来。结果碰上刘耋龄和他的小贩朋友，当时大家都不懂，几年后刘耋龄才恍然大悟，大家对于老家具的无知，反而让他拣了一个大便宜。现在说起来，像是说笑话似的。

现在他已经是这方面的行家了，藏品越来越精。他收藏的一件黄花梨巨大插屏，高达1.97米，宽1.87米，底座有2.02米，尺寸之大，雕花之精美，材质之考究，专家也叹为罕见。

"要想做成事，先要做成人"

跟许多民国年间的收藏大家一样，刘銮龄玩收藏先是深藏不露，只图乐在其中，但是随着时间的推移，大凡看过他的藏品的朋友们都在推波助澜，名声在外了，不想出名也难了。

经常有人向他取经，问他这么多庞然大物是怎么弄来的，有什么经验。每当这时，刘銮龄多半是笑而不答，因为这个问题太复杂了，一言难尽。他常说："收藏其实很苦，太苦了，一时很难讲清楚。"其实，就是讲清楚了，局外人也很难理解，很难相信。一旦被追问急了，他会讲几句他的感悟："要想做成事，先要做成人"；"要乐于帮助别人，帮助别人，实际上就是在帮助自己"；"不要看不起小摊小贩，他们当中藏龙卧虎啊"；"生意无论大小，首先一定要尊重人家"……这些话貌似务虚，不着边际，其实都是实话，都是他真正的经验之谈，那些常常怀揣着"秘宝"登楼请他来"掌眼"的业内人物，大多都是他当年帮助过的人。这些人一旦听到什么新消息，就首先来给他通风报信，遇有什么稀罕之物，也会首先让他选择，他不要的，才送到别人家。怎么会这样呢？他有什么特别的吸引力呢？

刘銮龄是个讲诚信、重情义的人，他常年在各地古玩市场走动，与大小古玩商甚至摊贩交朋友，贫富不论，生意大小不论，他从不乱砍价，相反，他非常尊重商家的人格，甚至有意帮人家一把，在别人有困难的时候，乐于雪中送炭。他知道，在全国性的收藏大潮兴起之前，那些摆地摊、租个小摊位的中小古玩商都很辛苦，而且文化程度普遍不高，历史知识也很有限，他们靠着勤奋，走街串巷，甚至跑穷乡僻壤，收集那些他们认为可以卖钱的东西，和近些年来靠拍卖，甚至靠坑蒙拐骗发财致富的古董贩子完全不同。

他们中不乏有诚信的穷朋友，但是要跟他们交朋友，让他们把好东西拿出来，必须自己拿出诚意。所谓好东西，其实不一定当时就在他们手里，多半还在他们的上家手中，一旦找到好的下家，古董商只是个中介，生意才会皆大欢喜。刘銮龄的本事在于，古董商贩乐于去为其找上家，而且东西来了，不需要任何抵押，放在家里看几天，要就留下，不要就还回去，大家全靠信誉和诚意。比如他买那些又高又重的景泰蓝香炉、围屏、插屏就是这样，东西先拿去，满意的话再讲价钱。其中有些上家至今也不知道他的名字和地址，其间的信任由此可见一斑。

有一年冬天，他去看一个古玩界的朋友，见那人在寒风中冻得瑟瑟发抖，他二话没说，转身回家拿了一件自己的棉衣，还有一条棉被，夹在自行车后面，给那朋友送去。还有一个他认为比较忠厚老实的古玩界朋友，要去外地收货，但苦于手头缺钱，刘銮龄慷慨地借钱给他，但有一个条件，货运来上海后，要第一个给他看。那个人很讲信用，

刘銮龄（右）拜访刘靖基

以后他们成了好朋友。这种故事在古玩界圈内流传开来，刘銮龄的朋友就更多了，因此他人缘很好，许多古玩商都愿意跟他交朋友，一旦有了什么新的信息，首先告诉他。刘銮龄凡是听到他感兴趣的信息，总是按捺不住，立马要前去看个究竟，也总会有新的收获。

刘銮龄有个堂弟叫刘善龄，他家弄堂口附近有个旧书摊，老板是个退休工人，姓季，大家管他叫老季。刘銮龄请刘善龄引荐一下，他想买几本古书。老季没有多少文化，但是他有本事走街串巷，收集人家不要了的旧书，论斤秤回来分拣一下，略加筹码，再卖给那些喜欢旧书的人。刘銮龄单刀直入，请他把最好的书拿出来看看。老季人很实在，看他都是知识分子，就拿出一套线装书，实话实说，反正这是收废纸时论斤秤来的，小有赚头就行了，"一百元一道去"。刘銮龄看书不错，不仅不还价，还买了一些他堆在地上卖不出去的同样的画册。回来后，他把其中的一套十本乾嘉年间手稿本拿到拍卖行估价，结果底价四万元！后来他知道老季家里生活很困难，收废纸是不得已的事情，就有意成全他，故意多买他的东西，过年过节还前去探望。

不久后，老季给他看了一样从来没有见过的东西，老季不知道是何物，画不像画，地图不像地图。打开一看，原来是一幅晚清时期绘制的大型军事地图，有2米长、1.5米宽，是画在绢帛上的，内容是从吴淞口到安徽芜湖、长江一线的江防炮台，星星点点，历历在目。刘銮龄问价，"70元"，当即买下。结果拿到拍卖行一估价，也是底价四万元。从此他们更投缘了，老季一旦收到"奇怪"的东西，都会找他去看看，他不要了再给别人看。又有一次他去老季的铺子里转转，老季正在跟几个朋友搓麻将，他请老季去拿一些书，自己就坐下来代他搓几圈，结果三圈都是大满贯。三位麻将朋友着急了，直催老季赶快来，他们怕再搓下去都要输光了。其实刘銮龄不会搓麻将，只能是对付对付，那三圈大满贯完全是碰巧。因此他的堂弟刘善龄总是对人说，刘銮龄运气这么好，肯定有他外高祖周扶九的遗传因子，因为周扶九当年也是白手起家，经营上很有自己的一套。

20世纪70年代初，他的一个在江西文化局工作的老朋友王敏来沪给孩子治病，孩子烧伤了需要整容，刘銮龄帮他找好医院进行治疗，还安排他们住在自己家里。这个朋友自然对他非常感激，后来请他到江西旅游，带他去了景德镇珠山，还参观了明清时

刘耋龄在小校经阁门口

代官窑瓷器的窑址遗址。那时候古代窑址遗址里还残留着大量古瓷残片，随便捡捡根本不稀奇，还可以捡到宋元时代的瓷器的象棋棋子，朋友送了他两个，引起他很大兴趣。王敏经常跟他讲珠山八友的故事，所以从那个时候，他就知道珠山八友的历史了，并知道珠山八友的瓷画作品和古代棋具都很有收藏价值。那时文博部门都把珠山八友的作品归为民国的一般瓷器，没有十分重视，而收藏界还根本没有珠山八友的概念呢！四十多年前的江西之行，为他后来的瓷器收藏奠定了基础。四十多年过去了，现在他收藏的珠山八友的瓷画作品已经洋洋大观，有一百多件了，而最初的启蒙老师，竟是他帮助过的一个朋友。

南浔那位帮他买古代家具的小贩家里也很穷，因为孩子很小，而且儿子生重病，在家乡医治不好，刘耋龄知道后立马买了营养品前去探视，还想办法介绍儿童医院好的医生为之治病。他得知人家有困难总是设身处地为人家着想，别人能不感恩吗？所以，一旦有了好货，大家总是先让刘耋龄看，刘耋龄有什么需求，大家总是想尽办法为之去"搜寻"。相互成了朋友，说话办事就方便多了，运气自然而然就来了。

刘耋龄长年埋头于这些古董之中，不为钱财，只为乐在其中，故取斋名"和乐堂"，

刘羣龄全家福

即祥和与快乐之意。

一般收藏家大多喜欢搞专藏,盯住自己的既定目标来收集,别的不大顾及,而刘耋龄一旦遇上某种可遇不可求的东西,灵感来临,激情涌动,也不肯放过。比如那串一品大员上朝用的朝珠,还有那尊一尺多高的翡翠材质的观音菩萨……这些原本都不属于他的收藏范围,但是一旦入他的眼,心有所动了,钱袋也就松动了,买回来后再作研究。毕竟可遇不可求啊,一旦错过就无法挽回了。于是,他的收藏现在远远还不是句号,还在发展和扩充之中。

然而,刘耋龄对于藏品并不是光进不出的。继2010年他把那尊高达1.63米的乾隆年款鼎式景泰蓝香炉捐献给母校二工大之后,2014年,他又把他的藏品中唯一的一件黄色景泰蓝单面座屏捐献给了文史馆,受到两个单位领导的表扬。他觉得这样做很有意义,可以在更大的范围内展示中华民族灿烂的古代文化,何况自己的祖父在这方面早已作出了榜样。

作为刘家第四代收藏家,刘耋龄的境界之深、起点之高、角度之新、速度之快、成效之大,的确是一般人难以望其项背的。他的收藏"基因"最早来自小校经阁,做人的标准也深受祖先们的影响和熏陶。他很怀念当年住在小校经阁的美好岁月,一旦有外地或海外的亲友来沪,他总乐意带他们前去看看。

教书育人的排头兵

玩收藏毕竟还是业余爱好,刘耋龄的本职工作是大学教授。1959年北京航空学院发动机设计专业毕业后,他先后在上海航空职业技术学校和上海第二工业大学教书,对于本职工作他几十年来从不含糊,而且在"文革"后,知识分子政策日益得到落实,他的工作热情空前高涨,教书育人的成果非常显著,他在这方面下的功夫并不亚于他的收藏。

他在专业上是位多面手,领导安排教什么新课,他从不推辞,埋头攻关,他教过高等数学、理论力学、机床设计、液压传动、塑料模具、塑料机械等课,课堂上以深入浅出的讲解,受到学生们的欢迎。由于他出色的工作,改革开放后各种荣誉接踵而来。

20世纪80年代,刘銮龄加入上海市民盟组织,先后两届担任民盟上海市第二工业大学委员会主任,曾任上海市民盟联络委员会副主任,被民盟市委评为盟务工作积极分子;1986—1992年任闸北区政协委员,1992—1997年任上海市政协第八届委员;多次获得上海二工大颁发的荣誉证书,如教书育人教学优秀二等奖、校先进教育工作者、二工大"刘銮龄同志从教30周年特殊贡献奖"证书;1988年获上海市人民政府侨务办公室颁发的"1988年上海市侨界优秀知识分子"光荣称号及上海市侨联"四引进"积极分子称号;1992年获上海市侨界教师"烛光奖";1991—1992年度被评为上海市侨联"爱国奉献"先进个人;1994年获全国侨联颁发的荣誉证书,上面写道:"刘銮龄同志在为实现八五计划和十年规划做贡献活动中,成绩突出,被评为先进个人,特发此证。"2005年被上海市人民政府聘为上海市文史研究馆馆员……

在刘銮龄言传身教的启发下,如今他的三个孩子刘诠和、刘骏和、刘昱均学有所成,继承祖传家风,刻苦努力,奋发创业,有的已经去海外发展,正在开创刘氏家族新一代的篇章。

第十四章

不屈不挠
刘德曾实践丹心谱

合肥四姐妹的小表妹

朝气蓬勃的学生时代

激情燃烧的岁月

大风浪中的磨难与爱情

真金不怕火炼

风雨面前不低头

永远的大家风范

合肥四姐妹的小表妹

刘德曾是刘秉璋第二个儿子刘体仁的孙女,生于1928年。

百年家族,树大根深。要列数刘家二房百年来的著名人士,也可以排出一个长长的名单。由于豪门联姻的"辐射",庞大的亲缘关系把千里之外原先不搭界的家族都"网络"到了一起。刘德曾家的亲属关系就十分复杂。

刘德曾的祖母是淮军悍将张树声的女儿,她与近年来被媒体高度关注的"合肥四姐妹"张元和、张允和、张兆和、张充和是表姐妹(她的祖母与"合肥四姐妹"的祖父是姐弟)。刘德曾的外公是福州望族龚家的后人,福州城里著名的"三山旧馆"即是龚家老宅,曲径通幽,美轮美奂,新中国成立初是福州市政府交际处的招待所。她的外婆杨韵芬是无锡望族杨氏家族的大小姐,非常聪明,擅长绘画、刺绣和制作模型,手艺堪称一流。她熟读《红楼梦》,根据书中所描绘的大观园景观和人物特征,曾用纸板和黏土制成《红楼梦》大观园立体模型,惟妙惟肖,在福州、天津、上海等地展出,获得一致好评。刘德曾的七姨婆(外婆的妹妹)是民国名媛杨令茀,著名旅美女画家,去世后,后人遵其遗嘱,将大批名画运回中国,捐赠给故宫博物院。她外婆的哥哥是曾任北洋政府财政次长的杨味云。杨味云的儿子杨通谊娶了荣德生(荣毅仁之父)的女儿荣漱仁为妻,

刘德曾的父亲刘滋生

所以她家与荣家也是亲戚。

刘德曾多年来一直与合肥四姐妹保持着联系，因此总能获赠著名的张家家庭杂志《水》。

刘德曾的父亲是刘家"生"字辈的一代，名刘滋生，在他们大排行的堂房兄弟中行四。

朝气蓬勃的学生时代

刘家的家风历来重视读书，男女都一样。刘德曾的父辈不是留学生就是教会大学的学生。她的二伯父、三伯父都是留美学生，读建筑，父亲刘滋生毕业于上海圣约翰大学历史系，在南开大学教过历史，后来在上海金融界、实业界任职，曾任启新洋灰公司驻上海销售处经理。

刘德曾从小生活在洋派的家庭环境中，又读洋学堂，见多识广，性格活泼，思想开通，对新事物领悟很快，加上有姐姐作榜样，她很快成了学生中的活跃分子，唱歌、演话剧、自编自演文艺节目、编辑印刷学生杂志，课余时间排得满满的。她所上的中西女中的教育方针是德智体全面发展，除了功课抓得很紧（除了语文、历史课之外，全都用英语上课，每周有测验，每月有考试），体育活动和学生课外文体活动也很多，比如每天中饭前，都有一刻钟学生自编的文艺节目演出，各个班级轮流在大礼堂里上演。仅此一项，就把学生干部们忙得团团转，因为大家都想别出心裁，都想争第一。

她读中西女中时已是抗战时期，日本人进入上海租界，把她们的校园占领了，把欧美籍的教师都关入集中营。在送别这些老师的时候，同学们都汇聚在校园里，抱头痛哭，夹道挥泪送别。不久，她们被迫迁到华山路一栋房子里上课。由于校舍紧张，学生只好分

刘德曾的母亲龚令琼

成上下午班,每天只上半天课,整个学习生活的氛围完全变了。这令她感到非常震惊,她第一次亲身感受到,国家的命运原来是和自己的生活紧密连在一起的。

她的大姐刘庆曾在工部局女子中学读书,是一位非常有才气的学生积极分子,在中共地下党组织的影响下,上街搞宣传,搞募捐,演活报剧《放下你的鞭子》,救护伤病员,积极投入抗日救亡活动。她还计划跟一些进步青年一同到延安去,暗地里做着准备。但是这个计划被母亲发现了,父母为她的安全考虑,坚决不同意她离家出走,开始限制她外出活动。恰好这时有位男青年追求刘庆曾,为了拴住她,当父母的立马答应了,条件是两个人都必须留在上海,不许到外地去。但是刘庆曾继续用自己的方式支援抗战,她把公婆给她结婚的聘金三千大洋,全部捐给抗战所用。

年轻人要积极投入抗日救亡的洪流之中,这在刘家小姐中逐步形成了共识。刘德曾的一位堂姐成功地从家中出走,奔赴了延安。

刘德曾中学毕业后,入圣约翰大学就读英语系,由于在中西女中基础打得好,读起来很轻松,考试随意就可以应付了。圣约翰有很多学生"团契",文艺的、体育的、宗教的、学术研究的,刘德曾都喜欢参加,学校也鼓励学生从事业余团契活动,培养学生的多种能力。她参加较多的是一个叫ROYAL CLUB(皇家俱乐部)的团契,这是中共地下党组织的外围组织,里面有不少地下党员,如王裕之(诗人于之)、朱启祯(新中国成立后任外交部副部长)、汤兴伯(新中国成立后任中国驻纽约领事馆总领事)、鲁平(新中国成立后任港澳办主任)等人,当时都是这个团契的骨干成员。刘德曾聪明伶俐,活动能力非常强,业余常忙于写作、演戏、聚会、编辑报刊,后来索性就转到了新闻系,在黄嘉德、梁士纯等教授的指导下,取得了优秀成绩,毕业时门门功课都是A。由于大学实行学分制,她只用了三年半时间,就积够了学分毕业了。

这期间,中共上海地下党领导的进步学生运动——"反饥饿、反内战、反迫害"运动正如火如荼地展开。圣约翰大学学生中的中共地下党党员,有意识地在圣约翰原有"团契"的基础上,组织各

刘德曾的父亲刘滋生(右一)年轻时与兄弟们

刘德曾在学生剧团演出剧照

刘德曾在圣约翰校园

种形式的活动，团结和争取大多数学生倾向进步。当时的主要领导核心是学生会。刘德曾一向热情高、能力强，自然成了地下党争取的对象。与她经常联系的地下党员有王裕之、卢粹持、胡洪范等。还有一些进步青年教师，如潘世兹，思想进步，支持学运，每次集会演说都情绪激昂，极富爱国热情，也深受进步学生的爱戴。但是学校里也有三青团和军统特务分子在活动，与中共地下党争夺青年，他们对进步学生盯梢、围攻、恶言攻击，甚至开列黑名单，秘密逮捕。但是，越是这样，刘德曾等越是看不惯他们。读书生活不再平静了，充满了火药味。

1948年内战时，形势十分紧张。浙江大学"于子三事件"（1947年国民党将浙江大学爱国进步学生于子三迫害致死的事件）发生后，在全国学界引起了极大的连锁反应。刘德曾参加了地下党在学校举行的大型集会和罢课等活动，抗议国民党当局对进步学生的迫害。上海解放前夕，她和同学们一起深入工厂发传单，教唱革命歌曲，宣传党的政策，号召工人们保护好工厂，迎接上海解放。那段时间，她虽然还不是共产党员，但是她的心已经和党紧紧贴在一起了。

激情燃烧的岁月

1949年5月上海解放了，面临新的局面，一些进步学生纷纷南下北上，参加革命工作，还有很多同学在观望，有的先找一个临时性的工作做起来，如到人家家里当家庭教师。刘德曾对参加革命工作非常向往，年底，她大学毕业了，这时学生会号召毕业生参加革命工作，因新成立的人民政府正需要大学生。刘德曾与同班同学卢玲玉、王润身等六人，毅然前去报名。接待她们的工作人员听说她们是圣约翰毕业的，英语很好，高兴极了，立马叫她们到市委交际处去报到，因为当时懂外语的人太少了。

1950年年初，国民党空军趁上海刚解放，从舟山群岛等地机场起飞，对上海实行空中攻击，较猛烈的为1950年1月7日—2月6日间的四次轰炸，史称"二六"轰炸。为此，中央请来一些苏联军事专家帮助建立雷达站，刘德曾和另一女生就被派去接待这批专家，临时被编入了防空司令部的后勤部队。当时专家们被安置在百老汇大厦（今上海大厦）以及郊区的几个地方，为之服务的工作人员也全都随住，生活上半军事化，待遇上是供给制，每月只发两块多零花钱，吃的是大灶饭，穿的是军装。但是刘德曾全然没有考虑这些，面对全新的环境、全新的任务，一想到自己正在人民最需要的岗位上工作，刘德曾就充满了激情。

那是激情燃烧的岁月，工作忙得没日没夜，没有星期天，连续几个月都回不了一次家。单位里大学生少，遇到什么事总是说"叫两个大学生去"，所以她们两个一天到晚总有忙不完的事情。苏联专家的工作地点在龙华、江湾和虹桥机场，那里也就成了她们的工作重点，不仅要安排好一日三餐和日常生活，周六晚上要接一些女青年来大厦参加他们的舞会，一场舞会，从人员选拔（要求基本是共青团员）到制定纪律、安排车辆，都要刘德曾与各个部门协商解决。周日还要安排购物及文娱活动。那时苏联专家上街购物还有一个安全问题，于是她们就联系一些信誉较好的商家来百老汇大厦摆摊，当临时商场。

接待苏联专家的任务完成后，市委交际处又把她们两个要回去了，因为她俩活泼靓丽，积极认真，几乎没有什么事能难倒她们，在机关里已经很出名了。

那时交际处的工作范围很广，不仅要接待外宾，还要

上　中学时代的刘德曾
中　学生时代的刘德曾
下　解放初整天忙于工作的刘德曾

接待上级来沪的领导、华侨、少数民族代表和一些国内著名的民主人士，如宋庆龄、黄炎培等。那时社会主义阵营国家的著名演出团体也常来沪演出，如苏联的乌兰诺娃芭蕾舞团、波兰的玛佐夫舍歌舞团、朝鲜的崔承喜歌舞团等。乌兰诺娃那时已经四五十岁了，演出前需要闭目静养，刘德曾就陪她在后台休息。

1952年，世界著名的加拿大籍和平战士文幼章偕夫人来沪，住在上海大厦，领导指派刘德曾接待他们。文幼章曾在圣约翰大学教过课，巧的是刘德曾正是他的学生，听过他的课，对这位老师十分崇敬。因为文幼章一贯热情支持中国革命，反对内战，人民政府对他的到来很重视，尽量满足他的参观要求。刘德曾印象最深的是陪他参观提篮桥上海监狱。当他看到犯人们在狱中都能吃得饱、穿得暖，正通过学习和劳动改造成新人时，感到很信服。当时汪精卫的老婆陈璧君也关押在提篮桥，他们亲眼看到她老老实实地在糊纸盒。刘德曾还陪他们参观了妇女教养所，那些旧社会的妓女被集中起来认真学习，同时接受政府安排的疾病治疗，学习结束后由政府给她们介绍工作。这些翻天覆地的变化，给文幼章夫妇留下很好的印象。

有一段时间，刘德曾的工作是接待从抗美援朝战场上回来的志愿军演讲团，他们是战斗英雄柴川若、董乐甫、窦少毅三人，住在市委余庆路招待所。他们分别向各界人士汇报朝鲜战场上种种动人的事迹，所到之处，人山人海。"向志愿军学习！向志愿军致敬！"的口号声简直震耳欲聋。刘德曾也无比兴奋，没日没夜地为之张罗。

有一次，陈毅市长的前岳父母（他的原夫人在战场上牺牲了）从乡下来沪，陈毅市长关照刘德曾接待一下，住在招待所，按照规定，该吃什么标准就吃什么标准。刘德曾陪了老人几天，发现每到晚上一空下来，老人家就会伤心，是想女儿了，她就设法安排他们去看戏，调节一下心绪。没过几天，他们要走了。刘德曾觉得老人家来一次不容易，应当多住几天，就对陈毅市长说，能不能多留几天？陈毅说："不可以的，这都是国家的招待费啊！"

刘德曾至今还记得陈毅市长对她的嘱咐："大学生呵，英文不要忘记了啊！"刘德曾说："现在英语还有什么用啊？大家都学俄语了嘛。"陈毅市长说："我们的事业还要向前发展啊，将来要与很多国家建立联系，英语肯定要用的。"

1952年，太平洋国际和平会议在北京召开，这是新中国第一次举办国际会议，非常

刘德曾、程钧结婚照

隆重,刘德曾被借调到北京参加会务,与刘宁一、冀朝铸、孙维世等共同担任翻译工作,这次她的英语果真派上用场了。由于她的出色表现,北京有关部门很想把她留下,在征求她本人意见时,她表示希望仍回上海,主要原因不仅是父母姐妹都在上海,还有一位青年人在等她。

大风浪中的磨难与爱情

刘德曾工作的市委交际处在上海大厦十楼,十一楼是市委统战部,两个单位工作中配合、协调较多,因为交际处接待的不少客人都是高级统战对象,所以刘德曾必须常去楼上办事。时间长了,发现统战部里不全是"土八路",那个工作上精明强干的程钧,就是一位有知识、有头脑的青年干部。程钧也是大学生,家在上海南市区,原是中法国立工学

第十四章 不屈不挠 刘德曾实践丹心谱

刘德曾、程钧夫妇与他们的第一个孩子

院的学生,1939年在大学期间就加入共产党,是老党员了,曾担任上海学生抗日救亡协会大学区的区干事、中法工学院学协校代表,后来转到潘汉年领导下的情报系统工作。他很欣赏刘德曾的工作热情和负责精神,唤她小刘,工作之余还聊聊天。

刘德曾也喜欢跟程钧一起工作,因为他有政策水平,遇事能拿出办法,没有干部架子。后来她才知道,程钧在做地下党时从事的是非常危险的情报工作。抗战胜利后,国民党派出接收大员来上海接收汪伪政权的财产时,上级领导派他打入国民党内部,当一位姓张的接收大员的副官,直到上海解放,组织上叫他到华东局报到,他的真实身份才公开。这时他才知道,他的上级就是潘汉年。地下工作当时都是单线联系,他上面的联系人是刘人寿,刘人寿还负责联系李白(电影《永不消逝的电波》中的原型)。了解了这些情况,刘德曾对他更佩服了,渐渐地,友情发展成爱情,他们成了机关里大家非常艳羡的一对恋人。

但是谁也没有想到,程钧那段非常光荣而且危险的革命经历,在后来的党内生活中被弄得很复杂,地下工作的经历变得不那么光荣,甚至像一颗定时炸弹一样,到了关键时刻就要被引爆。

1953年搞"三反""五反"运动的时候,机关里不太平了,有人借口程钧在统战部里管钱、管物(其实不过是管管招待香烟、管批条子买高级商品、安排招待用餐而已),抓他的贪污问题,连夜搞批斗、逼供。程钧不服,与他们争执,越顶情况就越严重,还牵连到了刘德曾。刘德曾原本没有任何事情,她大学一毕业就到机关工作了,毫无历史问题。可是有一天,突然一张大字报,说刘德曾"身后有两个老虎(指运动中有问题的人),一个是她的父亲,一个是她的男朋友……"要她与他们划清界限,应当起来揭发、斗争。统战部一个姓谭的尤其"左"得悬乎,一副大公无私革命到底的气概。还有人对她说:"小刘你样样都好,就是政治上差了些……"言下之意就是她应当与程钧划清界限。

可是尽管人们眼中的小刘是天真烂漫的,但是她基本的品性是诚实和正直的,她非但不肯跟程钧划清界限,反而很同情他,知道他是冤枉的,仍旧继续与之交往。这时,程钧已经看出形势不对,预感到党内生活恐怕还要出问题,怕自己的事情会牵连小刘,就对她说:"你跟着我,大概不会幸福的,请你慎重考虑。"越是这样,小刘越是不服气,她偏要站在程钧一边。"三反""五反"之后,尽管最终并没查出程钧有什么问题,但由于他"态度不好",还是被降了级。

1954年,他们在一种组织不信任的气氛中结婚了。由于两人心里都憋着一股气,单位里喜糖都没发,只有少数很要好的同事带了礼物前来祝贺。

真金不怕火炼

1955年,他们的第一个孩子刚出生不久,有一天她带着孩子回娘家看父母,突然接到程钧弟弟的电话,说是公安局来人抄家了,把哥哥带走了。刘德曾一时还没反应过来是怎么回事,一打听,原来是肃反运动开始了,不仅是程钧,潘汉年、刘人寿,还有谭崇安等人,过去一起在上海搞地下工作的老同志,一下子都被关起来了。刘德曾这才明白,事情麻烦了,这绝不是一个人的问题。她很快向自己的单位领导作了汇报,坦率地表示，作为共产党员，我们服从党组织的决定，接受党组织的审查。但是要审查多长时间，以什么样的形式进行审查，她问领导，领导也不知道。显然，她成了一个审查对象的妻子，无形中矮人三分。尽管领导安慰她不要着急，审查会有结论的，但是人毕竟被关进南市看守所了，而且不许家属探视，就已经说明了事情的严重性。她整天担心，整夜睡不好觉，不知丈夫在里面怎么样了。不久，她被调离了原单位，到机关事务管理局和机关干校工作，这都给她带来很大的精神压力。

一年多后，丈夫总算被放出来了，说是他的历史审查清楚了。原来当年他受命打入国民党内部，为之当副官的那位张将军，也是中共地下党，不过他们属于不同的系统，于是真相大白。程钧毕竟久经考验，不做亏心事，不怕鬼敲门，在看守所内静心读书，研究理论，思考问题，并没有吃皮肉之苦，出来之后情况还好。而看守所之外的刘德曾却心急如焚，除了繁忙的工作、沉重的思想负担，还要照顾幼小的孩子。坚持了一年多，等到程钧出狱时，她的身体已经被拖垮了，开始大吐血，肺部出了问题……当时的统战部长周文登门赔礼道歉，统战部为她联系了当时最好的肺科医院，并住进虹桥疗养院。

刘德曾、程钧夫妇八十寿辰

身体恢复之后,刘德曾调整好状态,又精神抖擞地投入了工作。1958年,中苏关系尚没有公开破裂,但在机关干校的课程中,除了语文和数学,还要开英语课了,这回刘德曾优秀的英语能力得到了发挥。那时来干校培训的学员不是脱产的,而是每天提前一小时来此上课。八点钟上班之前,七点钟先到靠近外滩的建设大楼(福州路江西路路口)上课,上到八点半下课,只占用半小时的上班时间。但是学员都是科级以上干部,局长就有好几个,他们平时工作很忙,常常缺课,刘德曾看了着急,她特别认真,下课后就一个个去"抓活的",上门为他们补课。

后来交际处工作忙了,又把她调了回去。哪个领导不喜欢埋头苦干、从不计较报酬的老黄牛呢!再后来,交际处与国际旅行社合并了,办公地点在华侨饭店,工作上仍旧是发挥她的特长,教英语,学员是来自全市各大涉外大宾馆、大饭店的干部和业务骨干,半脱产,包括后来以接待毛泽东出名的乐翠娣等,读书都用功得很,都是她的得意门生。教室设在中苏友好大厦(今上海展览中心)的顶楼,共有四个班。至于教材,当时根本没有旅游和宾馆接待方面的教材,只能自编自教。她不但自编了油印本的教材,其中有大堂接待用语、餐厅用语、客房用语、迎送用语,别人还根据她编的英文教材,翻译成德文、法文和俄文。这大概是新中国最早的宾馆业务外文教材了。

工作永远是忙碌的,但是丈夫程钧自从受审查之后,忙碌的内容有了很大变化——他总是被送到工厂或乡下去劳动,与农民同吃、同住、同劳动,一去就是好几年。明眼人一看就明白,他不再受重用,他的工作岗位与统战工作也全无关系了。

风雨面前不低头

"文革"爆发时,刘德曾已经是零陵中学的英语教研室主任了。在此之前,她在沪光中学当过英语教研室主任,因为零陵中学是新学校,需要加强师资力量,上级从各校调配师资,而原定沪光中学调去的一位老师不愿前去,刘德曾觉得总是要有人去的,自己是干部,应当站出来,于是主动要求调去了。

谁知这个学校到了"文革"时不得了了,成了搞打砸抢、逼供信的"重灾区","左派"势力嚣张至极。一些青年教师仗着出身"红五类",争相在运动中"露一手",带领学生到处抄家,把一些老教师关入"牛棚",私设公堂,轮番批斗,致使一向勤勤恳恳、认真工作的教导主任跳楼致残,一位女教师被迫害得精神失常,两个女教师的头发被剃光后,日常进出安全都没有保障。他们甚至逼迫一位革命烈士家属承认丈夫的被捕牺牲是她出卖的,要她长时间跪在地上认罪,致使这位女教师肾病复发,不久后就去世了。还有一个教师刚刚夫妻团聚,她丈夫的单位刚刚给他们分了房子,却被作为反革命无休止地批斗,实在被折磨得受不了了,夫妇双双服毒自尽……学校里一时间到处风声鹤唳。

刘德曾自然也跑不了,被污蔑为"反革命家属",逼迫她与丈夫划清界限。她的家三次被抄,造反派抄不出金银财宝和反革命罪证,就把家里的古书、字画和一些有历史价值的纪念品拿去烧掉,有些被拉到废品收购站卖掉。她必须每天早晨六点钟就赶到学校,早请示,晚汇报,参加劳动。更加令人气愤的是,她家的邻居竟然也与学校的造反派串通一气,造谣生事,无事生非,把刘德曾晾在外面的大衣说成是跟特务联络的信号,把上门修棕绷的手艺人说成是特务来接头了,甚至跑到学校的揭批大会上"揭发"她家里有个发报机,一个电报就可以发到台湾去……

不幸的是,她的丈夫程钧由于过去在潘汉年、刘人寿领导下从事地下工作的经历,"文革"中再次被列为"审查对象"。这一回"审查"的时间可就长了,隔离审查一段时间后,并没有审出什么新问题,但也不放他回家,叫他去奉贤"五七"干校劳动,这期间不许通信、不许探视,更不许回家。刘德曾只能从送衣物进去后丈夫给她的回条上知道他还活着。三年后丈夫获准回家探望时,七岁的女儿竟然问妈妈:"这个人是谁呀?"

在严酷的形势面前,刘德曾夫妇没有低头。面对造反派咄咄逼人的审讯,刘德曾反问他们:"我与我丈夫认识,是解放以后的事情,我怎么会知道他解放前做的事情呢?""潘汉年当时是副市长啊,如果他有问题,市领导肯定不知道的。如果知道了,怎么会让他当副市长呢?既然领导都不知道潘汉年有问题,我丈夫又怎么会知道呢?"造反派理屈词穷,便说她态度不好,叫她去扫走廊,扫厕所。这期间她每天早出晚归,孩子都还小,儿子上小学,女儿才四岁,常被邻居欺负。为了孩子的安全,她带着孩子搬到母亲家住了。

面对来自各方面的重压,刘德曾都默默地承受着,思想上无疑非常苦闷,但是有一条她很明确,她坚信这种天下大乱的局面肯定不会长久,总有一天会真相大白!

永远的大家风范

果真,粉碎"四人帮"后不久,潘汉年得到平反昭雪,刘人寿等也从监狱中放出来了。刘德曾夫妇政治上也得重见天日,长期压在他们头上的重负终于被推翻了。尽管这时候他们都已经青春不再,但是党在新时期的号召和使命,重又点燃了他们如火的工作热情。刘德曾来到徐汇区业余大学,在新的教育岗位上焕发了新的青春。她积极投入教学改革,为培养和帮助青年教师尽快提高业务水平,一改过去的教学方法,大大提高了教学质量,数次被安排上公开课和语法讲座。她还组织爱好英语的学生成立兴趣小组,排演英语节目,在徐汇区各校汇报演出时获得一致赞扬。她多年来一直担任高三年级毕业班的英语教学,1978年恢复高考时,她教的学生考上大学英语系的竟有16名之多。由于她出色的业务水平,80年代中还被上海外语学院(今上海外国语大学)聘为兼职教师,1983年正式调入该校英文系任教,直至1987年退休。退休后她继续发挥余热,在上海交通大学国际文化学院教外国人学汉语近十年,学生来自日本、美国、英国、澳大利亚等国,她与学生们建立了良好的友谊。她还积极参加外事翻译工作协会和中西女中、圣约翰大学校友会的活动,在这些活动中她又获得了新

第十四章 不屈不挠 刘德曾实践丹心谱

的生命动力。

现在刘德曾的一对儿女都已学有所成,成家立业,各有建树。她和老伴儿都已离退休,但他们不愿落伍,很快学会了电脑,每天除了看报看电视,还常常坐在电脑前忙碌着,写校史,写回忆文章,查阅各种资料,各自都有忙不完的事情。

2002 年刘德曾家合家欢

第十五章

阴差阳错
刘绳曾"骑马戴关刀"

双重豪门的故家旧事

相府千金李国华

花园洋房里的惊险故事

祖上遗产知多少

"一痣在腰,骑马戴关刀"

怀揣一枚金戒指登上北去的列车

在"隐蔽战线"上立功受奖

双重豪门的故家旧事

如今已是解放军师级离休干部的刘绳曾，仍是一副部队"隐蔽战线"的标准做派。他性情沉稳，谈吐谨慎，棱角分明的五官除了严肃，还时常透出些许沉思和疑惑。他说话"惜字如金"，不轻易发表意见，也不主动议论什么事，与那些热衷畅谈天下的豪门后裔大相径庭。

也难怪，习惯成自然。一个长期被视为"出身不好"的职业军人，一个在相当长的时间里家庭成分上有先天"缺陷"的人，一个背着沉重的家族历史包袱，却一辈子从事部队最机密的军事情报工作的人，"守口如瓶"不仅必须成为职业习惯，也早已成为个人生活习惯，因为机要工作者必须执行铁的纪律。他性格有些内向，且不甚善于言辞，但他头脑再清楚不过——这样"糟糕"的家庭出身，这样复杂的社会关系，这样一个旧社会故家旧族里出来的少爷，能得到部队领导的信任，长期委以重任，从事军事情报工作，已经非常不易了，岂能不知天高地厚地自说自话、胡吹乱侃？

所谓"糟糕的家庭出身"，具体是什么呢？

刘绳曾父亲这边问题还不算太大，虽说也属于晚清封建官僚大家庭，但是曾祖父刘秉璋是中国近代史上的功臣，晚清对外唯一的一次大胜仗即中法战争镇海战役，就是他在浙江巡抚任上亲自指挥的。他老人家在四川总督任上九年，成功地阻止了英国势力入藏，这对中国的长远利益具有重大的战略意义，也就是因为此事，刘秉璋得罪了洋人，洋人向朝廷施加压力，他的仕途也就到头了。刘绳曾的祖父刘体仁是刘秉璋的次子，为光绪丁酉年举人，也曾赏戴花翎，任湖北候补道，清廷垮台后，在北洋政府中做过官，但是时间不长，因看不惯袁世凯的倒行逆施而南下，躲进小楼成一统，反正安徽

第十五章 阴差阳错 刘绳曾"骑马戴关刀"

老家有田有地,自己有吃有穿,儿孙后辈吃饱穿暖有书读也就够了。一生平平常常,是一个非常耿直的读书人。刘体仁的夫人是淮军名将张树声的女儿,生了六个儿子、三个女儿。刘绳曾的父亲是二房的老二(刘家大排行是老三),名刘济生,圣约翰大学毕业后赴美国留学,专攻土木建筑工程,可惜回国后不久就染上伤寒而病逝,那时刘绳曾出生才三个月。在当时,伤寒是很可怕的,没有特效药,他的大伯父也是因伤寒撒手人寰。其实,刘济生当时已经基本痊愈,只是肠胃非常虚弱,不能进食,只能吃些流质,因此觉得饥饿难忍。这时一个好心的仆人于心不忍,给他吃了一碗米饭和红烧肉,这一吃不得了,很快肠胃出血不止,导致不治身亡。祖父刘体仁原本是一个远离官场又不屑于经商的读书人,两个儿子先后病逝后,经受不住打击,不久后也去世了。所以刘绳曾父亲这边,除了安徽老家有田可以收租,按当时的说法就是剥削,其他似乎牵涉不到更多的"罪恶"。

而母亲这边可就复杂得多了。母亲李国华是李鸿章的孙女,即李鸿章的大儿子李经方的长女。那时李鸿章"大卖国贼"的帽子人尽皆知,而外公李经方的名声也不佳。虽然这位钦差大人学富五车、才高八斗,会五国文字,曾出任清廷驻日、驻英、驻法公使,但总体来说他一生跟着李鸿章办洋务,满腹经纶全用来打理倒霉的"弱国无外交"了。他做过的好事不大有人记得,比如收回中国的邮政管理权等,但是"割台大臣"(甲午战败后根据《马关条约》,李经方代替李鸿章去台湾签字画押)的"头衔"人们都记住了。李经方对家族的贡献很大,1934年去世前留下了长长的亲笔遗嘱,非常具体地安排了他身后的财产处理。据说他临终头脑非常清醒,甚至对自己的死期好像是有预感的。临终前几日,他突然盼咐佣人在院子里挖一个大坑,到半夜时还问几点了?家人回答"12点了",到天亮发现他早已停止了呼吸,寿终正寝。

李经方非常宠爱大女儿李国华,即刘绳曾的母亲,因为她是大太太唯一的孩子,在那个年代女人都要裹小脚,她可以不裹,而且受到很好的培养和教育。这一点李经方倒是不封建,讲究男女平等,这或许与他长期当外交官,受"欧风美雨"的熏陶有关。家里聘有一位国文教师和一位外国教师,教她中文和英文,这在过去大家族的女眷中并不多见。刘绳曾的两个舅舅李国焘和李国烋也受过良好的中文和英文教育,李国焘晚年还应邀翻译过《尼赫鲁传》。李国华对父亲十分孝顺,几乎每年夏天都要带上一

上　刘绳曾的母亲李国华
下　老年李经方

两个孩子去大连探望李经方,尽管她晕船晕得厉害,每遇风浪都头晕呕吐,视去大连为畏途,但那时去大连只有海路,她仍坚持要"常回家看看"。

作为李家的外孙,刘绳曾虽然没有见过外公李经方,但却充分遗传了外公的"外语细胞"。直到若干年后回忆往事时,刘绳曾对自己记背外语单词的灵敏度也感到有些意外,再生僻的单词居然也能过目不忘,难道是天生的本事吗?虽说他从小学三年级在中西附小读书时就开始读英语,但是读过中西附小的人多了去了,不见得人人能有这番功夫,在各门功课中,他的确是英语成绩最好。这大概是老外公留给他的最重要的无形遗产吧。

自然,外公留下的有形遗产很多,仅上海的房产就有一百多处。毋庸置疑,身为清廷的高官肯定能捞到不少好处,然而李经方的大部分财产却是在辛亥革命后自己经商所得。从辛亥革命大清帝国垮台,到李经方在大连去世,中间有二十多年的岁月,李家又是一个大家族,家眷众多,完全靠原先的家底是无法维持的。况且,从现在看到的李鸿章去世后李经方、李经述(李国杰代替)、李经迈三人的《分家合同》来看,李鸿章并未留下多少财产,大多都是在安徽乡下的田产。李经方不太在意乡下的田产,尚海派,有意在大城市经商。他很有经商的本领,在上海、南京、芜湖都做过房地产生意,还投资过纺织厂和股票,当过轮船招商局的督办,还是交通银行的第一任董事长(现在交通银行的行史室里还有他的塑像)。估计在民国初年的时候,他的经济还不算太宽裕,否则,他为什么要与内弟刘晦之一起，卖掉一屋子的古董呢？据说是卖给了来中国访问的瑞典王子，获得28万美金，这在当时是件很轰动的事情，在李家和刘家都盛传一时。

> **相府千金
> 李国华**

刘绳曾的母亲李国华是典型的名门闺秀、相府千金。她出生在李经方的"钦差府"，虽被视为掌上明珠，但不是整天娇生惯养、穿金戴银、盛气凌人，而是一位天性文静，明白事理，遇事礼让三分的贤淑女子。她的处世哲学是与世无争、包容一切，所以从不大发脾气，也从不为一些小事斤斤计较、争论不休。她非常注重的，一是孩子们的健康，二是孩子们的教育，是刘家和李家一致公认的一位温良恭俭让的贤妻良母。

她嫁到刘家也是父亲李经方"钦定"的结果。有两种说法，一是"指腹为婚"，就是在李经方的夫人和刘体仁的夫人都怀孕的时候，两家就说定，如果两位太太生下来一个是男孩，一个是女孩，那就定为儿女亲家，不许反悔。二是"拍屁股"的说法。说是有一次李经方来到刘家，看到几个奶妈、保姆抱着小毛头在晒太阳，他走过去一看，朝着一个胖乎乎的小毛头屁股上拍了几下，说："就是他了！"这个小毛头就是刘济生，与李国华从小青梅竹马，一起玩耍，长大后"顺理成章"地结为夫妻。他们非常恩爱、和谐，相互尊重，育有三男两女：儿子刘绍曾、刘宪曾、刘绳曾；女儿刘寿曾、刘福曾。只可惜刘济生寿不长，步入中年就病逝了，抚养和教育孩子的重任就落在李国华一个人身上。后来他们的五个孩子都考上了大学，刘绍曾、刘宪曾沪江大学毕业，都是工程师；刘寿曾南京中央大学美术系毕业，是徐悲鸿的学生；刘福曾圣约翰大学毕业，姐妹俩都是教师。他们在各自的工作岗位上各尽所能，各有所成。

刘绳曾回忆起小时候母亲定下的规矩，或许现在的人还不大相信——平时是没有零花钱的,甚至过年时长辈们给的压岁钱也要"上交";一放学就要回家,不许在街上闲逛或到处玩耍。他与二哥刘宪曾要攒一点零花钱怎么办呢?那只好把上学乘车的车钱省下来(搬到古神父路即永福路后,家里已经没有车子接送他们上学),只要天不下雨,他们往返学校就"走读",或者乘三等车厢(那时法租界的电车分头等、三等),省下的"差价"归自己。但是母亲对待亲友却很大方,令刘绳曾记忆犹新的是,在"八一三"淞沪抗战时,他们全家都积极投入了抗日热潮,大姐画抗战漫画,二哥教唱抗战歌曲,母亲则义无反顾地捐款捐物,还捐出不少自己的金银首饰支援抗战,同时敞开大门,接待那些从外地逃入上海租界的亲友,仅孩子就有七八个。他那还在读中学的二姐还参加了救护伤兵的市民救护队,出钱出力,为伤兵清洗伤口,得到母亲的全力支持。后来大姐刘寿曾南京中央大学美术系毕业后,长途跋涉奔赴延安,进入鲁迅艺术院校进修,也得到母亲的支持。

抗战时期,不仅是李家和刘家,几乎所有的故家旧族都处在风雨飘摇之中。李国华的晚年也非常无奈,因抗战爆发后,整个经济秩序大乱,祖上留下的股票和家产在不断地缩水、贬值中,加上不法商人的坑蒙拐骗,家道中落,致使李国华精神紧张,常处于惊恐不安和忧心忡忡之中。她患有高血压和肾病,经不起精神重压,1940年秋卧床几个月后,终至撒手人寰。

李国华毕竟是相府千金,那时候大家族"面子比天大",别的事可以简单,后事不能简单,但那时家里已经拿不出很多钱来办豪华的丧事,于是向亲戚借了一根大条(金条),买了一口由一棵完整的楠木大树凿成的楠木棺材盛殓。灵堂和悼念活动设在华山路上的一个殡仪馆,李家和刘家的亲朋好友以及李经方的故旧等都来鞠躬行礼,向她的遗体告别,一时人来车往,非常轰动。此后,又在清凉寺做了七七四十九天超度亡灵的法事,子女们天天要去磕头,九个老和尚不停地念经,每七天要放一次"焰口",还要烧一些纸钱。最后一次特别隆重,烧的纸钱也特别多,不仅是纸钱,还有纸扎的洋楼、汽车、包车、日用品,甚至还有纸扎的仆人、丫鬟等,几乎囊括了她生前所用的一切。李国华生前信佛,这些做法应都符合她的意愿。

李国华没有留下遗嘱,身后遗产由五个孩子平分。儿女们和睦相处,学业和工作各自有成,该是对她最好的告慰。

花园洋房里的惊险故事

李经方在刘绳曾出生前一年已经迁居大连(被他的小儿子李国㷀一时心血来潮"闹革命"而逼走的),只有孙姨太陪同在侧。刘绳曾兄弟姐妹五人跟着母亲在上海住过很多地方。

最早他们住在山西北路的一栋大房子里,靠近北火车站。后来搬到爱尔近路(今安庆路)河南路路口的一栋大花园洋房(即李经方在上海的住宅)。住了一段时间后,又搬到极司菲尔路(今万航渡路)55号,也是一处大花园洋房。他们从来没住过李家在上海留下的里弄石库门房子。在极司菲尔路55号时,两次遭遇小偷光顾,一次被偷走一个留声机,留声机在当时也算是稀罕之物;还有一次被偷走一些衣物。两次失窃都惊动了巡捕房,大动干戈,来了很多人,家里主人和仆人全部都要按手印,调查一番,结果也是不了了之。还有一次巡捕房抓捕逃犯,冲进花园,还真的上演了一次真枪实弹的"官兵捉强盗",一颗子弹正击中刘绳曾卧室的玻璃窗和蚊帐,所幸没有伤人。抗战时期,这里离汪伪的特务机关76号很近,很不安全,只得再搬家,搬到法租界的皋兰路17号。极司菲尔路55号的房子就成了

刘绳曾的父母刘济生、李国华夫妇

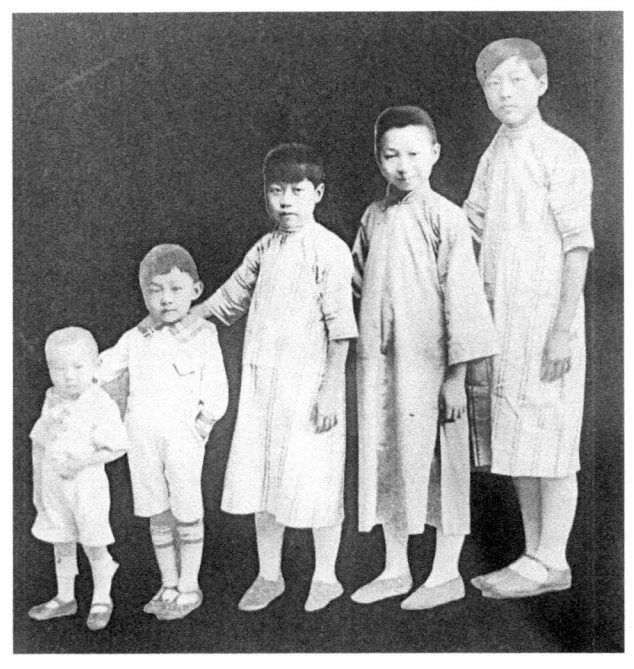

刘绳曾（左一）与哥哥姐姐

大夏大学的临时校舍，因该校原有的校舍被日本人占领了。

皋兰路17号也是一处大花园洋房，花园里可以开汽车，后来也办过学校，可知其规模之大，不是普通民居。现为思南路幼儿园。隔壁住着孙中山的秘书，再过去几家人家就是张学良的住所。李经方因是驻外国公使，生活很洋派，很讲究排场，所以刘绳曾兄弟姐妹的青少年时代完全沐浴着"欧风美雨"。那时全上海只有一万多辆轿车，刘绳曾家有一段时间竟有两辆，原先自家有一辆，车号5135。1934年外公去世后，李国华去大连奔丧，回来又带回一辆，另外家中还有包车（旧式人力车）。他们上学不是汽车接送就是包车接送。而且，小孩子也有自己的汽车，当然是进口的可以乘人的玩具汽车，可以很像样地在花园里行驶。刘绳曾的哥哥刘宪曾开车时，刘绳曾就站在车门边的踏板上当"保镖"。白天开车在花园里兜圈子，晚上车就停在自家的小车库里。有一次"保镖"从车子上跳下来，头撞在墙上，血流不止，至今头上还留着一块伤疤。

但是在战争年代，即便皋兰路这样的高级住宅区也很不安宁。隔壁孙中山秘书家的车库门口，几次发现血淋淋的人头，弄得人心惶惶，大家知道这是汉奸的恐吓伎俩。

因为张学良和孙中山的秘书都是抗日名人,这一带就备受日本人和汉奸的骚扰。不得已,只好再搬家。

1939年,他们搬到古神父路255号,也就是现在的永福路255号。那里也是高档住宅区,国民党前国防部长何应钦的花园住宅就在他家隔壁,现在上海科技情报所院内那栋号称何应钦旧居的平房,其实只是一部分。抗战时何家全家去重庆,房子空着,由佣人看管。转过一个街口就是现在的淮海路,那里的逸村2号是蒋经国在沪的住宅,1号住的是刘绳曾的一个叔叔。古神父路255号住宅比之前的房子面积要小得多,但是花园里也可以打打羽毛球,荡荡秋千。这里也出现过惊险一幕——有一天晚上,对面人家突然有人爬上屋顶大声叫喊:"捉强盗——捉强盗——",刘家赶紧打电话给巡捕房,那时太平洋战争还未爆发,日本人还未进租界,很快,七八个法租界的巡捕和"包打听"提着手枪冲进来,占据面向对面人家的窗户和平台,一副剑拔弩张的样子,弄得刘绳曾一家人张皇失措,生怕一旦双方开火,流弹乱飞,"城门失火,殃及池鱼"。后来总算还好,强盗早已逃之夭夭,巡捕们无功而返。一家人惊魂未定,但总算平安无事。

祖上遗产
知多少

由于刘绳曾的父亲刘济生从小就过继给大伯刘体乾,而且去世得早,亲生祖父刘体仁又是位不屑于做官和经商的老学究,致使他家这一支本无多少遗产可继承。他们的生活主要靠母亲从外公李经方那里继承来的遗产。母亲去世后,兄弟姐妹五人仍旧靠那些剩下的遗产生活,只是多年乏人打理,社会又动荡不安,到20世纪50年代公私合营的时候,这些遗产已经所剩无多,最后"冰释"殆尽。

那么,刘绳曾的母亲李国华究竟继承了上辈多少遗产呢?这些遗产后来又到哪里去了？刘绳曾的二哥刘宪曾写有一份回忆录，回忆录的附件中开列了一张"家庭财产情况表"，其中记录了六处房地产：

一、南京天成旅社及马巷房地产。该产业李国华与其侄子李家骥共有，于1946年出售。

二、南京某处地产（名字不记得）。该产业刘家与李家骥共有，于1950年出售。

三、上海闸北泰源坊地产（该处房屋在抗战时被日本人炸毁，只剩下地皮）。1950年出售。

四、上海仁里房地产（江阴路）。1951年出售。

五、南京泰来旅社房地产。刘家与李家骥共有。解放后由房客以租金付清地捐，后来可能公私合营（无收入）。

六、南京棉鞋营及大板巷房地产。情况与泰来旅社相同（无收入）。

根据刘绳曾的回忆，这六处房地产除了后两项南京的房地产因公私合营等原因

李经方遗嘱局部

第十五章 阴差阳错 刘绳曾"骑马戴关刀"

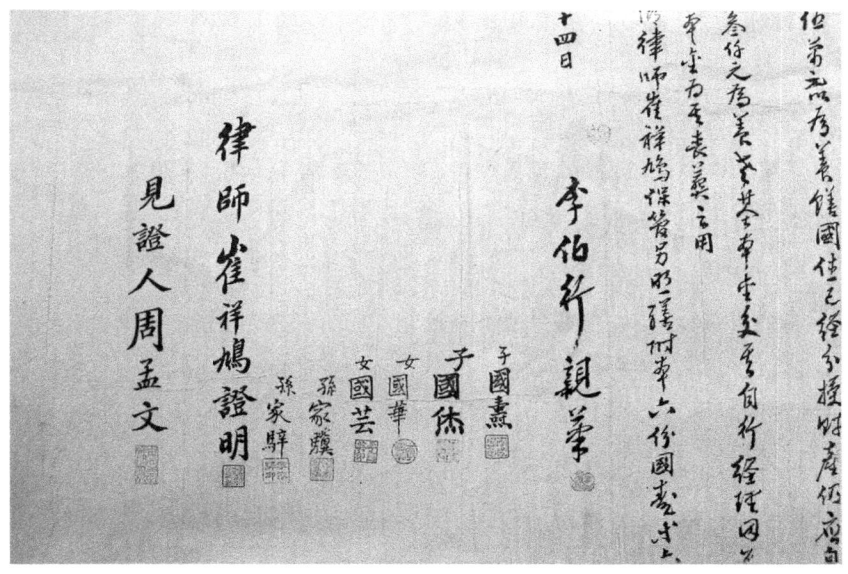

李经方遗嘱签名

无法出售外,前四项从1946年至1951年均陆续出售了,所得钱财兄弟姐妹平均分配,每人各得黄金约90两。其中第一次出售的南京房地产,每人分得约32两黄金,由于当时刘绳曾与二哥刘宪曾还在读书,就统统交由大哥刘绍曾保管。刘绍曾出于好心去搞经营,期望通过买股票增值,但结果是一无所获,血本无归。他是一个化学专业的大学生,毫无金融经验,结果也只能如此。1950年刘绳曾去了北京,他的二哥刘宪曾已经在第四机械工业部工作,两兄弟一致将后来获得的房产出售款捐献给国家抗美援朝,或作为党费上交党组织。

但是,查阅现存李经方的孙子李家骁手里的《李经方遗嘱(谕单)》,发现当年在刘绳曾母亲李国华名下的遗产还不止这些。以下这些条文写得非常明确:

> 谕子:国煦、国然、五女国华、六女国芸、孙家骥、家骅等,我一生勤俭成家,所自置各处田地、房产及各项股票并各处存款,今以年老不便管理,因预为尔等分配之,所有分法条列于后:
>
> ……
>
> 上海英界孟德兰路基地市房,又闸北中兴路基地市房,均分授与五女国华执

业，此两处道契均已过户交其收执。

……

南京城内外基地市房，每年所得租利暂全数归吾养缮。将来身后归五女国华及孙家骥二人各半执业，惟花园一所，专归五女国华私有，家骥不得干涉。所有南京契据，先检出交国华、孙家骥共同保管之。

……

妾王氏，给以华安水火保险公司股票二张，每张规元银一万两，又太平银行股票三张，每张洋一万元；又三张，每张洋一千元，为其终身养缮。至其终天年之日，所给与以上之股票八张，应归五女国华所得之外孙寿曾、绍曾、福曾、宪曾、绳曾等五人收受，为学费，以作纪念。

……

运漕镇所有市房基地，全数给五女国华，契据各件即检交其收执。

……

此谕单正本应由芜湖律师崔祥鸠保管，另照缮附本六份，国焘等六人各执一份，以资遵守。

民国二十二年十二月二十四日

李伯行

子：国焘、国休

女：国华、国芸

孙：家骥、家骅

律师：崔祥鸠证明

见证人：周孟文

其中说的李家骥是刘绳曾的表哥，是李经方从李家某一房过继来的孙子，因为大太太只有女儿没有儿子，为了继承香火，于是过继来一个孙子。

这是1933年的事情，这些遗产还相当可观。可惜几年后抗战爆发，整个形势发生了巨大变化，尤其是李国华病逝后，刘绳曾的哥哥姐姐没有一个人擅于打理这些遗产，家里的账房也没有一个像老保姆黄大那样忠心耿耿且非常能干，房租很快也收不到多

第十五章 阴差阳错 刘绳曾"骑马戴关刀"

少了。据说当初出租房子的合同上都没有写明出租的时间范围,也没有关于房租要随行就市这一说,于是物价上涨了,房租却没有上涨。最后,只剩下一条弄堂即成都路江阴路上的仁里,其中有一栋房子出租合同签订得比较具体,还能收回些房租。那是一条有八栋石库门房子的弄堂,后来刘绳曾读书、治病和日常生活开支,主要就靠这栋房子的房租。整个生活的基调,就由乘轿车、住洋房、上洋学堂,逐渐变成卖卖当当"吃瓦片"过日子了,这大概是外祖父李经方怎么也想不到的。

从1940年到1950年十年间,渐渐地,剩下的房地产也全都到别人腰包里去了。《红楼梦》中说"呼啦啦,大厦将倾","落了片白茫茫大地真干净",活生生的现实居然真的如此。刘绳曾在参军之前与大哥一家同住在中山公园附近的兆丰别墅,是用五两黄金顶下来的房子,后来只剩下两间房间。上海解放时中山公园门口落下炸弹,他大哥为了安全,让大家睡在红木圆桌下面。又过了一些时日,这些红木家具也没有了。成套的雕刻精美的锡器餐具,出售时按重量称,五块钱一斤就卖掉了。

> "一痣在腰,
> 骑马戴关刀"

刘绳曾在家中是老小,最受长辈们疼爱。他在1949年5月参军之前,尽管家道中落"吃瓦片",但也从未洗过一块手帕,不曾穿过一双布鞋,一直是穿皮鞋,穿洋服,过着饭来张口、衣来伸手的少爷生活。母亲去世那年他才12岁,生活上开始由其大哥当家,大家庭生活的基调开始变样,但只要有老保姆黄大(当年他母亲陪嫁过来的丫鬟,是一辈子与主人家生死与共的忠厚的农村妇女)在,刘绳曾就不会受苦。这位黄大在刘家多年,已然成了刘家的一员。李经方葬在万国公墓,刘绳曾的大舅也葬在万国公墓,同时也给黄大买了一个墓穴。他们希望大家活着的时候在一起,死了以后也能在一起。

刘绳曾小时候身体不好，大病小病不断，水痘、腮腺炎、伤寒、头癣等等，最严重的是患有肺结核，那时叫"肺痨"，而且不像现在可以用抗生素控制，几乎是不治之症，刘绳曾的一个堂姐和一个堂兄，都是患这个病不治而亡的。刘绳曾的母亲想尽一切办法给他治病，常去外国医生那里花大价钱为他诊治，所以三天两头病假在家，难免会耽误了功课。

母亲最疼爱他，无微不至地照料他，看他年纪小又经常生病，非常发愁，常带他一个人外出吃营养餐。而老保姆黄大却很乐观，劝她不必发愁，因为她为刘绳曾洗澡时发现，他腰上长了一颗痣，就说："一痣在腰，骑马戴关刀。"也就是说，这个孩子以后肯定会当上军官，命好着呢！

或许真的是命中注定，后来刘绳曾果真一身戎装，在部队一路晋升，平平安安干了一辈子，最后告老还乡，离休后回到上海。

怀揣一枚金戒指 登上北去的列车

上海临近解放时，刘绳曾的哥哥姐姐们已经成家，他则在大同大学英语系读二年级，与大哥一家住在一起，长宁路兆丰别墅的一间小房间成了他的生活天地。在这之前，由于身体原因，他的读书生活断断续续，转过很多学校，读过中西附小（他母亲非常重视孩子的教育，五个孩子全是在中西系统读的书。中西女中是著名的贵族女校，基督教会办的，宋氏三姐妹均读过该校）、贯一小学、南洋模范、正养中学、东吴大学附中。他对于英语学习很有兴趣，长期订阅一份英文报纸，常看英文杂志，听BBC、VOA，唱英文歌曲，即便在病休期间也没有中断英语学习，大哥还曾为他请过一个外国人当他的英语家庭教师。所以他的学历也与众不同，没有小学毕业文凭和高中文凭，只有初中毕业文凭。就凭着初中毕业文凭，1947年他竟考上了大同大学英语系。大一读得很平静，大二下学期学校里不平静了，进步学生

第十五章 阴差阳错 刘绳曾"骑马戴关刀"

纷纷投入革命运动,有的甚至报名参军,参加解放军南下服务团,上海要解放了。

虽说是晚清豪门之后,但社会上,甚至世界上各种新思潮的兴起,对公子王孙的影响也不小,在革命浪潮席卷十里洋场的时候,一部分大宅门里的世家子弟也勇敢地冲锋陷阵,加入了革命队伍。

刘家刘绳曾这一代很多人都向往革命。他们刘家老二房这一支中,刘德曾在圣约翰大学读书时就积极参加进步学生的团契活动,大学一毕业就参加了新生的上海市人民政府的工作;刘禄曾东吴大学还没毕业就投笔从戎,报名参加了抗美援朝;刘禄曾的弟弟刘冰则参加了南下服务团,随军走遍大西南;刘绳曾的大姐刘寿曾甚至在抗战之前就去了延安,她原本南京中央大学艺术系毕业,是徐悲鸿的学生,画油画,后又去延安鲁迅艺术学院进修,抗战爆发之前返回上海,之后长期在学校里教美术。刘绳曾的二哥受大姐刘寿曾的影响,思想也非常进步,也在学生时代积极投入中共地下党组织的进步活动,并成为中共候补党员,至于一生屡遭坎坷,被打成"右派",那是后来的事情。抗美援朝政府号召捐献飞机大炮时,刘绳曾、刘宪曾都踊跃参加,并以此为荣。

这时刘绳曾面临何去何从的问题。他买了一本学习打字的书练习打字,起码也是一种技能吧,后来在工作中确实派上了用场。

刘济生留学期间在野外实习

又看到报纸上的广告,南京外语学院来沪招生,学校提供住宿,学杂费免费,是国家外交部办的学校,刘绳曾一看不错,南京距离上海也不算太远,立马前去报了名,这多少也是受了二哥的影响。临走前他去跟一些长辈告别,叔叔刘滋生(刘德曾的父亲)很同情他,因他没有了父母而且多病,就给了他一枚金戒指,说是如果在南京生活过不惯,就买张火车票回来。

南京外语学院在上海及江南一带招收了好几百人。刘绳曾怀揣着一枝金戒指随大家登上了北去的列车。但是出乎意料的是,事情远没有想象的那么简单——他被选入一支二百人的特殊队伍,这支特殊队伍浩浩荡荡,一路北上,走走停停,为防国民党飞机的轰炸,夜行日宿,经过几天几夜终于到了北京。更令他惊讶的是,到了北京不久,领导要求他们换穿军装,宣布他们是劳动大学外语训练班,后来又宣布为革命大学四分队,属于解放军军委二局,住在颐和园附近的西苑。

穿上军装的刘绳曾

刘绳曾开始时有些想不通,他明明报考的是南京外语学院,怎么到北京来了?明明是读大学,怎么转眼成了当兵的了?他过去看见过很多旧军队的兵,美国兵、日本兵、国民党的兵、汪伪的兵,他最讨厌当兵的,假如当初知道是军事学院,他根本不会报名。可能是命中注定吧,黄大的预言"一痣在腰,骑马戴关刀","骑马"不就是要当兵的吗?至于"戴关刀"也不是子虚乌有,这二百人刚穿上军装就都成了副排级的干部了。

生活上跟在上海是没法子比了。每人每月有价值20斤小米的津贴,开饭时一个班围成一圈,大家一起蹲在地上吃饭,一个星期才能吃到一次肉。没有自来水,冬天洗衣服要到池里砸开冰层,舀出水来洗衣服。不过那不是一般的水,而是现在价格不菲的玉泉山上流下来的真正的矿泉水。抽水马桶更是奢想,厕所是一长排臭气熏天的蹲坑。这对于住惯花园洋房的上海小开来说,无疑是巨大的考验。果然,有人吃不消就开小差了,或坚决要求退伍,他同宿舍的一个朋友就开溜了。刘绳曾坚持了下来,他觉得自己一无所长,也就会点英文,那就既来之则安之吧。

第十五章 阴差阳错 刘绳曾"骑马戴关刀"

刘绳曾、胡乃峨夫妇

他们每天由专家授课，学英语，学情报业务，还要写自传，接受审干。抗美援朝中，他们还去支援军粮，把大批麦子炒熟，然后磨成粉，作为志愿军的口粮。大家轮流上岗，八个小时一班轮换，二十四个小时不间断地炒了三天三夜。

两年后的1951年，培训结束了，分配工作。刘绳曾被分配到总参三部。由于他外语好，业务强，肯吃苦，加班加点无怨言，平时又沉默寡言，从不跟领导过不去，也从不跟周围的同志闹别扭，政治上好像"糊里糊涂"，整天埋头业务，绝对符合情报工作的要求和素质，所以一干就是几十年。他从一个经常生病的上海小开，逐渐成长为解放军"隐蔽战线"上的无名英雄，在一般人眼里，不能不是个奇迹。

在"隐蔽战线"上立功受奖

刘绳曾在部队勤勤恳恳、认认真真地埋头苦干，经常受到领导表扬和奖励。那时

没有电子计算机,工作全靠手工,有时一项任务来了,要几十个人合作才能完成,而且常常加班加点到深夜。刘绳曾从不叫苦,多次立功受奖。翻开他珍藏的个人履历,一摞"大红帖子"昭然在目——1956年被评为先进工作者;1959年被评为先进工作者;1960年被评为先进工作者;1961年荣立三等功;1962年被评为五好工作者……直到1974年,还获得一张嘉奖的奖状。

至于立功受奖的具体内容,刘绳曾至死都不会说的,那是他的职业操守决定的。他和妻子胡乃峨都是离休干部,1987年离休后,回到上海的部队干休所生活,目前过着幸福、安定的晚年生活。

回顾往事,刘老不胜感慨。他觉得最痛心的事情就是没能对母亲尽一份孝心。小时候他体弱多病,母亲总是请来最好的医生为他诊治。他记得有一个为他看病的叫郑祖穆的医生,据说还为蒋介石看过病。为他的学业,母亲也操碎了心。由于总是生病,他读书真的是"三天打鱼,两天晒网",那时还不懂得用功,所以小学就转了三次学校,都是母亲亲自前去联系、办妥的。身体好些时就顽皮了,常给母亲添乱,不是跟别的小孩打架,就是把人家孩子弄得哇哇大哭,害得母亲出来调解。一会儿又把头撞破了,母亲不得不送他去医院包扎,还每次亲自陪他去换药。哥哥姐姐们管他叫

(上) 军中就餐

(下) 参军后自己洗衣服

| 第十五章 阴差阳错 刘绳曾"骑马戴关刀"

刘绳曾夫妇与女儿、女婿

"碰哭精"(上海方言),一碰就哇哇大哭,还不停地问为什么。比如每天下午五点钟,母亲会给他吃一块饼干,如果第二天换了品种,他就会问:"为什么?"母亲说:"昨天那种吃完了。"他又会问:"为什么吃完了?我要吃昨天吃的那种……"母亲常常被他闹得头疼。刘绳曾说,他所有的一切都与母亲的关爱分不开,而自己想要尽孝心时,母亲早已离他远去了。

古训言:"子欲养而亲不待。"只能是此憾绵绵无绝期了。

第十六章

抗美援朝
战壕夜莺刘禄曾

女翻译官原是名门之后

九死一生的战火洗礼

战俘营里与美国大兵面对面

战地夜莺,圣诞之夜放歌喉

停战之夜,战地月光别样明

二十八年后,当年战俘认"首长"

夜莺美声今依旧

女翻译官
原是名门之后

抗美援朝战争打响后,1950年年底,志愿军总部来上海紧急招募一批青年翻译入伍,因为前线陆续抓获了大量联合国军俘虏,但是无法对话和审讯,缴获的英文文件也没人看得懂。于是在上海招了二十三人,其中女性十人,正在东吴大学法律系读四年级的刘禄曾就是其中一位。

参军打仗,抗击外国侵略者,对刘禄曾来说并不陌生,因为她的曾祖父刘秉璋就是晚清抗击法国侵略者的名将,刘家后代家家户户正堂上都挂着曾祖父严肃的画像;教育后代的故事中,曾祖忠君爱国、抗法卫国的事迹总是排在第一位。这种传统的、正能量的家教,使得刘家人在50年代轰轰烈烈的社会大潮中,一点儿也不落伍,而且非常顺应。刘禄曾的弟弟妹妹在她参军之前就已随部队走了。大妹妹刘望曾刚高中毕业,参加了共青团中央办的土改学习班,最后落脚在哈尔滨团市委工作。最先走的是大弟弟刘懋曾,1949年参加了西南服务团(即南下干部服务团),走遍大西南,最后落脚在四川。小弟弟刘重曾响应国家上山下乡的号召,去了湖北省坚利县国营农场,在那里工作了一辈子。

刘禄曾的母亲魏文俊是湖南衡阳人,也是大家之后,上辈人与曾国藩家族、曾国荃家族、李鸿章家族都有姻亲。她是魏家最小的女儿,抗战前嫁到刘家时陪嫁达三千银圆,尽管刘家有一栋安装了自来水的大房子,还嫌不够,又盖了八栋三层楼的洋房,七栋出租,自家住一栋,还投资钱庄和布庄,直到抗战爆发后全家从芜湖逃到上海。刘禄曾的母亲给她们姐妹每人一个金手镯,最小的妹妹还外加一条金项链,在抗美援朝大家捐献飞机大炮的热潮中,他们全都捐献给国家了。

风雨同舟五十春,沧桑岁月悟人生。
丹心白发长相映,犹筑新巢寄晚情。
2003.11.14

上 刘禄曾的父母刘汉生、魏文俊合影

下 刘禄曾、艾奇夫妇

刘禄曾从小喜欢唱歌跳舞，圆圆的小脸很讨人喜欢，在学校里一向是文艺骨干。上海解放后，她还在东吴大学读书，就已经考取了第三野战军第九兵团政治部文工团，还准备报考华东军政大学，但是抗美援朝、保家卫国号角声一响起，她立马投笔从戎，放弃了唱歌跳舞和军政大学，也没有跟父辈商量，拎起行装就报名上路了。他们乘上闷罐车，从上海一路北上，到沈阳时上级关照要精简行装，于是把东西打包寄回家，只剩一个背包和一只书包，1951年年初，在一个滴水成冰的早晨，随军雄赳赳、气昂昂地渡过了鸭绿江。

九死一生的战火洗礼

鸭绿江对岸完全是另一个世界，战争的疮痍处处可见。刘禄曾被分配在中国人民志愿军第九兵团政治部下属的敌工部，具体工作是调查研究组的英语翻译，包括审讯战俘。第九兵团团部设在朝鲜中部一个叫"球场"的村镇的废墟上，下属很多师、团。来到前线才知道翻译还是不够用，九兵团机关只留了三个女同志，其余全都下部队，然而每个团也只分到一个翻译。当时已是第三次战役之后，敌工部里堆着一大堆缴获来的英文文件和宣传品，刘禄曾等三人的任务既要把这些英文文件立即翻译出来，还要收听敌台，随时把情报向上级汇报。然而她们三人之前谁也没有学过军事，刘禄曾是学法律的，面对眼前的军事术语，如兵种、番号、军衔、武器、枪支、弹药，甚至班、排、连、营、旅等词汇都从未接触过，一开始真是一筹莫展。但是她边干边学，靠一本辞典日夜恶补，甚至把辞典中的军事用语全都分类抄在一本本子上，死记硬背，反复记忆，很快能胜任工作了。

随着战事的推进，不久九兵团团部要向"三八线"方向靠近，一天行军90里，要走十几天,头上有美国飞机盘旋,脚下是从未走过的山路,逢山爬山,遇河下水,每人身上除了行李和伪装,还要背五斤米。在上海乘惯轿车的刘禄曾,眼睛直盯着前面一个小炊事员背上的行军锅,亮闪闪的,一步也不敢落下。老兵们告诉她,再累也不能停下来,一停下来就起不来了。这个来自上海的大小姐脚上磨起了血泡,气喘吁吁,实在走不动了,好心的战友不知哪里找来一头牛,让牛拉着她走。到了宿营地,先把她身上背的米解下来煮了吃,还帮她弄来热水洗脚、挑破血泡……第二天行军她仍然感到身上的行李千斤重,一路上只好扔东西减轻负担,最后把一件心爱的进口毛衣也扔掉了。

除了战争环境的危险,自然环境的恶劣也无法想象。冬天大雪纷飞,动辄零下二三十摄氏度,甚至到零下四十摄氏度,只有团部才有热炕。刘禄曾与战友常在冰冷的防空洞里工作,阴冷潮湿,腰冷,脚冷,那种冷仿佛侵到了骨头里,她们都患了关节炎。有一次大雪封山,雪大得把防空洞洞口都封住了,她们出不去,外面人也找不到她们的洞口了,幸亏一位前来联络的朝鲜人民军小战士奋力挖雪,总算把她们救了出来。

还有一次是在夏天,百年不遇的山洪引发了泥石流。当时刘禄曾与其他三位女战友正在一条小河对岸山坡的草棚里工作,在农村长大的敌工科科长很有经验,叫了几个同志,扛了两根树干横在小河上,命令她们快过河!她们踩着树干摇摇晃晃地刚刚过河,科长就向她们吼道:"快跑!快跑!"她们

⬆ 大学时代的刘禄曾

⬇ 刘禄曾在朝鲜前线

跟着科长不顾一切地爬上一道山坡，回头一看，不得了，原先的那条不过尺把宽的小水沟，一下子变成了一条大河，她们刚才还在里面的那个草棚已经被大水冲走了，整个村庄全被淹没了……

战俘营里与美国大兵面对面

第五次战役之后，前线下来一批又一批战俘，蓬头垢面，胡子拉碴，有的拄着拐棍，有的缠着绷带、披着军毯，跌跌撞撞，狼狈不堪。其中美国兵居多，也有英国、加拿大、土耳其、希腊等国的士兵。刘禄曾参加了审讯战俘，主要是了解他们的基本情况，属于哪个部队，姓名、军衔、番号，做好登记，编排好班组，安排食宿、伤病员的包扎和治疗。战俘在兵团的敌工部一般停留不超过三天，只留下重点调研对象，其余的一律送到志愿军总部的战俘管理营。

在与战俘短暂的接触中，有几件事给刘禄曾留下了深刻的印象。她觉得美国兵总体上怕苦又怕死，一有他们自己的飞机飞来就慌成一团，不是抱头缩脑就是往树下跑，还建议用木柴向天空摆出"POW"三个大英文字母，说明这里是战俘营，美国飞机就不会轰炸了。

由于山地运输困难，志愿军官兵自己吃的粮食都要到十里地以外的后勤部去背来，现在一下子增加了这么多战俘，粮食运不上来怎么办？于是领导决定，除了伤病员之外，一般战俘也要去背粮食。但是有的战俘不听从命令，有的躲在厕所里不肯出来，有的躺在被窝里不肯起来。战士们火了，要用枪押着他们去，领导认为这样不妥，容易滋长敌对情绪，于是叫刘禄曾前去做工作。刘禄曾先是找了几个下层士兵中的积极分子说明情况，然后开会说明，志愿军宽待战俘，但不是宽待无边，现在连志愿军战士自己吃的粮食都要自己去背，你们有什么理由光吃不干？然后宣布："凡是今夜自己不去背粮食的，明天就不准白吃别人背来的粮食。"结果这一招很管用，原先不愿去背粮的，这时都乖乖地站起来排到队伍中去了。每隔四五个战俘就有一名志愿军战士荷枪同行，跟他们一起去背粮。有几个战俘还趁机报复他们的长官："过去服从你们太多了，现在要讲人权平等了吧！"

刘禄曾还碰到一个傲气十足的美国飞行员，是飞机被我军击中后跳伞被俘的。这个人三十来岁，上校军衔，资格很老，参加过第二次世界大战，眼中布满血丝，盛气凌人，根本不把中国人放在眼里。面对前来审讯他的刘禄曾，更是一脸不屑，还喃喃自语道："想不到我一名将门后裔，竟落到一个毛丫头手里。"刘禄曾知道，对付这种人不能示弱，要针锋相对地斗争，于是提醒他注意："我的曾祖父刘秉璋七十年前担任浙江巡抚时，就是抗击外国侵略者的英雄，他后来当了中国的四川总督。现在轮到我来对付你们这些侵略者了！"那飞行员一愣，半天没说出话来。但在后来的审讯中，他装聋作哑，拒绝回答问题。刘禄曾与领导研究后认为，这个人自命不凡，认为我军软弱可欺，要改变策略，先把他晾在一边，打掉他的傲气，取消对他的优待，如吃小灶、发好香烟、提供洗澡、理发等条件，把他与几个南朝鲜战俘关在一起，他们对美国兵早已深恶痛绝。几天之后他吃不消了，睡眠不好，伙食也不如以前，又没有好烟抽，于是自找台阶下了。他写了一张纸条

刘禄曾在抗美援朝前线

叫人转给刘禄曾,上面写道:"对不起,刘尉官,前几天我心情不好,表现糟透了。能否不要让我和南朝鲜战俘在一起?我愿意回答你提出的所有问题。"

还有一个美国黑人战俘,也给刘禄曾留下了深刻的印象。这个黑人叫斯蒂芬,22岁,家境贫寒,原在美军一个工兵营当炊事员。他非常懊恼地告诉刘禄曾,自己是个新兵,刚上前线没几天就糊里糊涂地当了俘虏。经教育帮助,斯蒂芬表现很好,在学习会上积极发言,在墙报上带头写稿,还主动监视一些不服管教的白人俘虏,为刘禄曾通风报信,厨房忙时他也乐于去帮忙干活儿,他原本就是伙夫,扛米、宰羊都不在话下,还喜欢体育活动,担任了战俘俱乐部的生活管理班长。由于表现好,常被表扬,刘禄曾每天就多发五支匈牙利香烟给他,以资奖励。

但是他也闯过一次大祸。1952年1月,美军为削弱我军的有生力量,扭转败势,竟然不顾国际公法,向我志愿军阵地投放了细菌弹。有一天,美军飞机一阵空袭过后,大家发现营地前后散落了很多异样的蚂蚁,这时志愿军官兵已经被告知美国鬼子开始打细菌战了,人人得注射防疫疫苗,刘禄曾至今还保留着当时的预防注射证,上面记录了注射几次斑疹、伤寒、鼠疫、霍乱等疫苗的情况。他们知道,这些异样的蚂蚁一定是带病菌的毒蚂蚁,劝说大家不要靠近。但是斯蒂芬不信这一套,因为白人俘虏动不动就拉肚子,而他身体好,适应性很强,吃得下,睡得着,从不生病,为了逗能,他还随手抓了几只蚂蚁放在嘴里吃了。可是三个小时之后他开始发高烧,上吐下泻,部队不得不把他紧急送到后方俘管营的总医院抢救。痊愈后他非常后悔,写了一篇《我永远不会再相信美帝国主义》的文章,贴在墙壁上,揭露美帝使用细菌弹的罪行。

1952年早春的一天,刘禄曾接到命令,带几个战士到30公里之外的一个山村,去接收一个已经被当地老百姓控制了的美国空军飞行员,种种迹象表明,这个战俘很可能就是向我军投掷细菌弹的飞行员。到达时已经接近天黑,只见几位志愿军哨兵围在一名惊慌失措的美军战俘身边,与其说是防范他逃跑,还不如说是防止朝鲜老百姓打死他。当地百姓不论男女老少,只要见到美国战俘就会一拥而上,拳打脚踢、牙齿咬、剪刀戳、扔石块,劝都劝不开,拉也拉不动。如果他们知道他是细菌弹的投放者,非把他撕烂不可。刘禄曾通过地方政府和朝语翻译,反复向老百姓做工作,直到深夜才获准把人带走。

那天夜里是零下三十摄氏度的严寒,刘禄曾与几个战士带着那战俘,站在敞篷大卡车上,飞速向兵团团部驶去。天寒地冻,风雪交加,眉毛都白了,帽子两边结起了厚厚的冰碴子,美国俘虏受不了了,开始蹲下来,后来干脆躺下来,冻得浑身哆嗦,然后放声大哭。刘禄曾也冻得两腿发麻,感觉自己的脚要冻掉了,无法动弹,不由得也想哭了。但想到自己是为正义而战的胜利者,是押运战俘的志愿军军官,不能在俘虏面前丢人,于是咬紧牙关,振作精神,决心坚持到底。她对那战俘训道:"哭什么?要不是我军的宽大政策,你早就被朝鲜老百姓打死了。好好想想,回去老实交代问题!"

可是一到有柴火取暖的九兵团团部,浑身暖和过来之后,那家伙开始耍赖了,连名字报的都是假的。他真实的名字叫伊纳克,是个很有心机的老滑头。他知道细菌战是个敏感话题,是违反国际法的秘密行动,他害怕被带到国际法庭上作证,于是想方设法抵赖、逃跑。刘禄曾几次审讯下来进展不大,就叫他闭门思过,趁午饭后休息时间,她与另外几个翻译和工作人员在老百姓门前学跳朝鲜舞。等她再去提审伊纳克时,突然发现人不见了,他从后门向山上逃跑了!这还了得!于是敌工科长紧急动员警卫战士分头去找,封锁各个路口,终于在下午四点左右,把这个家伙再次捉拿归案。只见他拿了一面破镜子,企图利用镜子的反光与美机联络。这时接到上级通知,俘获投放细菌弹的飞行员,必须立即送志愿军总部政治部俘管营,不得迟延,通知还指出,对这种战俘要严加警卫和保密,保障其人身安全,防止逃跑和发生意外。于是伊纳克再次被宽大处理,并被当作宝贝似地护送到了总政俘管营。后来,经过耐心的启发教育和优待俘虏政策的感化,共有二十五名投放过细菌弹的战俘如实交代了问题,其中就有伊纳克。

战地夜莺,圣诞之夜放歌喉

1952年10月刘禄曾从九兵团政治部敌工部,调到刚入朝参战的24军政治部敌工科,任英文翻译。11月上甘岭战役之后,快到圣诞节前夕,战斗在"三八线"前沿的志愿军24军,迫切需要一名能在前沿阵地直接向敌人喊话的英语宣传人员,部队要利用圣诞节前后时间,组织一支宣传小分队,集中向敌人发动一次政治攻势。他们原有一名男翻译,平时主要做文字翻译,所用口语不多,这时刘禄曾主动要求上前线,领导批准了她的要求。此时她已经有两年的战争生活经验了,不仅没有丝毫畏惧,反而感到无上光荣,要争取火线入党。

这支宣传小分队配有一台小型手摇发电机、一套大功率播音喇叭。人员共有七人,四名志愿军战士(护线员,电线随时会被炮弹炸断),两名朝鲜人民军战士(轮流手摇发电),刘禄曾担任英语广播员。从二十四军军部到最接近前沿阵地的连队指挥所,要过好几条敌人的封锁线,最后一道是一片号称"死亡之谷"的开阔地,有一平方公里左右,被敌人轰炸得连草都没有了,是敌人严密控制的一条封锁线,每隔七分钟就要向这里发射一阵排炮。这是在志愿军第五次战役之后,敌我双方逐渐进入阵地战的情况下美军实施的一个战略,就是想用封锁线切断志愿军后勤补给的办法,使我军无法前进,把我军困在山头上,所以他们不知往这些封锁线上倾泻了多少万吨钢铁。但是部队要守住阵地,必须有一支比钢铁更坚硬的运输队,所以每天傍晚夜色朦胧的时候,为前线运送食品和武器弹药的运输队就开始穿梭。运输队员都是年轻力壮的小伙子,他们已经摸到了敌人打排炮的规律,个个精神抖擞,炮声一停就箭一般地冲出去。刘禄曾等就跟在运输队的后面,也冲入"死亡之谷"。多年后刘禄曾回忆道,那时候才明白什么叫"枪林弹雨"——他们在山沟里隐蔽的时候,只见炮弹像倾盆大雨般地落在眼前的开阔地上,炮声一停,趁着弥漫的硝烟的掩护,他们拔腿就跑,跑出去就是胜利,跑不出这条封锁线就有生命之虞。

在朝鲜,人们常说:"白天是美国人的,夜晚是中国人的。"刘禄曾与小分队来到209团7连的坑道,高音喇叭早已由前沿部队的战士安放在山头的掩体里,晚上开始对敌广播,每天从晚上八点到深夜一点,她在广播里用英语宣传我军的立场和优待俘虏的政策,还播放《欢乐颂》《平安夜》《铃儿响叮当》等圣诞节名曲,以及《送我回家》《友谊地久天长》等思乡曲,朗诵散文《一封未写完的家信》等。接近圣诞节

刘禄曾（中排左三）与朝鲜人民军战士

的时候，前沿阵地的枪炮声很少了，尤其在夜晚，四周的山林迎来了非常难得的宁静，小分队的高音喇叭大显身手，声音回荡在山谷，非常响亮。七连的坑道与最前沿的敌军阵地相距不过二三百米，想必《平安夜》的旋律引出的是深深的无奈和绵绵的乡愁。

这是刘禄曾第一次深入前沿阵地，时间是1952年12月到1953年春节之前。任务完成之后下阵地时，敌工科科长派了一班长送她下山。这次一班长带刘禄曾走的是另外一条路，本以为这条小路隐蔽些，但没想到敌人的炮火更猛烈。这条路要穿越一条五里路长的敌人封锁线，敌人火力非常密集，是刘禄曾遇到的最危险的一次行程。过封锁线必须不断地快跑，一班长把刘禄曾所有的行李都背过去了，叫她拉着他的枪把子只管快跑，不要停下来。刘禄曾只见左边一炮，右边一炮，眼前全是硝烟，大约跑了半个小时，终于跑过了封锁线。她的汗水把棉袄都湿透了，脚下的皮靴有千斤重。由于跑得太快，一进入我军的喀秋莎大炮的掩体，她就倒在地上了。掩体里的战士们见他们跑进来都非常吃惊："这么密集的炮火，你们是怎么过来的？"晚上她睡觉时，一班长帮她在火炉上烘棉袄……回忆那段生死线上的日子，刘禄曾觉得，那时候，把命交给领导是可以放心的。

停战之夜，战地月光别样明

1953年7月初，刘禄曾再次奉命进驻前沿阵地，对敌开展政治宣传攻势。这次去的是24军70师216团的一个尖刀连队，距离坑道对面美军的山头不过一二百米，因美军阵地的两边都是李承晚的部队，美军盘踞的山头夹在中间，被连长称为"饺子馅"。当时战争已经接近尾声，敌我双方在边打边谈、谈谈打打之中，最终在军事分界线以及战俘问题上达成了妥协。但是李承晚军却不肯买账，跳出来反对和谈并从中作梗，迫使中朝军队不得不发动一场狠打李承晚军的关键性战役——金城反击战（又称夏季反击战）。

刘禄曾到达前沿阵地的时候，金城反击战的第二阶段已经结束，一场更大的战斗正在孕育。她的任务除了照例每晚对敌广播外，又增加了一项喊话——用一个长柄喇叭，从坑道旁挖开的洞眼里伸出去，直接对着美军阵地喊话，把每天关于停战谈判的进程告诉美军，以瓦解他们的士气。渐渐地，对面山头与这边似乎有了默契，凡是刘禄曾广播和喊话的时候，对面就不打炮了，方圆几十里，整个山谷一片寂静，谁都能感觉到，她那夜莺般的嗓音，在月光下一泻千里，表达的是大家渴望停战、渴望回家的共同心愿。

7月中旬，夏季反击战打得异常激烈，我军收复了178平方公里的土地，从前线抬下来的伤员一批批地经过坑道……但是渐渐地，炮声远了。经了解，原来正前方与我对峙的美军，见两旁的李承晚军的山头被我军占领，已经陷入我军包围之中，他们想要溜了。连长急了，坚定地说："不准他跑！我还要吃这口饺子馅呢！"于是命令用重炮封锁敌人退路。又过了几天，连长正为上级不让一举干掉对面山头的死老虎发急时，突然间接到部队换防的命令，当夜，兄弟部队闪电般地进入了坑道。24军撤出前，连长通知刘禄曾说："敌人已经熟悉了你的声音，为了不让对方觉察我军的动向，上级决定你仍留在这里，不下阵地。"

第十六章 抗美援朝 战壕夜莺刘禄曾

新来的兄弟部队，配备着第一流的现代化武器装备，很快熟悉了敌情和地形，正准备向对面山头发起进攻时，突然接到上级通知，停战谈判已经达成协议！此时是1953年7月27日上午10时。坑道里官兵们一片欢腾，刘禄曾几乎被大家抬了起来："我们胜利啦！我们胜利啦！"

停战协定于当晚10时生效，此时全线必须实行停火，并在七十二小时之内，双方一律从分界线后撤两公里，不准再进入非军事区一步。

停战消息传来时已近中午，前线的枪炮声尚未断，刘禄曾竭尽全力向敌方反复喊出了这条消息。晚上8点以后，炮声渐稀，山谷里宁静了。每天奔忙在生死线上的运输队的士兵们，此时接到上级通知，为了减少伤亡，今天不必立即返回，可以等到10点钟以后再返回。从8点到10点，这晚的两个小时好像特别长，运输队的士兵不停来问："广播员同志，离10点还有几分钟啊？""10点钟怎么还没到啊？"刘禄曾那唯一的手表简直成了全体关注的焦点，他们盼望这个时间早点到来，他们要立刻赶回去，把胜利、停战的消息告诉战友和家人。晚上10点一到，运输队员们一个个兴冲冲地跳出了坑道。

尽管领导关照，为防止流弹，不许走出坑道，但是满怀胜利喜悦的战士们还是一个个悄悄地爬出了坑道，观望对面山头的动静。刘禄曾也熬不住跟着爬上了山顶。只见天上的月亮格外明亮，敌人的探照灯已经不再照着我方，而是只管照着自己那边的公路，飞机也不再往我军这边飞，而是沿着分界线横飞。天亮之后，刘禄曾惊奇地发现，对面山头上有几个大个子美国兵也在往山上爬，他们见到刘禄曾后大为惊奇，后来知道，原来他们以为我们的广播、喊话用的是录音机里事先录好的声音，没想到真有大胆女兵来到了前线！看样子对面美国兵没有敌意了，刘禄曾就率领战士们一齐向他们喊话："我们要和平！""我们不要战争！"但是他们表现得很沮丧，没有一个人搭腔。

停战协议生效后的第二天，刘禄曾和战友们奉命下山，这回不用担心枪林弹雨了，可以大摇大摆地下山了。见到山下几个炮弹坑里有积水，大家欣喜若狂，连忙奔过去洗手、洗脸，她还特意把帽子摘下来，把头发弄弄湿，她已经记不清有多少时间没洗头、洗脸了。大家沐浴在温暖的阳光下，忘情地呼吸着新鲜空气，看见路边有一丛金达莱已经开花了，才突然醒悟到——和平真的到来了！她前所未有地体味到，和平是多么珍贵啊！幸存者是多么幸运啊！

二十八年后，当年战俘认"首长"

时光飞一般流逝，转眼到了1979年春天。

已经是老外事工作者的刘禄曾，接到一项特殊任务，陪同86岁高龄的著名教育家吴贻芳博士到美国七个城市，作为期两个月的访问。飞机上，吴老问刘禄曾此行有何想法。刘禄曾感慨万分，她觉得像做梦一般："世界上真的没有永久的敌人，也没有永久的朋友。这不，我从小到大都在美国人办的教会学校读书。抗美援朝洗了我的脑子，一扫过去的崇美、亲美、恐美的思想，跟狼狈不堪的美国战俘打了不少交道。没想到，三十年后的今天，我又陪您以朋友的身份出访美国了。"

更加令她无法想到的是，她这次在美国居然又与当年的战俘打了一次照面。时隔二十八年之后，在纽约白罗克伦博物馆的一次公众活动中，一下子被人认了出来！那天正逢该馆每月一次的群众性聚会，一位高个子男人走过来跟她攀谈，刘禄曾觉得这个人有点似曾相识，但是理智告诉她，她在美国没有亲戚，不可能认识他。但是这个人不肯放松，问她是常住美国还是最近才来美国，若干年

勋章数枚

刘禄曾(左一)陪吴贻芳(右二)在美国

前是不是到过朝鲜。刘禄曾回答得越多,那人脸上笑得越灿烂,然后紧紧握住她的手说:"您就是刘军官吧!您不记得我了,可是我还记得您啊!在你们志愿军的战俘营里,您以战胜者的身份审讯过我,圣诞节时,您还发给我一件小礼物——一个红底白字的小别针,上面写着'和平'二字,我到现在还保存着呐!"接着又说:"想起来了吗?我叫詹姆斯。"

啊——刘禄曾不由得笑起来了,二十八年过去了,这个当年的战俘居然还记得那些特殊的日子。1951年春天,詹姆斯随着大批战俘被押解到第九兵团团部,他当时才22岁,因偷人家汽车犯了罪,自愿到朝鲜战场一年以抵刑期,可是第一次上战场,一枪未放就当了俘虏。他从小信仰基督教,审讯时他一脸迷惑地说:"上战场前,随军牧师虔诚地为我们祈祷过,还特意拍拍我的肩膀说,'詹姆斯,放心去吧,上帝与你同在,我每天为你祷告。'现在怎么都不灵了呢?报纸上说东方女人都很漂亮,朝鲜苹果又大又甜,可是都没看见……"两天后,他们这批战俘要被送到志愿军总部的战俘营去了,一位战士来报告,说一个大个子战俘昨晚没参加背粮。一了解,正是詹姆斯,刘禄曾前去一看,他正在发烧。刘禄曾去找来军医为之诊治、服药,同时将情况汇报领导,批准他当晚可以乘车前往战俘营,免于步行。下午她走过战俘班时,看见一个志愿军小战士正在用手指刮詹姆斯的大鼻子玩。她悄悄对小战士说:"刮鼻子也是侮辱人格,与我军的政策不符,以后不能开这种玩笑。"想不到,看病、乘车、刮鼻子三件区区小事,竟给詹姆斯留下终生难忘的印象。已经人到中年了的詹姆斯热情邀请刘禄曾去他家和他开的餐馆聚餐,可惜由于行程安排得很满,未能成行。

夜莺美声
今依旧

转眼六十多年过去了,刘禄曾虽然青丝不再,但是激情依旧,她的思绪随时随地可以轻易地飞回战火纷飞的岁月,战场上的一切,至今历历在目。说起过去,她总是想起那些没能和她一起返回国内的首长和战友。当年对她们进行英文考核的路洪绪老师,原先是圣约翰大学的教师,跟她们一样经历了抗美援朝的全过程,可是在停战前不久,乘坐的车子不幸翻在山沟里了。还有一位刘禄曾认识的部队团参谋长,在一次穿越敌人封锁线的时候,不幸倒下了……

战争结束后,刘禄曾从部队转业到南京,成为政府部门的一名普通职员。她虽戴过军功章,加入了共产党,但在"以阶级斗争为纲"的年代,因家庭出身问题,她总是不被信任,经历了不少误解和痛苦的折磨,但是她没有退却,她坚信自己是战士,无论是有硝烟还是无硝烟的战场,自己都应像面对"死亡之谷"一样,义无反顾地冲过去!

刘禄曾在纪念抗美援朝的演出中

真金不怕火炼。"文革"结束后,她重新被起用,从事外事旅游工作,去了欧美和澳洲,离休前是中国国际旅行社南京分社美大部的经理。离休后,她仍旧在国际旅行部门工作了多年。她原本是念法律的,随着国内法制建设的加强和涉外案件的增多,她还被江苏省司法厅批准为省商务律师事务所的特邀律师。

如今,刘禄曾还是爱国主义教育的积极分子,尤其是南京军民纪念抗美援朝的各种活动,台上台下总是少不了她的身影。她那夜莺般的歌喉一展开,总能让全场观众的心潮跟着她一起奔腾。

第十七章

一展身手
高科技强将刘松龄

缺少母爱的童年

父亲的不幸与幸运

"出身不好"压力下的大学生活

接受贫下中农"再教育"

走进"春天的故事"

激情似火,退而未休

缺少母爱的童年

新闻路上的小校经阁，前院是个大花园，高高的广玉兰树下，经常奔跑着一群小孩子，有些手拿"兵器"，冲杀得很起劲，有些在踢毽子，也有的在打球、做游戏，不到吃晚饭不会"收兵"……这些都是刘晦之老太爷的宝贝孙子，但是很少看到他们的父母亲前来——这是大宅门以外的人不太能想通的事情。他们生活在如此高墙深院的花园洋房里，不愁吃、不愁穿、不愁玩，也不愁没有书读，除了到校上学，家里还有专门的课读室，非常体面，外表锃光鲜亮，但是几乎每个孩子心里都有一丝酸楚——他们的父母离异了，父母亲各奔前程，把他们送到爷爷家，爷爷家什么都有，就是没有爸爸妈妈。

后来成为西北工业大学传热学科博士生导师的刘松龄，当年也是这群孩子中的一个。他的父亲刘函生，在刘家大家族里排行"老十八"，是刘晦之的第五子，圣约翰大学毕业。他的婚姻生活很不顺。刘松龄的生母是20世纪20年代上海滩著名的颜料大王奚家的小姐，家住南京西路现在梅陇镇所在的重华新村，家大业大，非常有钱，可惜婚后夫妻感情破裂，在刘松龄才一岁多时就分手了。婚变后，刘函生赴美国留学，小毛头只好就交给他祖母孙氏带，后来刘松龄就一直跟着祖父、祖母生活，直到上高中。亲生母亲对他来说只是一个概念，没有任何具体印象，甚至连照片也没有见过。祖母对刘松龄非常爱护，在学习上要求很严，小时候写毛笔字时祖母常站在身后注视，一笔一画都要写得工整，每天都要检查功课，不能马虎，学历史和地理都要求背诵。祖母的严格要求使刘松龄从小就努力学习，常在班上名列前茅。

若干年后回顾往事，刘松龄仍不无遗憾地说："小时候生活上是宽裕的，但是精神上总有个空缺——人家都有个妈,我却没有妈!"妈妈是孩子一生的第一需要,是可以撒娇的避风港。虽幼年有祖母的关爱,但没有妈妈的爱抚,使他的童年生活少了应有的温暖,不能不说是很大的遗憾。

后来他和父亲在一起的机会也不多,父亲在美国留学期间,遇到了他的继母包玉英女士。继母的身世也很不一般,可能因为家境不太好,被当年来华的一对美国夫妇领养,并带去美国生活,在 Ohio State University(俄亥俄州立大学)读书时遇到了刘函生,两人回国后结为伉俪。他们婚后没有住在小校经阁,而是住在威海路上的威海别墅,刘松龄有时到那里去,记得继母还教过他弹钢琴。开始因为生疏,刘松龄叫继母"干妈",后来在继母要求下便改口了。当时父亲在上海美商电力公司工作,日军占领上海租界后,家里生活日渐困难,父亲去了大后方重庆;抗战胜利回沪后,又回到电力公司任职,在小校经阁住了一段时间,1951年春又搬了出去,租住在太原路永康路一栋带花园的独立小洋楼里,这时他们已经另有了三个孩子,刘桂龄(大妹)、刘杏龄(二妹)、刘椿龄(弟弟)。从这时候起刘松龄才来到父亲及继母的身边一起生活,他已在读高中二年级了。继母是个善良的人,虽然刘松龄和她一起生活的时间只有两年左右,但她对刘松龄还是不错的,而刘松龄和妹妹、弟弟相处得也很好。

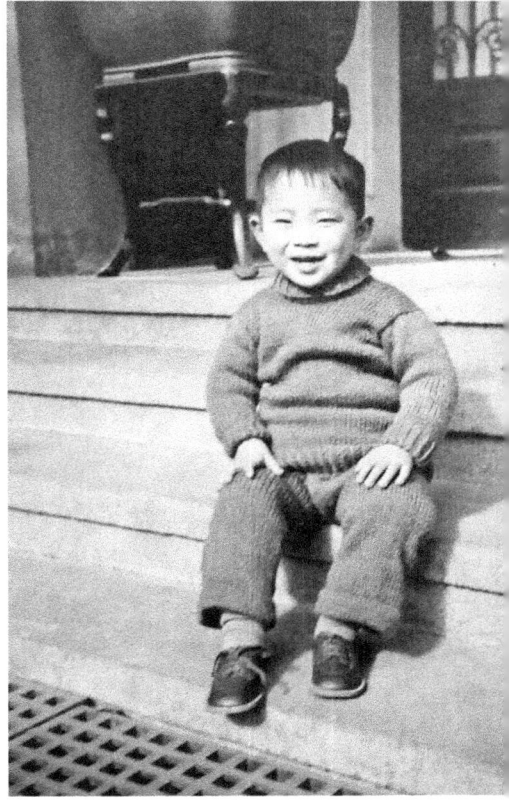

(上) 刘松龄小时候在祖父的小校经阁
(下) 刘松龄坐在小校经阁的台阶上

父亲的不幸与幸运

谁知后来发生了意外。1950年抗美援朝战争爆发后，解放军接管了美商上海电力公司，美国高层管理人员回国之前提拔了几个中国人接替他们分管各部门工作，刘函生被任命为财务处和秘书处处长。这原本不是坏事，但是在50年代初那特殊的政治空气下，工人阶级当家作主，他们这些在外资企业工作过的所谓高级"留用人员"，就处处受到怀疑，处境很不好。1952年"三反""五反"时，说刘函生有问题，是美国人信任的人。一天在杨树浦发电厂开群众大会的时候，他被勒令上台作检查，在台下一片口号声中被抓走了。第二天刘松龄去杨树浦发电厂询问，厂里说是"有政治问题和档案问题"，结果他被莫名其妙地关押了一年，后因查不出什么，又放了出来。刘松龄不肯罢休，经过几年的申诉，直到1956年才推翻了所谓的"政治问题和档案问题"。事情虽弄清楚了，但是工作没有了，更没有经济补偿，全家的生活就成了问题。那时刘函生曾被告知他可以被批准去香港，但他没有选择走这条路，而是选择留在国内。

刘松龄在父亲吃冤枉官司、无辜被关的情况下步入了大学校门，考上了位于南京的原华东航空学院。1956年，知识分子的境遇稍有好转，他父亲的情况也有了转机。刘函生夫妇都是美国留学生，英语很好，他们先后被介绍到解放军外语学院当英语教师（不穿军装，属于"文职"干部），于是离开上海，北上北京、张家口。这所学校是属于总参二部领导的，现在已经是所有名的军事外语学院，原先在北京五棵松，后来搬到张家口，再后来又南下，搬到南京郊区板桥镇，即现在的解放军南京外语学院。这个学校的领导思想比较开通，没有搞"唯成分论"那一套，而是从学校的业务建设出发，重用了两个有海外关系背景的高级知识分子，一个是刘函生，还有一个是李家瓛。李家瓛是李鸿章的嫡亲曾孙,刘家与李家原本就是世交,有诸多亲戚关系。他们俩共同语言多,上课效果好,教学质量高,于是被视为一对难得的"活宝",受到学校的重用和师生们的爱戴。

可是等到他父亲和继母到南京在外语学院任教的时候,阴差阳错,刘松龄又北上了。1956年华东航空学院搬到西安,改成了西安航空学院,后来又改称西北工业大学。总的来看五年大学生活是很有收获的,但由于"出身"不好,有时给他带来很大的压力。

"出身不好"压力下的大学生活

与当时的社会氛围相一致,高等院校里也搞阶级阵线,所有的"出身不好"的学生政治上都是受歧视的。刘松龄的家庭出身可以列出好几项"问题"——曾祖父是大清王朝的封建官僚;祖父是资产阶级银行家;父亲是美国公司的高级职员……统统都是革命的对象,所以即便他学的是航空发动机专业,但是关键的地方也不允许他进去。航空工业的研究和生产部门属于保密单位,出身好的学生可以进入,而他被排除在外,无形中成了二等学生。

大学三年级的时候下厂实习,学校把学生们分成两个组,家庭出身好的人可以去国防工业的工厂实习,而"二等学生"就只能去汽车厂实习,其中就有刘松龄。实习后到了暑假,学校又组织学生报名去国防工厂参加生产活动,刘松龄心想,实习时没有进国防工厂,这次争取去吧,就报了名,但校方通知他不能参加,失望中只得闷闷不乐地回家。他这个航空学院飞机发动机专业的学生,却不能接触国防工厂,这是那个时代的不幸,还是刘松龄个人的不幸呢?但与他的堂弟刘鏊龄、堂妹刘梅龄相比,他还算幸

刘松龄、俞元生夫妇

运,他们两人原本在北航学航空发动机专业,刘鑫龄还是上海市育才中学推荐报考北航的,比刘松龄晚一年入学,不幸被半途叫停,转入其他学校学习,原因还是家庭"出身"问题。

毕业前半年的1956年冬,传来振奋人心的消息,学校有意培养几名发动机设计专业研究生,学成后留校任教。一心想继续深造的刘松龄报了名并被录取,这是他在校学习期间最高兴的一段时间。学了几个月基础课后又传来消息:北航来了几位苏联火箭专家,他们几个研究生有可能派往北京跟随苏联专家学习。这样的机会谁不想争取呢?可是令人非常失望的是,五个研究生中四个都可以去,唯独刘松龄未被批准,原因又是"出身"问题。后经多方努力,找了系主任、校长恳求,才勉强同意其去北航学习。到了北京正值"反右"运动,校园里大字报铺天盖地,学习自然停了下来。直到10月"反右"运动告一段落,苏联专家讲课开始,但好景不长,大概是11月中旬,学校学生处来了一位领导,宣布刘松龄等四人因家庭社会关系问题不适合在火箭专业学习,应立即返回西安。本以为回西安后还可以继续研究生学习,想不到的是因为同样理由连研究生资格也被取消,改到教研室工作,刘松龄被派到专业基础课热工教研室,这个教研室的教师可不下工厂、不接触保密专业。刘松龄一辈子所从事的专业方向就这样决定了。

第十七章 一展身手 高科技强将刘松龄

家庭出身问题就像个沉重的包袱，是与生俱来的精神枷锁，不仅影响他的专业学习，更伤害了一个青年的自尊心，令他不能不感到悲哀。他明白，自己的路要靠自己来走，谁也帮不了忙。他决心用自己的实力来证明。在学校，业务能力、工作成绩毕竟是实打实的硬指标，他凭自己的实力和勤奋努力在教学和科研上都做出了好成绩，并且逐步晋升，由助教、讲师，晋升为副教授、教授、博士生导师。

刘松龄和发妻吴超云是大学同学，她也是西北工业大学的教师，他们1960年结婚，生有一个女儿，吴超云1983年因病去世。1985年，他与俞元生结婚，俞元生是西北工业大学副研究员，前夫1981年病故，她与前夫有一个儿子。刘松龄的家庭可算是教师之家，父母都是解放军南京外语学院的教师，大妹妹刘桂龄是上海音乐学院的教师，二妹刘杏龄是南京卫校的教师，自己是西北工业大学的教师。教师之家，这是多么光荣、典雅的称号！

接受贫下中农"再教育"

1964年，刘松龄与同事一起，参加了在全国范围推行的"社会主义教育运动"（即"四清"运动）。作为社教工作队员，他被安排到陕西洛南县一个村庄，住在一户农民家里，与这家农民同吃、同住、同劳动。当地农民很穷，一天只能吃两顿玉米糊糊。隔壁邻居是这个村庄的贫下中农协会主席，穷得更加离谱，全家七口人，睡一个土炕，只有一床被子。到了冬天，就靠国家补助。所谓国家补助，就是每人发一套棉衣棉裤，开春后，再把棉衣里的棉花掏出来，变成夹衣夹袄穿。农民就过着这样的穷困生活，还要"割资本主义的尾巴"，连房前屋后种的几棵柿子树、核桃树，都要当"资本主义尾巴"割掉，收归集体所有。农民很可怜，农村干部也很可怜，他们连饭都吃不饱，还要抓他

刘松龄终于可以走近飞机了

们的"多吃多占"。农村生活很艰苦，没有办法洗澡，几个月后身上就长了虱子，还有跳蚤，腿上被咬了之后常常发炎。"社教"搞了半年就结束了，刘松龄回到学校仍旧教书。这是他第一次较长时间接触农村。他做梦也没想到，中国的社会主义新农村居然是这样的。农民之穷，农村生活设施之原始、落后，令他大为吃惊，"不到农村，真的不知道中国农民是怎么生活的"。这大半年的经历，让他认识到了中国仍然是一个贫穷的国家。

1969—1970年，刘松龄与一批知识分子先后来到位于陕西一个穷山沟里的校属农场和西安郊区农村劳动，他们几乎什么农活儿都干过，烧窑、割稻、割麦、养猪、养羊、放牛，生活上非常艰苦，农场连喝水都是问题，要到沟底去挑水吃。一担水80斤重，晴天还好说，一下雨黄土地泥泞不堪，要连鞋带脚缠上草绳才能防滑走路；往山上挑水就更困难了，稍不小心就连人带水桶掉到沟里。当时有一种说法，像他们这些出身不好的人要在农村改造一辈子，今后不能再回学校当教师了。当时刘松龄家里不仅是他面临这样的情形，二妹刘杏龄自上海第二医学院毕业后被分配到宁夏固原县一个公社当医生，在那里住了多年。弟弟刘椿龄在南京中学毕业后到苏北农村插队八年之久，后来考上南京大学才得以离开。

谁知有一天一声令下，又叫他们卷铺盖回校了。原来"文革"后期又要"复课闹革命"了。要复课，就要有教材，要编出"政治挂帅"的无产阶级革命派自己的新教材，教材中每讲一个自然科学定律时必须先引用毛主席语录，否则就不能体现毛泽东思想统帅一切的原则。

编完教材就要给工农兵大学生上课，和他们一起下工厂，应当说这些学生对老师还是尊敬的。令人感到庆幸的是刘松龄竟然和学生一起来到航空发动机工厂，看到了生产过程中的关键工序，最保密的车间也能进去了，原来的家庭社会关系问题似乎不存在了。"文革"将学校中原有的体制打乱，原来的专业基础课教研室被拆散并入专业教研室，这样的变化也给刘松龄提供了接触专业的机会，他努力学习提高专业课程知识，阅读相关文献，并参加了发动机改型等科研活动，为后续的科研打下了基础。

走进"春天的故事"

经历过严冬的人最珍惜春天的温暖。当十亿中国人从十年噩梦中苏醒的时候,当"春天的故事"回荡在中国大地的时候,刘松龄长期盼望的从事科研工作的机会也来到了。他用坚实的专业理论和英语基础,投入传热学科领域的科研,同时培养研究生。这时校方也注意到了他的价值,在80年代中期任命他担任航空发动机系系主任,在1990年安排他作为访问学者,去美国马里兰大学访问并参与科研活动。在为期一年零四个月的访问中,他与美国学者一起进行科学研究,编制了计算程序,协助指导研究生,增强了从事较高层次科研活动的信心。当时刘松龄有机会可以继续留在美国,但考虑到国内不少研究生和科研工作正等着他,身为系主任应从大局出发做出表率,完成手边工作后他就回国了。

现代航空发动机中煤油燃烧产生的燃气温度高达摄氏1800度以上,压力高达几十个大气压力,在这样的高温、高压环境中,任何部件都会被融化掉,这就需要一个冷却过程。用什么来冷却呢?空气。刘松龄所从事的研究就是如何用传热学知识使最少的空气消耗量获得所需的冷却降温效果。他最早的科研项目是发动机涡轮叶片上采用的气膜冷却,开展了气膜冷却特性的实验和计算研究。为开展实验需要建立设备,原有只能用于教学的设备已无法满足科研实验要求。当时建科研设备的经费缺口很大,刘松龄领导的课题组冒着风险向系里借了一笔钱,自行设计实验风洞,终于在1993年建成回流式传热风洞。性能测试数据表明,该风洞与美国同类风洞水平相当,达到较高的水平,通过了原中国航空工业总公司组织的专家技术鉴定,获得部级科技进步奖,为后续实验研究打下良好的基础。

第十七章　一展身手　高科技强将刘松龄

英国的罗尔斯-罗伊斯公司(简称罗-罗公司)是国际上著名的三大航空发动机公司之一,该公司生产的发动机,特别是大涵道比民用发动机,在国际市场占有很大份额。20世纪70年代起该公司就和我国有密切联系。1992年该公司的技术总裁希尔(J. Hill)来西北工业大学考察,寻求与中国高校进行科研合作,当他来到刘松龄所在的706教研室时,正值刘松龄的一个研究生在做气膜冷却实验,而这个领域正是罗-罗公司关注的问题。当时这位技术总裁就表示对刘松龄的研究课题有兴趣,并对学校领导说:"我们的合作就可以从这里开始。"从此刘松龄开始了与罗-罗公司长达十多年的科研合作。合作的具体方式是,罗-罗公司根据需要提出课题研究内容,提供研究经费,刘松龄的团队制定研究方法并做实验,研究结果以报告形式提交给对方。罗-罗公司认为他们的团队基础是很好的,还发现刘松龄英语很好,合作精神也很好,更加可贵的是,他对这个领域的国际最新科研动态比较熟悉,交流起来非常方便。刘松龄之所以觉得应当与他们合作,是因为对方提出的课题都是国际前沿性的课题,难度大、有前瞻性,这些课题当时国内同行还提不出来,在国际合作中可以训练和提高自己的水平,锻炼自己的队伍。于是学校以他为学科带头人,开始了新一轮的科研跋涉。

刘松龄(左)与外国专家在英国

上　刘松龄（左一）与英国专家
下　刘松龄（左一）与外国专家讨论课题

在实施这些课题研究中,每三个月要写课题进展报告,对方根据报告的情况拨发经费。每年对方都派人来检查工作情况,同时开展讨论和交流,有时也要求刘松龄前去汇报情况。英国人严格的科技管理制度,促进了中国队伍的规范建设,高难度、大工作量的研究内容使团队的水平迅速提高。

完成前两个研究项目之后,对方非常满意。罗-罗公司与英国著名高校有个UTC(大学技术中心)的科研合作组织,凡是加入该中心的学校都可以长期合作,并可以获得该公司的投资用于设备建设。刘松龄以他的科研实力,提出在西北工业大学建立类似于UTC的合作关系。鉴于其不可能在英国本土以外学校投资建立UTC,罗-罗公司与西北工业大学建立了UTP(大学技术伙伴)关系。他们在备忘录中说明,与西北工业大学主要的合作领域就是传热和空气动力学,而且指定刘松龄为西北工业大学方面的负责人。后来这个合作伙伴关系中加入了牛津大学,因为牛津大学有很好的传热实验室,每年来访的人员中总有牛津大学的学者。这是当时罗-罗公司在中国建立的唯一一个大学技术合作伙伴。这样的合作和交流过程,无形中把西北工业大学传热学科的地位提上去了。上级机关也给西北工业大学传热学科以支持,拨了专款三百万元支持建立高速短周期传热风洞,加强了发动机传热实验研究能力。

在与罗-罗公司的合作过程中,刘松龄他还撰写论文,参加国际学术会议。他两次参加国际吸气式发动机学术会议宣读论文,并受邀到罗-罗公司总部、牛津大学、剑桥大学访问,与多位英国学者切磋讨论。此外,刘松龄团队还与罗-罗公司德国分部建立了合作关系;与美国普拉特-惠特尼公司也进行过合作,该公司也是全球三大航空发动机公司之一。

除国际合作外,刘松龄团队还承担了多项国内航空发动机预先研究课题、自然科学基金课题、航空科学基金课题等。科研成果获得省部级科技进步奖多项。刘松龄自主研制的发动机空气系统计算软件已在国内多个发动机设计部门使用,因科研成果突出被批准享受政府特殊津贴。

在从事科研工作的同时,刘松龄共培养了硕士研究生37人,博士生17人。这些学生中有的留校任教,现已成为教授、博导,有的在国内其他相关研究所从事技术或管理工作,现已成为所长或总工程师,也有在国外航空发动机公司任职的,不少人已成为我

⬆ 刘松龄（中）在指导博士生

⬇ 刘松龄获得的国防科学技术二等奖证书

国航空、航天发动机行业的骨干力量。

激情似火,退而未休

目前刘松龄虽然已经退休,但是属于典型的"退而不休",手头仍有不少事情要做。他曾受聘在上海商用航空发动机公司以及其他研究所担任顾问,帮助这些单位解决技术问题和培养年轻人,有时还要回西安与同事们探讨学术问题。现在正忙于撰写《燃气涡轮发动机传热和空气系统》一书,该书是我国大飞机丛书中有关发动机系列的一本。

他与夫人俞元生住在北京市郊一处优雅的小区里,一儿一女,一个在美国生活,一个在国内创业,一家人虽然分多聚少,但各自都有创业者和实干家的愉快。他的众贤弟子时而也会前来拜访,他们觉得在刘老师家里享受师母亲自烹饪的美味,与老师举杯欢聚,畅谈天下,是人生难得的"开心一刻"。

第十八章

琴声悠扬
三八红旗手刘桂龄

《革命家庭》中的江小莲

为钢琴梦走南闯北

大风暴中的小家庭

音乐的灵魂是哲学

《革命家庭》中的江小莲

上海音乐学院的知名钢琴教授刘桂龄是刘晦之的孙女,小时候也随父母在小校经阁里生活过。不过她的出名首先不是因为钢琴,而是因为电影——20世纪60年代初红极一时的《革命家庭》中,刘桂龄饰女儿江小莲。

《革命家庭》是根据革命老前辈陶承女士的回忆录改编成的一部电影,基本内容是反映在大革命时期,妈妈周莲从一个乡下姑娘走上革命道路,在残酷的斗争环境中率领儿女们前仆后继、英勇斗争的革命历程。她的革命领路人就是她的丈夫,剧中的爸爸江梅清,在斗争中惨遭反动势力杀害。他们有三个孩子,两个儿子一个女儿。大儿子继承父亲的遗志也投身革命,从此没有回来。妈妈带着一对小儿女来到上海,在上海地下党的领导下坚持秘密工作,不幸被捕入狱,一对小儿女成了断了线的风筝……剧中女儿江小莲的扮演者正是刘桂龄。

刘桂龄那时才15岁,刚随父母从上海搬到北京,在中央音乐学院附中主修钢琴。有一天校长找她谈话,说是安排她去拍电影。原来北京电影制片厂要拍《革命家庭》,需要一个小演员。导演翻看该校学生花名册上的照片,一眼就看中了刘桂龄,觉得这个小女孩很有灵气。可是刘桂龄一脸不情愿,自己是来学钢琴的,怎么去拍电影呢?自己从来没想过要当电影明星。她怕耽误了学业,态度很犹豫。校长开导她:"拍电影也不是每天都拍的,有你的戏的时候就去拍,没戏的时候就回来上课嘛。""这个电影不得了,全是大明星啊,于蓝、孙道临……人家想挤还挤不进去呢!"还说:"这可是政治任务啊!"那时候的工作都是全国一盘棋,只要领导布置好了,个人是不能说"不"的,尤其是"政治任务",刘桂龄只好服从命令听指挥。

| 第十八章 琴声悠扬 三八红旗手刘桂龄

⬆ 少年刘桂龄与于蓝、孙道临
⬇ 刘桂龄在《革命家庭》中饰小莲（右）

但是，情况并非像校长说的那么简单，一是这个电影一拍就是两年，导演水华的风格是慢工出细活，对每个细节都要求很高，一旦不满意就要推倒重来，还要经常到外地去拍摄，这样刘桂龄的功课肯定落下不少；二来，这个剧的生活场景和人物的精神世界，距离刘桂龄的生活实在是太远了。她从小生活在上海的花园洋房里，父母亲都是美国留学生，母亲是学音乐专业的，非常洋派，他们在家中还时常说说英语。现在要面对一个从农村来的"妈妈"，而且要与之朝夕相处两年，建立革命家庭的感情，并不是一件容易的事情。

演戏与弹钢琴完全是两码事。练琴还好说，导演为了安慰她，给她一把钥匙，让她晚上可以到北京电影制片厂的演员剧团去练琴，那里有一架原先当道具的旧钢琴。当时她住在北影厂的招待所，跟著名演员谢芳住一个房间，晚饭后她就去练琴。可是那琴实在是太旧了，五音不准，刘桂龄只好硬着头皮加班加点地练。而学戏，要入戏就麻烦得多，要深入剧情，要表情、动作都到位，真的很难为她。好在导演很耐心，"妈妈"于蓝和"爸爸"孙道临都很喜欢她，导演一遍一遍地教，他们慢慢地磨合，还有一位比她更小的男演员石小满演她弟弟，而她家的确有一个小弟弟。"一家人"在导演的领导下渐渐默契了。

这个电影令她爆得大名，全国轰动，毛主席、周总理等国家领导人都来看了，夸他们演得好，于蓝还获得了莫斯科国际电影节的最佳女主角奖。刘桂龄每天都收到一沓一沓的观众来信，热闹非凡，成了小明星，无论走到哪里都会迎来羡慕和赞美的目光。父母亲、亲戚朋友、学校老师、同学无不为她高兴，于蓝和孙道临也对她寄予厚望，希望她能在这第一次"触电"的基础上，继续努力，将来可能从小明星成长为大明星。

可是刘桂龄还是离不开她的钢琴，她的心已经与钢琴黏在一起了。

为钢琴梦走南闯北

刘桂龄从小就在母亲的指点下学弹钢琴，9岁时正式拜过一位钢琴老师，1954年升初中时考入上海音乐学院附中，在东平路9号原先宋美龄的那栋别墅中上课。

1957年，父亲刘函生原先在上海电力公司的冤案平反了，赋闲在家，正好北京解放军外语学院来上海招聘外语教师，刘函生夫妇都是美国留学生，英语特别好，来人到家里面谈，态度很恳切，而且，经过上海电力公司的那场莫名其妙的冤案，刘函生夫妇在上海感觉很憋气，能换个地方也好，于是带着刘桂龄等三个孩子来到北京，夫妻俩都在北京解放军外语学院教书，大儿子刘松龄已经在西安读大学，刘桂龄就从上海音乐学院附中转入中央音乐学院附中。该校刚从天津迁来北京，很欢迎她这个漂亮的小才女，那时他们家住在永定门外的解放军大院，离学校很远。三年后，她高中毕业了，以优异的成绩直接升入中央音乐学院，读钢琴系。

谁知没过多久，1963年她父母调动工作了，被调到位于南京板桥的解放军外语学院工作，刘桂龄想和父母离得近一点，申请转回上海音乐学院，因为她原本是从那里转出去的，那时她在圈内已经很有名气了，上音当然求之不得。回到上海，能和原先的中学同学一起读大学，自然皆大欢喜，只是原先的同学都比她低了一级。因为50年代政治运动很多，学校经常组织学生下乡，影响了正常的课时，有些同学提出退学，认为在学校学不到什么东西，部分教师也认为教学质量下降了。这个问题引起了校长贺绿汀的注意，他认为上海音乐学院毕业的学生，不能在质量上有问题，于是决定把学制延长一年，补上课时，因此原先跟刘桂龄同届的中学同学，读了四年高中，上大学时就晚

上 刘桂龄与父母在小校经阁

下 北京中央音乐学院附中同学合影（前排左一刘桂龄）

了一年。这期间刘桂龄恰好在北京中央音乐学院,不存在这个问题,所以回来就比同学们高了一届。她天真地跟学校商量,是否可以回原先的班级上课,宁可低一届,学校说:不可以。那时一个班只有八个学生。

两年后她大学毕业了,原以为可以当钢琴家或留校当钢琴教师,但是大环境变了,西洋音乐不吃香了,而且面临一道谁也解释不通的难题——从上级传达下来的中央精神是:"文化部是死人俱乐部,全是封资修的一套。"于是钢琴被看作是资产阶级的腐朽的东西,是没有用的,自然没有发展前途了。要搞运动了,一切都要突出政治。那么学钢琴专业的学生毕业了怎么办呢?好办的,到中学当音乐老师就是了。1965年,刘桂龄怀着一片破碎了的钢琴梦,来到普陀区一所中学教学生唱革命歌曲。

此时已经是十年浩劫的前夜了。

大风暴中的小家庭

当"文革"席卷全国的时候,人们怎么也想不到,部队的军事院校也会卷入其中,而且"左派"们打砸抢的声势和对善良人的迫害,一点也不比地方上"落伍"。南京板桥解放军外语学院大院中,刘桂龄的父母所住的那栋小楼,一夜之间变成了人间地狱。他们被诬蔑为"反动学术权威"、"封资修的代言人",由于他们是美国留学生,甚至被怀疑是美国特务,大字报、大标语铺天盖地,抄家、批斗、写检查、隔离审查,没完没了,所有的书籍和艺术收藏品全被抄走、毁掉,而且高音喇叭整天不停地对着他们嚎叫……刘函生被赶下讲台,隔离审查,还被迫去养牛,教官变成了"牛倌"。

刘氏家族的后代在那场空前的灾难中,几乎无一例外地遭遇了冲击。

刘桂龄还算幸运,她是刚走上工作岗位的青年教师,不是"当权派"、"学术权威",

刘桂龄小时候与父母

也不存在历史问题，而且她一向低调做人，与师生们处得都不错，所以在学校里随大流，还能"溜"得过去。但是她妹妹刘杏龄从上海第二医学院毕业后，因家庭出身问题，就被分配到边远的山区——宁夏回族自治区南部的固原县一个公社卫生站工作，工作条件和生活条件之简陋甚至原始，令她惊讶得说不出话来。

那个地方拿现在的标准来看，绝对是个不适合人类居住的地区，因为严重缺水，老百姓的日常生活用水都得不到保障，农业生产用水更是"靠老天爷吃饭"，生活极其艰苦。她到农民家里为病人看病，病人家属为感谢她，要给她搓一点糯米小圆子吃，用什么搓呢？如果地窖里还能接到一点水，就用地窖里的水；如果地窖里已经接不到水了，就用唾沫星子来搓。有一次她的红药水不见了，找来找去找不见，原来被一个农民拿去了，他肚子疼，看见她常用红药水，以为红药水是万能的，结果把自己的肚子全都抹上了红药水……

她的哥哥刘松龄在西北工业大学,学校里不上课了,大家都去农村劳动。弟弟刘椿龄中学毕业后就没有书读了,到农村插队落户。妹妹远在天边。父亲被隔离审查,不知何年何月才能回家。

在这种情况下,她的母亲,这位从小生活在西方世界,在"自由、平等、博爱"旗帜下长大的知识分子,实在受不了了,她想不通,中国这是怎么了?中国的年轻人都怎么了?我们到底犯了什么罪,为什么要这样对待我们?她患了严重的精神抑郁症。好不容易等到"文革"结束,她却早已离世……

音乐的灵魂是哲学

"文革"结束后,当上海音乐学院要拨乱反正、重新开始正常的教学秩序时,发现师资力量不够,因不少老教师、老专家在"文革"中被迫害致死,留下了巨大的师资空缺。偌大的音乐学院,过去一直在为社会培养、输送音乐人才,现在倒要向社会招聘音乐教师了。这时刘桂龄已经在中学教了十三年革命歌曲了,当她得知这个消息时,离报考的日期仅剩十天了。她按捺不住内心的激动,向单位请了十天假,在家里苦练,准备应聘考试,重返上音。

重返上音,是她多年来不敢奢想的梦。尽管在相当一段时间里,上音的"左派"势力强大,她这个一向认真读书、不惹是非的乖孩子,也被班长状告辅导员,"问题"是:"她英语读得这么好,肯定是想出国。"出国,现在看来是好事,而在那些人妖颠倒的年头,就有"叛国投敌"的嫌疑。

1978年,经过初试和复试,刘桂龄在离开上海音乐学院十三年后,终于如愿以偿,成为声乐系的一名艺术辅导老师、副教授。当时担任上音副院长的丁善德主持了这项

上　1962年刘桂龄（右一）与父母、妹妹在北京

下　刘桂龄（左）与学生詹曼华在北京

工作，在校的老教师们都纷纷前来"观战"。刘桂龄重返上音后，主要任务是为声乐系的学生钢琴伴奏。那一年重返上音的共有五人，其他四位都是原先上海音乐学院附中的毕业生，他们之所以没能升入大学，是因为后来闹"文革"，大学停办了，他们失去了上大学的机会。原先的上音本科毕业生重新考回来的只有刘桂龄一人，其他同学因十年浩劫的种种原因，业务被耽误了。

上海音乐学院，承载了多少艺术天才的成名梦！

刘桂龄热爱钢琴艺术，但更爱学生，跟学生们在一起，她感觉非常自如、亲切、愉快，好像自己年轻了许多。她不求自己成名，但希望学生中多出人才，所以她每天总是第一个提前到校，做好准备工作，她的备课内容总是在不断地增加，对于基础较差的学生，她不惜加班加点地指导他们练唱。演唱艺术大概是最难把握的一门艺术，因为每一首歌曲都有其特殊的"质地"，演唱者需要充分理解歌曲的内涵，把握其中乐曲的起伏、高潮的铺垫……声乐系的学生还要学会用五种语言练唱世界名曲，除了英语，还有德语、法语、俄语、意大利语，而且，用这些语言演唱的每一个音节、音符、发音的细节，都需要准确到位。刘桂龄在为他们伴奏的同时，还要为他们扫除那些不知不觉中带进来的差错，纠正他们的问题。这样，当他们站在声乐老师面前一展歌喉时，已经有了相当的底气。

有些优秀学生去北京等地参加演出、比赛或选拔赛，就希望刘桂龄担任钢琴伴奏，因为他们之间已经太默契了，有的学生从大学一年级就上她的辅导课，一直跟到毕业。她只要能走得开，只要学生有需要，就一定陪同。学生得了奖，她比自己得了奖还要高兴。

刘桂龄教书育人的热情得到全校师生的公认，2003年她被评为"三八红旗手"，还荣获教书育人的"师德标兵"荣誉称号。如今，她虽已退休，每周还要去学校上两次课，每天总有家长带着孩子来她家求教。经她指导的孩子，不少已经考上钢琴十级优秀，有的达到演奏级水平。于是，她还获得了上海音乐学院定级考试委员会颁发的"学生考级考试拾级优秀"指导教师荣誉称号。

音乐在她的生活中，已经具有了哲学的力量，永远在闪光。

尾声

树大根深
面向未来的刘家人

走进江南一些如今是旅游景点的豪门旧宅,常常会看到一副名联:

  世上数百年老家,全在积德;

  天下第一等好事,还是读书。

这大概是故家旧族积数百年来的治家经验得出的经典结论。刘家也不例外。

刘家从刘秉璋、刘秉钧的父亲世家公入太学起,已经走过两百年读书做官、读书成才的道路。他们中在晚清有进士、举人、秀才、拔贡,进入民国后至今,有留学生、研究生、大学生;有博士、硕士、学士,文理兼备,才人辈出,而且每一房、每一支都能列出长长的名单。刘秉璋、刘秉钧的孙子一代,基本都是名牌大学毕业,刘济生、刘固生、刘函生、刘滋生、刘田生、刘圃生、刘麟生、刘凤生、刘芝生均毕业于上海圣约翰大学,其余的不是毕业于复旦大学就是东吴大学。刘济生、刘固生、刘函生、刘圃生圣约翰毕业后还留学美国。

到了曾孙和玄孙一代,刘家的好学生更是成筐成篓。刘家曾孙一代几乎全是大学生,刘椿龄、刘恒龄、刘久龄、刘希曾、刘宣曾、刘宠曾、刘继曾还留学美国。近年来在美国斯坦福大学获得博士和硕士学位的就有五人,可知这个家族到目前为止,仍旧保持着良好的发展势头。

除了前面已经重点介绍的各位刘家才俊,值得一提的还有很多——

刘秉璋的曾孙中在史学界有两支笔杆子。一是刘善龄。他多年来执教于上海教育学院和华东师范大学历史系,有丰富的教学经验,著有《西洋发明在中国》《百年春节》《细说隋炀帝》《话说中国·隋唐卷》《镜花缘故事新编》《中国科技简史》,还参加了《中国通史史论辞典》《中国历代名臣故事》《历史课程与教学论》等书以及上海版中学历史教材的编写。他的女儿刘文茵,华东师范大学德语系毕业,获硕士学位后,现在一家文化公司任职,从其著作与译作来看,亦是偏重于历史内容,如《人力车发明史》《科顿的上海生活回忆》等。

还有一支笔杆子是刘笃龄,他没有读过正规的大学,靠家藏的丰富的历史典籍自学成才,古文和史学功底非常扎实。他的祖父刘晦之的著作《异辞录》就是他整理、标点后由中华书局1988年出版的(列入"历代史料笔记丛刊"之"清代史料笔记"系列)。他在前言中介绍了其祖父的简历、著述概况、收藏规模以及这本《异辞录》的历史价值,同时详细考证了为什么祖父要假托其二兄刘体仁的号"辟园"作为书名《辟园史学四种》(《异辞录》为《辟园史学四种》之四)的原因,考证事实,言之凿凿,令人不得不信服。

刘泽曾是经济学专家,新中国成立初在圣约翰大学读过两年经济学,在西方经济学和英语方面受过较好的训练,1956年中国人民大学研究生毕业后,一直在中国社会科学院经济研究所担任研究和编审工作,除了编辑经济学界的核心刊物《经济学动态》,担任西方经济学责任编辑外,还撰写和翻译了大量经济学著作,如《英汉经济词汇》(合著)、《住房抵押资金市场——加拿大的理论和实践》《比较经济制度》,其中《住房抵押资金市场》一书,是国内第一本全面、系统地论述住房市场和住房资金市场的专著。此外,他还发表了国内经济类论文六十余篇,受到学术界的一致好评,1992年起享受国务院特殊津贴。

刘远谋是上海交通大学医学院的生理学、心血管专业教授,国家重点学科"211工程"博士生导师、国家自然科学第八届评审组成员、上海市教委高校高级职称评审委员会成员、上海市生理学会副理事长、享受国务院特殊津贴的医学专家,还担任了生理学报及中国生理科学杂志(英文版)编委、J.General Physiology and Biophysics编委。他1991年从美国回国后,建立了包括常规微电极、电压钳、心功能和HRV分析实验室,使得交大医学院电生理实验处于国内外先进水平。2000年在国内首建神经转运体转基因实验室,开展了与美国大学的合作,负责四项国家自然基金、四项市教委科研项目,还负责编写英语研究生全国统编教材,取得良好效果。任职期间,培养了几十位硕士、博士生。2004年被评为"上海市优秀回国人才"。

刘宠曾(瞿宠柳)的经历很特殊——他13岁时就被父亲送去美国读书。他是作为他父亲的朋友瞿先生夫妇的儿子,跟他们去美国的。瞿先生是一个国际基金会的中国代表(主任)。但是到了美国以后不久,家庭境况发生了很大变化,家里无法汇钱给他了,于是他从15岁时开始自立,一切都要靠自己。为了进一所好的私立学校读书,他必须勤工俭学,不得不天天去学校食堂里洗盘子。他吃住都在学校里,但是每天要为八百个学生洗盘子,最终获得了校长的同情,免除了一切学费和杂费。刘宠曾很有志气,中学毕业后,凭优异的成绩考上了康奈尔大学酒店管理专业,他是这所著

上　新修刘秉璋墓

下　刘永龄在刘秉璋墓园开园典礼上演讲

名大学酒店管理专业毕业的第一个中国人,此后几十年都在酒店行业里拼搏。他曾负责美国五月花酒店系统的一个度假村,美国前总统克林顿还去过那里度假。回国后他在香港工作,曾任皇冠花园酒店集团总裁。

新中国成立后,刘家后人总体上读理工科和工商管理的居多,改革开放后他们与时俱进,相继出国深造,很多人在世界名牌大学毕业后,或在海外发展,或回国创业,许多人都已经是卓有成就的专家学者或企业界的实力派——刘纪明和刘纪红于海外留学回港后,已经进入"亿利达"公司高层,子承父志,正主掌该公司新一轮的创业和发展。刘昱在美国俄勒冈大学本科毕业后,又在圣母大学获得公共管理硕士学位,回国后继续深造,在北京大学获得行政工商管理学位(EMBA),现在是一家体育用品公司的老总。刘骏和是美国斯坦福大学计算机专业硕士,刘诠和是加拿大某高校的计算机专业硕士,兄弟俩都是计算机专业的工程师,现正在海外发展。刘超是美国马里兰大学管理学院硕士;刘椿龄的儿子刘凯是美国斯坦福大学博士;刘远谋的儿子刘凯是美国范德堡大学药理学博士、美国康奈尔大学MBA硕士,他的科研专长是离子通道(Na+,

刘永龄、纪辉娇夫妇在刘秉璋墓园碑亭

Ca++)、电生理、基因突变等,还是Carelinker移动医疗的创始人。刘远扬的儿子刘圣珂复旦大学经济管理专业毕业后,又获香港科技大学MBA硕士,成为国际注册金融分析师,他的科研专长是对以色列的投资,现任中国平安创新投资基金副总裁。刘梅玲的儿子朱定庄是斯坦福大学的博士,她的孙子年前也考入了斯坦福大学。刘昱华是斯坦福大学的硕士。刘德曾的儿子、女儿程滋炎、程滋莹兄妹同样是美国留学生,硕士毕业后在美国发展,现在一个是电脑工程师,一个是会计师。

在国内发奋拼搏、努力成才的刘家后代也很多,刘定华、刘诗群、刘燕蒲、刘燕平、刘远猷、刘远扬、刘远游、艾小龙、艾兰等人,如今全都学有所成,在各自的专业上各有建树。其中有的还是在家遭不幸、身处逆境的情况下,坚定目标,坚持拼搏,永不言败,最终完成了学业,逐步成为专业人才的。

奋发努力,与时俱进,不辱祖德,为国争光……已经成为他们生活的主旋律。

现在刘家的新一代,正沐浴着新时代的曙光,用他们的智慧和毅力,书写刘氏家族崭新的篇章。

附录

刘秉璋家族世系表

（第十五世世家公以前从略）

（一）自世家公至刘秉璋辈（十五世~十六世）

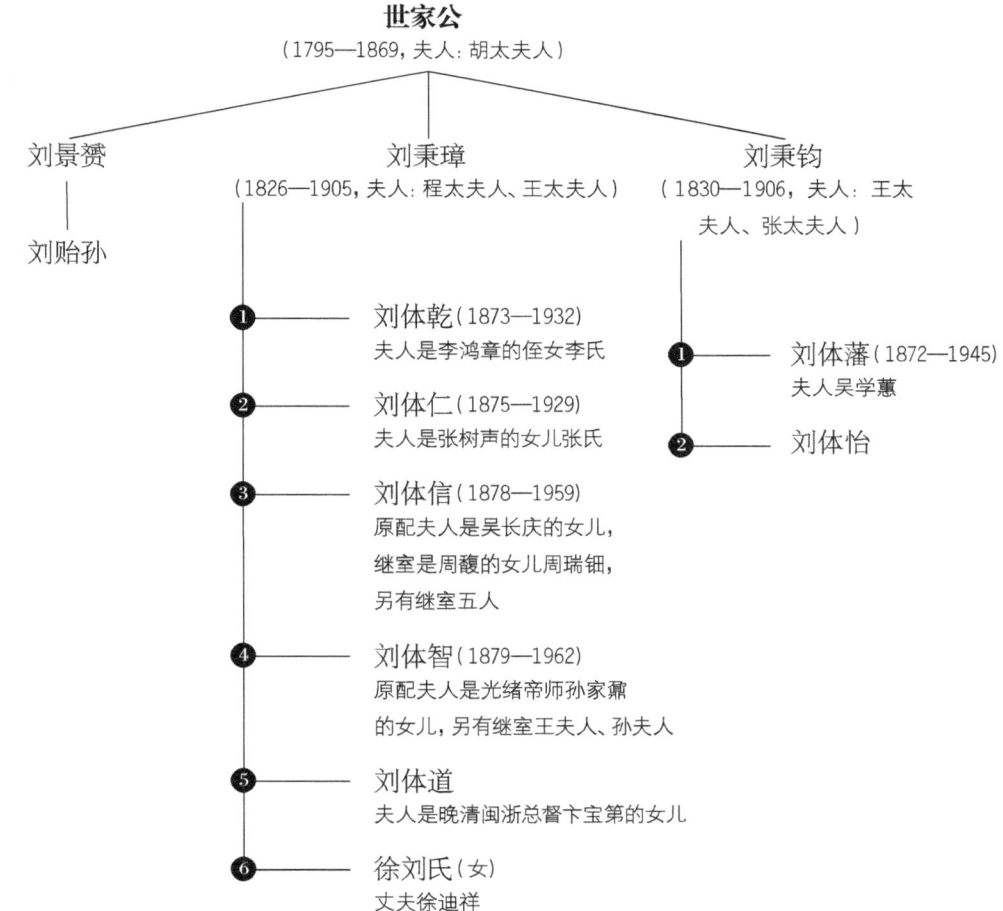

（二）刘秉璋的后代（十七世～二十世）

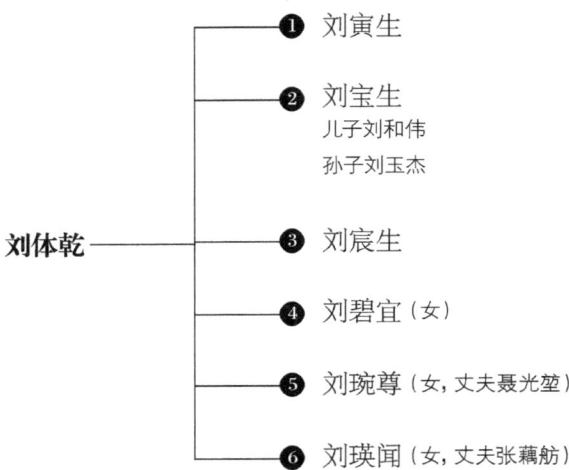

| 附录 刘秉璋家族世系表

刘体仁
┣━ ❶ 刘润生
┣━ ❷ 刘济生（1895—1928，夫人李国华）
┃　┣━ ❶ 刘寿曾（女，丈夫李学昭）
┃　┃　　儿子李善昌　女儿李眉眉
┃　┣━ ❷ 刘绍曾（夫人王重华）
┃　┃　　儿子刘克强　女儿刘克健
┃　┣━ ❸ 刘福曾（女，丈夫叶瑞元）
┃　┃　　儿子叶世栋
┃　┣━ ❹ 刘宪曾（夫人屈桂香）
┃　┃　　儿子刘小愚
┃　┗━ ❺ 刘绳曾（夫人胡乃峨）
┃　　　　女儿刘军红
┗━ ❸ 刘滋生（夫人龚令媛）
　　┣━ ❶ 刘庆曾（女，丈夫杨世湘）
　　┃　　儿子杨维德　女儿杨维立
　　┣━ ❷ 刘昭曾
　　┣━ ❸ 刘荣曾（女，丈夫盛余德）
　　┃　　儿子盛志昂（夫人徐湧）
　　┣━ ❹ 刘德曾（女，丈夫程钧）
　　┃　　儿子程滋炎　女儿程滋莹
　　┣━ ❺ 刘泽曾（夫人何庆云）
　　┗━ ❻ 刘裕曾（夫人徐秀坤）
　　　　　女儿刘琪　刘华

（续下页）

细说刘秉璋家族

（接上页）

刘体仁
- ❹ 刘灏生
- ❺ 刘汉生（夫人魏文俊）
  - ❶ 刘明曾（女）
  - ❷ 刘禄曾（女，丈夫艾奇）
    儿子艾小龙　女儿艾兰
  - ❸ 刘望曾（女，丈夫赵伟）
    儿子赵彤滨　赵勇　赵彤军　女儿赵彤辉
  - ❹ 刘懋曾（刘冰，夫人唐玉彬）
    儿子刘申　刘放
  - ❺ 刘重曾（刘辉，夫人沈孝明）
    女儿刘晓
- ❻ 刘子渝（夫人孙静懿）
  - ❶ 刘希曾（女）
  - ❷ 刘宣曾
  - ❸ 刘宠曾（瞿宠柳，夫人伊丽莎白）
  - ❹ 刘继曾
- ❼ 刘玙生（女，丈夫郭景文）
  儿子郭骏　郭骅
- ❽ 刘璐生（女，丈夫郑启琼）
  儿子郑官凯
- ❾ 刘璞生（女，丈夫汪保眉）
  儿子汪毓浔

附录 刘秉璋家族世系表

刘体信
- ❶ 刘俊生
  儿子刘缵曾
  孙子刘重光
- ❷ 刘佶生（女）
  女儿吕友兰　吕友棠
- ❸ 刘任生（女）
  女儿胡安书
  外孙贺黎明　贺豪忠
- ❹ 刘青华（女）
  女儿陶立珍　陶立珠
  外孙朱音
- ❺ 刘青淑（女）
  儿子李佐人　李建人
  外孙李立　李斌
- ❻ 刘佳生（女）
- ❼ 刘休生
  女儿刘敏荣
  外孙女许琪

刘体智

❶ 刘固生（字子康，夫人周式如）

　❶ 刘耄龄（夫人张美琪）
　　儿子刘刚　女儿刘文正

　❷ 刘万龄（女，丈夫徐为睦）
　　儿子徐超申　徐超俊　徐超正

　❸ 刘耋龄（夫人张涵）
　　儿子刘诠和　刘骏和　女儿刘昱

　❹ 刘富龄

❷ 刘囧生（字子明，夫人倪敏君）

　❶ 刘嘉龄
　　儿子刘戈　刘龙　女儿刘琼

　❷ 刘成龄

　❸ 刘善龄
　　女儿刘文茵

　❹ 刘和龄
　　儿子刘仲陶

　❺ 刘妙龄（女）

　❻ 刘希龄（女）

（续下页）

附录 刘秉璋家族世系表

（接上页）

刘体智

❸ 刘因生（字子益，夫人魏粹蓉）
　① 刘耆龄（丈夫李德昭）
　　儿子李树铭
　② 刘恩龄
　③ 刘荣龄（夫人沈蓓蓓）
　　儿子刘庠鸣
　④ 刘颐龄（女）
　⑤ 刘笃龄
　⑥ 刘兆龄（女）
　⑦ 刘护龄（女）
　　女儿孟文彦

❹ 刘子渊
　① 刘永龄（夫人纪辉娇）
　　儿子刘纪明　女儿刘纪红
　② 刘梅龄（女，丈夫朱摩柯）
　　儿子朱定庄
　③ 刘延龄（女）
　　儿子陈奎桥
　④ 刘恒龄（夫人戴培军）
　　儿子刘昱华（夫人樊晨婴）
　⑤ 刘久龄（夫人胡永珩）
　　女儿刘晟华

❺ 刘函生（夫人奚氏、包玉英）
　① 刘松龄（夫人吴超云，俞元生）
　　女儿刘超　继子齐威
　② 刘桂龄（女，丈夫徐一鸣）
　　女儿徐欣

（续下页）

341

细说刘秉璋家族

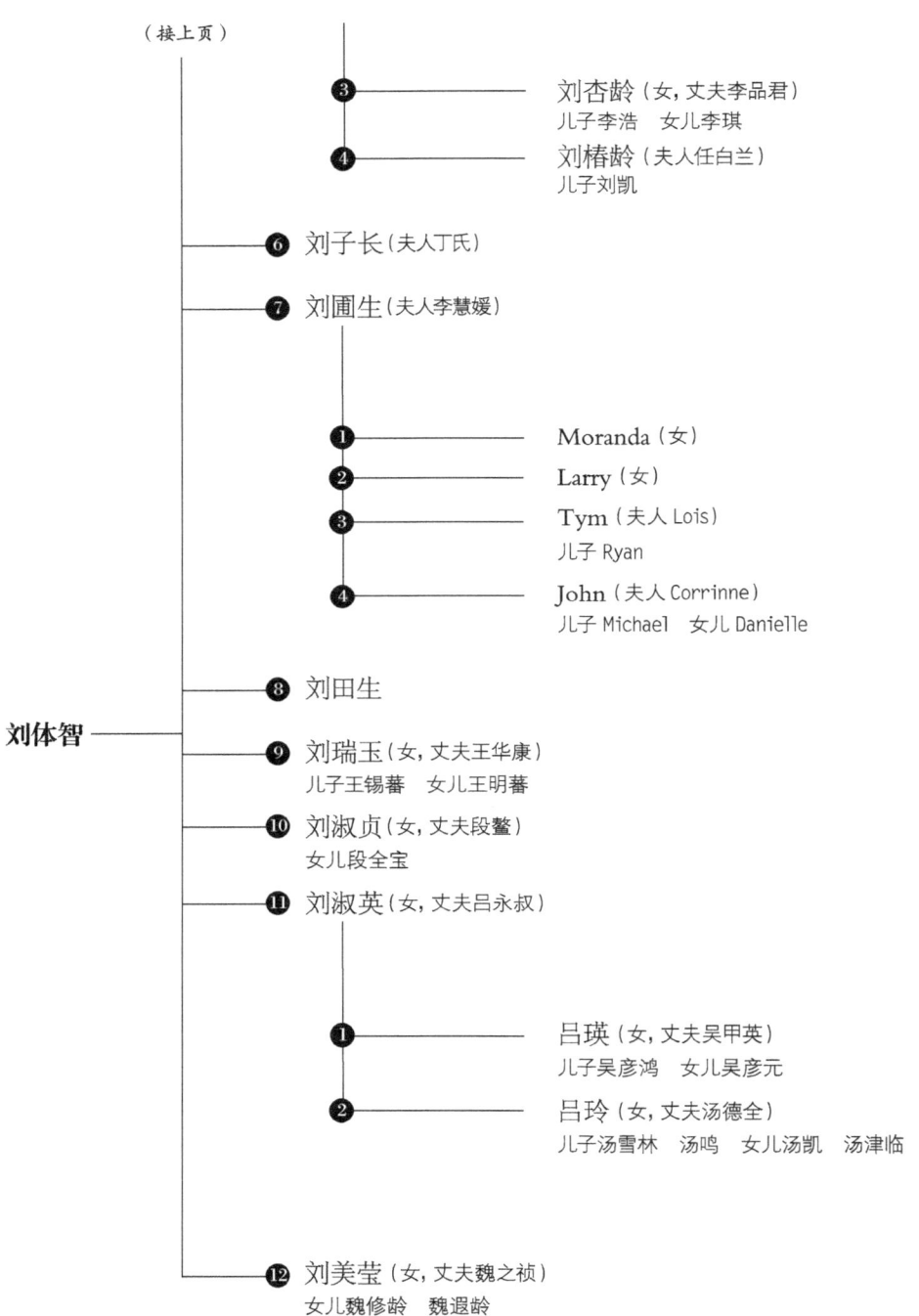

附录 刘秉璋家族世系表

徐刘氏 ────── 徐能魁（夫人张金傲）

❶ 徐家裕（夫人陆冰）
儿子徐以恬　徐以骅　女儿徐以薇

❷ 徐家兴（夫人杨秀娟）
儿子徐以晨　徐以明

❸ 徐家胜（夫人罗明成）
儿子徐捷　女儿徐以萍　徐以莉

❹ 徐家丰（夫人徐懿琴）
儿子徐以宏　女儿徐以蕙

（三）刘秉钧的后代（十七世～二十世）

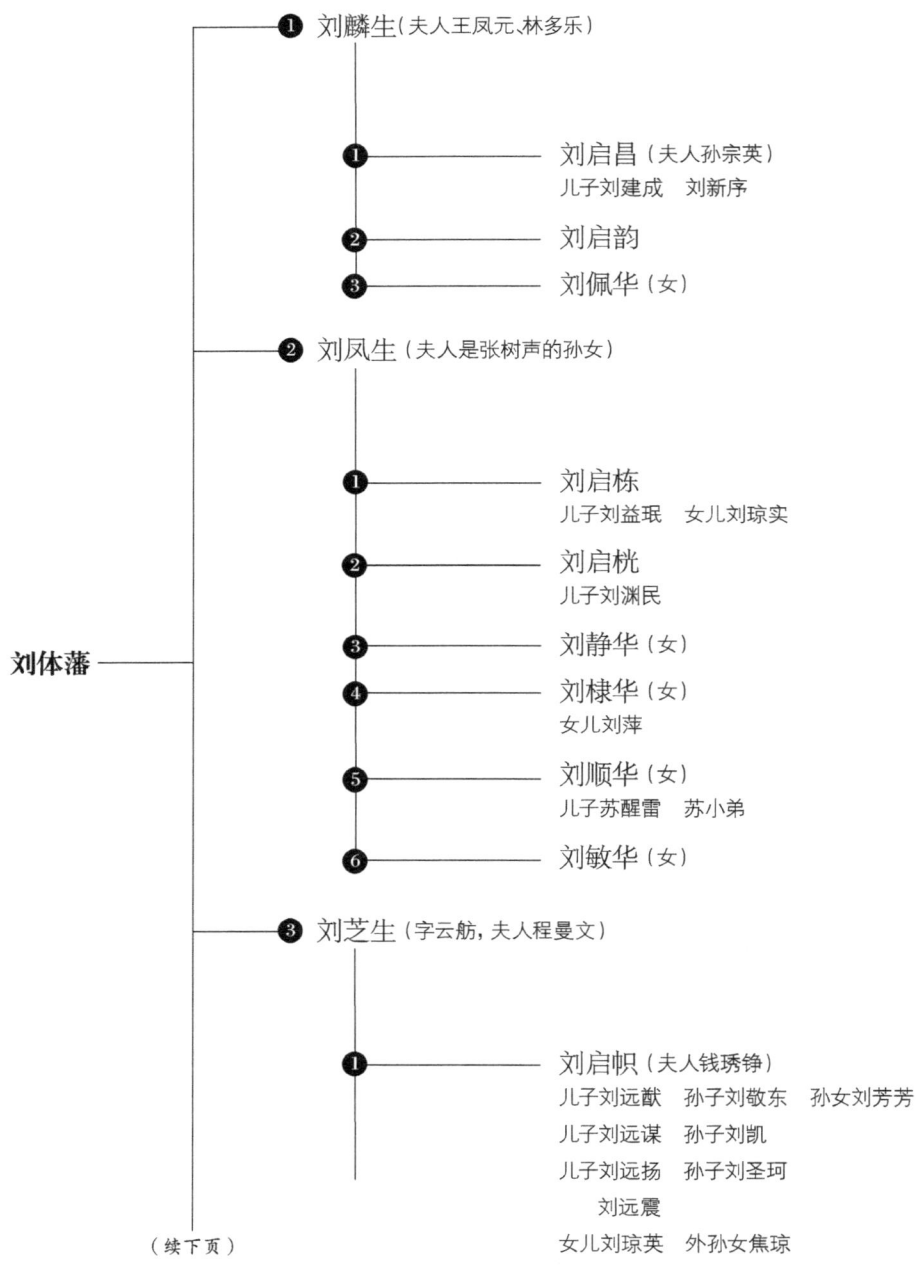

刘体藩
- ❶ 刘麟生（夫人王凤元、林多乐）
  - ❶ 刘启昌（夫人孙宗英）
    儿子刘建成　刘新序
  - ❷ 刘启韵
  - ❸ 刘佩华（女）
- ❷ 刘凤生（夫人是张树声的孙女）
  - ❶ 刘启栋
    儿子刘益珉　女儿刘琼实
  - ❷ 刘启桄
    儿子刘渊民
  - ❸ 刘静华（女）
  - ❹ 刘棣华（女）
    女儿刘萍
  - ❺ 刘顺华（女）
    儿子苏醒雷　苏小弟
  - ❻ 刘敏华（女）
- ❸ 刘芝生（字云舫，夫人程曼文）
  - ❶ 刘启帜（夫人钱琇铮）
    儿子刘远猷　孙子刘敬东　孙女刘芳芳
    儿子刘远谋　孙子刘凯
    儿子刘远扬　孙子刘圣珂
    　　　　　　刘远震
    女儿刘琼英　外孙女焦琼

（续下页）

| 附录 刘秉璋家族世系表

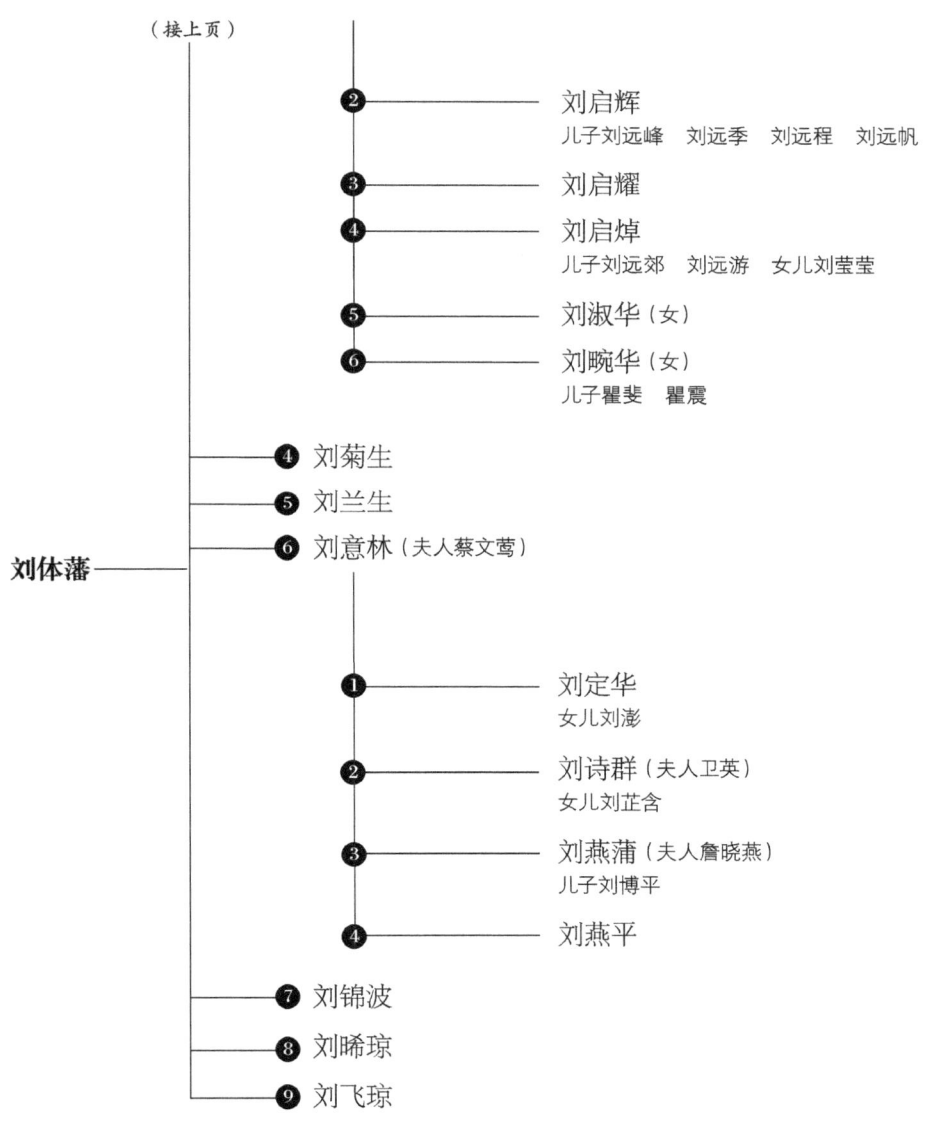

（接上页）

❷ 刘启辉
儿子刘远峰　刘远季　刘远程　刘远帆

❸ 刘启耀

❹ 刘启焯
儿子刘远郊　刘远游　女儿刘莹莹

❺ 刘淑华（女）

❻ 刘畹华（女）
儿子瞿斐　瞿震

刘体藩——
❹ 刘菊生
❺ 刘兰生
❻ 刘意林（夫人蔡文莺）

　❶ 刘定华
　　女儿刘澎
　❷ 刘诗群（夫人卫英）
　　女儿刘芷含
　❸ 刘燕蒲（夫人詹晓燕）
　　儿子刘博平
　❹ 刘燕平

❼ 刘锦波
❽ 刘晞琼
❾ 刘飞琼

刘体怡————刘荔生

注：刘秉璋家族自1910年以来从未续过家谱，此世系表为作者不完全统计。年代久远，支脉繁多，故有所遗漏，望读者见谅。

参考书目

《刘文庄公奏议》,长洲朱孔璋编,光绪刻本。

《淮系人物列传》,马昌华,黄山书社,1995年。

《清末四川总督刘秉璋事略》(参考资料),1995年。

《清芬录·卷二》,刘体信编印。

《清史稿·列传二百三十四·刘秉璋传》,赵尔巽主编,上海古籍出版社,1986年。

《四川文史资料选辑》第17辑,四川省政协文史资料和学习委员会编,四川人民出版社,1979年。

《淮军故里史料集》,马骐主编,黄山书社,2009年。

《淮军》,田玄,山西人民出版社,2000年。

《中法战争镇海之役史料》,光明日报出版社,1988年。

《招宝山》,镇海区志编委会编,宁波出版社,2006年。

《雄关烽烟录》,镇海海防历史编委会编,海洋出版社,1992年。

《镇海口海防历史纪念馆(开馆十年纪念册)》,2007年。

《异辞录》,刘体智,中华书局,1988年。

《善斋吉金录》,刘体智,2000年。

《刘体智与容庚往来函札》,李宗焜,台湾"中研所",2005年。

《茗边词》(线装影印),刘麟生,1966年。

《茗边词》(增补排印本),刘麟生,台湾商务印书馆,1983年。

《流动的斯文——合肥张家记事》,王道,浙江大学出版社,2014年。

《庐江刘氏宗谱》,1911年。

《刘晦之小校经阁捐书目录》,上海市文管会,1951年。

刘秉璋家族相片集,刘永龄,2011年。

后记

　　第一次听说刘家故事是在20世纪90年代初,那时我与如今已经101岁的周退密先生合作写《上海近代藏书纪事诗》。

　　有一天我前去拜访上海图书馆老馆长顾廷龙先生,老先生历数上海民国年间的著名藏书家,其中着重说到了刘家藏书楼——小校经阁的主人刘晦之先生。顾老在新中国成立初亲自接收刘晦之先生的捐书,并亲自参与编目和整理工作,编制了厚达二寸的《刘晦之先生捐赠小校经阁藏书清册》和《庐江刘氏捐赠石刻拓本记目》,因此他发现了其中的奥秘——原来刘老先生的藏书是按照《四库全书》的目录来收集的。做法是,一是要把"四库"中的"存目"之书收齐;二是力图收全列入"四库"古籍的原刻本,并据此把四库馆臣们依照清廷的"思想"删改过的内容,再改正过来,恢复古籍的原貌。所以他的捐书中钞本很多。也就是说,刘老先生立志要以一己之力,编制中国第八部《四库全书》……顾老谈到这一点时,非常感慨地对笔者说:"真没想到,中国还有这样的胆识过人之士!"

　　此后,我开始留心刘家后人的消息。巧得很,有一次跟周退密先生讨论书稿时,他无意间谈起认识刘晦之先生的孙子刘笃龄。于是赶紧联系,请刘笃龄先生引领,怀着朝拜般的心情前去新闻路寻找小校经阁旧址。那时,院子东面的围墙还是高高的旧竹篱笆,杂乱的草堆里依稀可见一些零碎的太湖石,院子里的四棵广玉兰遮天蔽日。临街大门好像是木头做的,小校经阁的门窗还是老样子,四层住宅大楼外表依然气派、挺括,尽管里面已经是"七十二家房客"……

　　这次为写此书,为弄清细节,再去那里寻寻觅觅,已全然不同。虽然大门口挂上了静安区名人故居的牌子,但是院内的杂乱实在不敢恭维……然而这次陪同我前去的刘耋龄先生说,小校经阁能够保留下来没有拆掉,已经算是万幸了。此话属实,因为周围的老房子,包括海关的百年老钟楼都拆掉了,新式高楼如雨后春笋。

　　1993年《上海近代藏书纪事诗》出版后,为写《上海的豪门旧梦》,我与刘家后人交往的机会就多了,认识、结交了很多刘家后代,如刘善龄、刘永龄、刘延龄、刘松龄、刘桂龄、刘绳曾、刘德曾、刘荣曾、刘禄曾、刘宠曾、刘国瑞、刘诗群、刘远扬……他们提供了很多刘家史料、照片，刘远扬先生还帮助修复了很多老照片。从他们的回忆和描述中，可以看出刘氏家族精彩的沧桑往事，恰是中国百年大历史的浓缩和注脚，愈发放射出一种引人前去一探究竟、欲罢不能的诱惑。还有几位刘家上一代的老人如刘子益、亲戚孙曜东，他们一旦摆起"龙门阵"，动辄就是百年风云、十里洋场、豪门恩怨、陵谷兴替……尽管起初他们还有很多禁忌，并不情愿打开话匣子，因为十年浩劫"祸从口出"的教训还没忘却，后来经不住笔者的软磨硬泡，于是，渐渐地，这本《细说刘秉璋家族》就充满了他们的故事。

这期间常有令人惊喜的发现。如海外著名历史学家唐德刚先生，笔者曾在华东师范大学多次听过他大会小会的演讲，他那亦庄亦谐、挥洒自如的"唐派散文"，令一帮热衷"胡学"的大学生、研究生无比崇拜。后来才得知，他老人家居然也是刘家后人，是刘家三房的外孙，他的母亲刘若霞是刘秉璋的三儿子刘体信的女儿，他本人还参加过呼吁保护小校经阁的活动，真是无巧不成书啊！至于刘家的老祖宗、四川总督刘秉璋，过去笔者只知道他会读书、会打仗，后经深挖、研究才知道，原来老人家还这么有人情味！关于杨乃武与小白菜的案子，史料上早已经推倒重判、铁案如山了，而在刘秉璋的三儿子、著名清史专家刘体信的笔下，居然又起波澜……

刘家是一本大书，涉及清末民初政治、经济、军事、外交、宗教、文化、收藏、教育、淮系豪门及官场人事等各个方面。小校经阁是刘家留在上海的一座丰碑，是一代名门望族精神生活的象征，也是民国期间文化人友好交往的一处见证。此书或许只是纸上谈兵，而眼下，保护好小校经阁这座沪上仅存的民国私家藏书楼，实乃任重道远。

感谢刘耋龄老师为此书的出版提供资助！

感谢所有帮助过我的老师和朋友！

愿年轻人从刘家的故事中得到启发。

愿老上海们抓紧时间，留下更多的历史真相。

宋路霞

2015年7月

www.ingramcontent.com/pod-product-compliance
Lightning Source LLC
Chambersburg PA
CBHW081345230426
43667CB00017B/2731